이주의 인문학 연구총서 1

한성대학교 인문과학연구원
이주의 인문학 사업단

이주와 인문학적 상상력
Migration and Humanistic Imagination

본 저서는 2019년 대한민국 교육부와 한국연구재단의 지원을 받아 수행된 연구입니다.(NRF-2019082514)

| 책을 내며 |

'이주의 인문학' 총서 발간에 즈음하여

한성대학교 인문과학연구원은 2019년 한국연구재단 인문사회연구소지원 사업에 선정되어 '이주의 인문학' 사업을 진행하고 있다. 이주의 인문학 사업은 이주에 관한 기존연구의 분절적 성격을 극복하고 '이주의 인문학 패러다임'을 제시하고자 한다. 즉 이주에 관한 기존 연구는 이주를 사회 갈등이나 경제적 시각에서 분석하고 법과 정책의 방향을 제시하는 것을 목표로 삼았고 상당한 성과도 거두었다. 그러나 여전히 정주하는 '우리'와 이주한 '그들'의 구별 하에 이주와 이주민에 대한 긍정적 인식을 형성하는 데는 실패했다. 따라서 '이주의 인문학' 은 우리와 그들을 구별하는 의식에서 벗어나 갈등과 대립을 극복하고 이주와 이주민의 역동적이고 긍정적인 측면에 주목한다. 그리고 궁극적으로 다양한 공동체들의 간의 '소통의 공동체'를 수립하는데 있어서 인문학적 기반을 구축하고 '이주의 인문학 패러다임'을 제시하고자 한다.

인간은 이주하는 본성을 지닌 '호모 미그란스Homo Migrans'이다. 따라서 인간의 이주는 인류 역사와 함께 시작되었다. 인류역사상 인구성장,

기후변화, 생산증대, 교역의 증가와 같은 요인으로 사람들은 늘 이주했다. 여기에 전쟁, 정복, 민족국가의 형성, 국가와 제국의 등장은 '자발적인' 또는 '강요된 이주'를 수반했다. 그리고 특히 1980년대 이후, 정치, 문화적 변화와 교통과 통신수단의 발달로 이동이 수월해자 지구상 모든 지역으로 이주가 확대되었다. 이처럼 인류의 역사가 이주의 역사이며, "정주성은 아주 잠깐 인류역사에 끼어들었을 뿐"임에도 불구하고, 인간의 본성을 정주定住에 두었으며 이를 바탕으로 국가, 민족, 종교로 구획을 나누고 갈등하고 반목하여 왔다. 따라서 제국주의, 식민주의, 민족주의, 애국주의와 같은 담론에 갇혀있었고, 인문학은 이를 바탕으로 재생산되어 왔다. 따라서 '이주의 인문학'은 정주의 인문학에 갇혀있던 인문학적 상상력을 해방시켜 재해석하고 재구성하고자 기존 인문학 전통에서 드러난 정주성과 폐쇄성을 성찰하고 논의한다.

'이주의 인문학' 총서는 이주하는 인간의 본성과 역사에 관한 논의를 학계에 한정하지 않고 일반 대중에게도 알리기 위해서 기획되었다. 금번 총서 시리즈 1의 제호는《이주와 인문학적 상상력》으로 '이주의 인문학' 연구자들이 지난 1년 동안 다양한 학술지에 쓴 글들을 모은 것이다. 필자들은 대부분 서구와 아시아, 한국의 이민, 인종문제를 다년간 연구해 온 전문가들로, 이 책은 이주에 관한 다양한 학문적 논의를 담고 있다. 또한 이 책을 출간하기 위해 필자들은 학술논문으로 게재되었던 글을 읽기 쉽게 다듬고, 각주와 참고도서도 대폭 줄이는 노력을 기울였다. 모쪼록 일반인들이 소위 '타자'에 대해 유연하고 열린 시각을 갖기를, 그리고 타문화를 이해하고 더불어 함께 사는 존재로 인식하기를 바란다.

목차에서 드러나듯이 본 연구서는 4부로 구성되어 있다. 1부 〈이주의 인문학적 성찰〉에서 황혜성은 정주인문학을 비판하고 이를 대체할 이주인문학의 관점과 방향을 제시하고, 이용일은 국가 간 이주를 연구하는 트렌스내셔널 이주사를 비판적으로 검토하고 독일의 법제에 등장하는 '이주 배경을 가진 자'라는 범주를 소개한다. 그리고 최강화는 이주가 초래하는 다양한 사회적 현상들의 전체 구조를 조망 할 수 있는 시스템 사고 기반의 인과지도를 제시하고 이를 통해 기존의 이주에 대한 단선적 사고의 한계를 극복하고 보다 체계적이고 다양한 정책적 방안들을 제시한다.

2부 〈이주와 재현의 서사〉에서 신영헌·강지현은 이한 감독의 영화 〈완득이〉를 이주성장서사의 관점에서 분석하며 우리사회에 만연한 타자에 대한 무의식적인 차별과 편견을 폭로한다. 오영인은 미국 내 인종 편견을 언어에 그대로 담아낸 흑인토착영어African American Vernacular English에 대한 논쟁을 미국의 인종의 역사 속에서 재조명한다. 홍상현은 현대기술사회의 새로운 유목민인 디지털 노마드의 환경이 문자에서 영상으로 옮겨가는 과정을 통해 21세기 정주와 이주의 관계를 설명한다.

3부 〈글로벌이주와 지역사회〉에서 조규태는 캘리포니아 맨티카에서 현지의 농업노동력 수요에 의해 형성되고, 민족의식과 교회를 중심으로 단결된 한인공동체가 반아시아이민 정서에 의해 정착에 실패하고 분산되는 과정을 다룬다. 김혜련은 해외로 진출한 중국 유학생의 실태와 귀국 현황을 세부적으로 검토하고 모국으로의 '귀국 붐'의 원인을 중국정부의 적극적인 귀국 장려정책, 중국의 경제성장, 그리고 해외에서의 적응과 정착의 어려움으로 제시한다. 윤용선은 루이 14세의 종교박해를 피해 이주했던 프랑스 위그노들이 이 지역의 경제발전에 미친 긍정적인 영향을 검토함으로서 경제적 현상으로서 이주의 중요성을 강조한다. 권은혜는 미국의 진보적 혹은 자유주의적 역사가들이 다문화주의 현상을 미국적 정체성의 일부로 인정하기를 두려워했던 이유를 분석한다.

마지막으로 다문화관련 현장전문기관의 목소리를 적극 수용하기 위해 기획 된 4부 〈생생한 이주민 이야기〉에서는 한국사회의 이주민 실태를 전해준 하나다문화센터 다린의 신혜영 센터장과 안산러시아 교육기관 '노아네' 임현숙 대표의 이야기를 녹취하여 수록한다.

오늘날 지구촌 여기저기에서 이주로 인한 정체성과 소외문제가 심각한 사회갈등을 불러일으키고 있다. 현재 우리나라도 저출산, 인구구조 고령화로 이주민 증가는 불가피 하다. 하지만 2015년 조사한 우리나라 다문화수용지수는 100점 만점에 53.95점으로 간신히 낙제점을 면한 낮은 수준이다. 이제 이주로 인한 갈등 해결에 있어서 통계자료나 사회 경제적 구조 분석의 한계를 보완하는 인문학적 접근이 필요하다. 다시 말해서 '다르게 함께 살기'위해 인문학적 시각으로 분석하고 새로운 인식체계를 구축하여야만 한다. '이주의 인문학' 사업단이 출간하는 총서 시리즈는 이러한 인식 하에 한국사회가 직면하고 있는 이주로 인한 사회갈등을 해소하려는 작은 시도이다. 마지막으로 이 책을 위해 귀중한 원고를 내어주신 필자들에게 다시 한 번 감사드린다.

2020년 8월 마지막 날

필자들을 대표하여 황혜성 씀

| 차 례 |

이주와 인문학적 상상력

Migration and Humanistic Imagination

1장

이주의 인문학적 성찰

왜, 호모 미그란스(Homo Migrans)인가?[*]

황 혜 성 | 한성대학교

왜, 이주를 연구하는가?

21세기는 '이민의 시대'라고 말한다. 가속화하는 세계화의 물결 속에서 '국경을 넘어선 이주'가 전지구로 확산하고 있기 때문이다. 그리고 지구촌 여기저기에서 이주로 인한 정체성과 소외문제가 심각한 사회갈등을 불러일으키고 있다. 한국사회 역시 이주로 발생하는 사회문제에 직면하고 있다. 한국사회로 유입되는 이주자 수는 가파른 상승곡선을 그리고 있고, 이주와 이주자 문제가 한국사회의 근간을 흔들 수 있다는 잠재적 불안과 함께 이주에 대한 관심은 날로 커지고 있다. 따라서 이주와 이주자 문제는 오늘날 한국사회에서도 매우 중요한 현

---

* 이 글은 『역사학보』 212집(2011년 12월)에 게재된 논문 「왜 호모미그란스(Homo Migrans)인가?: 이주사의 최근 연구동향과 그 의미」의 내용을 축약, 수정한 글이다.

안이다. 한편 한국사회의 이주에 대한 대응은 다문화주의 정책을 앞세우며 "그들"의 음식과 문화를 소개하는 축제나 한국의 역사와 문화를 가르치는 등 "그들"로 하여금 한국사회로 동화되기를 요구하여왔다. 이러한 일방적인 정책과 대응으로는 이주와 이민이 내재하고 있는 복잡하고 다층적인 문제를 풀어나갈 수 없다.

특히 1990년대 이후 이민자들의 다중/혼종적 정체성 연구로부터 시작된 트랜스내셔널리즘transnationalism은 소위 "트랜스내셔널 전환transnational turn"을 초래하고 있고, 영토와 국민을 기반으로 하는 근대국가의 정체성에 심대한 충격을 주고 있다. 이러한 상황을 고려해 볼 때 이주에 관한 논의는 더 이상 미루어 둘 수 없다고 생각된다.

이 같은 문제의식 하에 본 연구는 세 가지 내용에 초점을 둔다. 첫째로, 우리는 왜 이주를 연구해야 하는가? 그리고 왜 이 시점에서 이주연구가 주목받고 있는가를 다룬다. 이를 위해 증대하는 이민이 제기하는 국민국가에 대한 도전을 살펴본다. 둘째로, 우리보다 먼저 이민으로 인한 사회문제에 당면하고, 해결책을 찾고자 고심해온 서구사회에서 이주를 어떻게 바라보았는지를 알아본다. 따라서 지금까지 서구사회에서 진행되어 온 이주연구의 경향과 방향에 대해 고찰한다. 마지막으로 이주와 이주사 연구를 통해 우리가 지향해야 할 점이 무엇인가를 생각해 보고자 한다. 이는 궁극적으로 우리사회 뿐만 아니라 전 세계가 대면하고 있는 소위 '타자others'에 대한 우리 모두의 시선과 태도를 재고해 보는 기회를 줄 것이다.

이주하는 본성을 지닌 인간

인간은 이주하는 본성을 지닌 '호모 미그란스Homo Migrans'이다. 따라서 인간의 이주는 인류 역사와 함께 시작되었다. 현대인의 조상 호모 사피언스Homo Sapiens는 수렵과 채취 활동을 하면서 이동하였고, 그들은 10만 년 전 아프리카에서 이주하기 시작하여 지구상의 모든 지역으로 퍼져나갔다. 이후 인류는 농업혁명을 통해 정주定住의 단계에 이르기까지 새로운 영토를 차지하기 위해 오랜 시간에 걸쳐 이주하였고, 정주화 이후로도 크고 작은 이주들이 끊임없이 이어졌다. 인류역사상 인구성장, 기후변화, 생산증대, 교역의 증가와 같은 요인으로 사람들은 늘 이주했다. 여기에 전쟁, 정복, 민족국가의 형성, 국가와 제국의 등장은 '자발적인' 또는 '강요된 이주'를 수반했다. 그러므로 이주는 새로운 현상이 아니다. 그리고 특히 1980년대 이후, 정치, 문화적 변화와 교통과 통신수단의 발달로 이동이 수월해지자 지구상 모든 지역으로 이주가 확대되었다. 전 세계의 지구촌화라는 새로운 환경의 도래와 함께 전례 없는 규모와 속도로 국경을 넘어선 이주가 발생하고 있고, 이는 주권국가에 대한 도전으로 이어지고 있다.

이처럼 인류의 역사가 이주의 역사이며, "정주성은 아주 잠깐 인류 역사에 끼어들었을 뿐"임에도 불구하고, 이주를 '정주定住'에서 벗어난 예외적인 현상으로 간주했다. 심지어 독일의 저명한 경제학자 칼 뷔혀Karl Bucher는 "문명이 더욱 발전할수록 정주는 더욱 항구적이게 된다"는 논리를 펴며 이주를 진보와 대치시켰다. 따라서 근대화 과정은 이주를 문명과 반대되는 개념에 위치시켰고, 정주사회가 '문명사회'라는 등식을 만들어 냈으며, 인간의 역사와 삶을 '정주'의 차원에서 보았다. 즉 이주하는 인간의 본성과 역사를 간과한 채 인간의 본성을 정주定住에 두었으며 이를 바탕으로 국가, 민족, 종교로 구획을 나누고 갈등하고 반목하여 왔다. 따라서 제국주의, 식민주의, 민족주의, 애국주의와 같은 담론에 갇혀있었고, 인문학은 이를 바탕으로 재생산되어 왔다.

역사연구에 있어서도 이주의 중요성은 오랫동안 주목받지 못했다. 역사가들은 고대, 중세에 있었던 대규모 이주가 유럽사회에 미친 영향을 간과하여 왔고, 근대 국민국가nation-state 건설과정에서 수반되었던 이민의 영향과 역할을 전혀 고려하지 않았다. 그럼으로써 민족적 단일성이라는 신화가 창조되었다. 19세기 말에 성장한 중산계급은 새로운 인종적-문화적ethnocultural 의식을 지닌 가운데, 더욱 공격적인 민족주의를 발달시켰다. 따라서 국가에 대한 충성이 미덕으로 여겨지게 되었다. 19세기 말 민족주의의 기치 아래 국민국가들이 자국의 역사를 찬양하는 글들을 수없이 쏟아 낸 것도 결국 '이주'라는 중요한 요인을 간과한 채 국가를 사유한 결과이다. 이 시기 전문적 역사서들은 국가의 실체를 궁극적으로 정당화하는 작업이었고, 근대 역사학은 민족주의적 열망과 밀접하게 얽혀있다.

따라서 '이주'라는 렌즈를 통해서 역사를 바라보았을 때 계몽사상 이후 형성된 단선적인 '진보의 역사'에서 간과되어왔던 역사의 다양한 면모들이 드러난다. 이주는 혁명, 전쟁, 제국의 흥기 등 전 지구적으로 중요한 사건들과 밀접하게 관련되어 있고, 경제적 팽창, 국가건설, 정치적 변화와 같은 중요한 변화와 관련 있으며, 갈등, 숙청, 추방과 같은 중대한 문제와도 관련이 있다. 이주는 인류 전 역사를 통해서 중요했을 뿐만 아니라 현재에도 가장 중요한 주제이다.

국민국가에 대한 도전

오늘날 그 어느 때보다 국경을 넘어선 이주가 번번해지고, 그 수는 점점 증가하고 있다. 지구상의 거의 모든 나라들이 이에 영향받고 있으며 그 영향은 계속될 전망이다. 그러므로 이주는 국민국가에 도전장을 내밀고 있음이 분명하다. 이주로 인해 도전받고 있는 국민국가nation-state는 정치체제로서의 '국가state'와 '국민nation'이라는 두 개의 구성요소가 결합된 통치조직이다. '국가'는 1648년 베스트팔렌 조약Peace of Westphalia 이후 유럽의 지리적, 정치적 변화에 의해 성립되었고, 절대주의시기에 거의 신성시되었다. 반면 '국민'은 17세기 이후 프로테스탄티즘, 자국어의 발달, 계몽사상의 영향으로 초래된 문화적 변화에 기인한다. 이 두 개의 개념은 프랑스 혁명을 거치며 하나로 합해졌고, 이후 국민국가는 세계 보편적인 정치조직의 원칙이 되었다.

국민국가는 '정주'라는 원칙에 기반한다. 즉 고정된 영토를 지닌 국가는 개인을 집단적으로 파악하고, 개인은 태어나면서부터 국가에 속한다. 근대국가가 형성되기 전 시기에는 개인은 주인master-노비servant라는 양자관계에 속해있었다. 국가가 등장하자 개인은 이 관계로부터 자유로워짐과 동시에 국가 영토 내에서는 아무런 규제 없이 이동할 수 있게 되었다. 그러나 국경을 넘어선 이주는 더욱 심하게 통제되었다. 그리고 단순한 거주가 아니라 일종의 '속함belonging'을 보증하는 멤버십membership 형태의 '국민'개념이 등장했다. 이는 정주의 원칙에 기반한 국가가 '국민'을 또 다른 근간으로 삼게 되었음을 의미한다.

프랑스 혁명 이후 근대국가들은 '민주적' 멤버십을 발전시키는 가운데 국가의 배타성을 정당화하기에 이르렀다. 1880년경에 이르면 시민권과 입국passport심사에 관한 법이 통과되고 입국절차와 규정이 한층 더 까다로워졌다. 이주자들에게 입국하는 국가에 대한 충성과 병역의 의무가 요구되기도 했다. 소위 '시민권citizenship'은 함께 공유한 '문명'에 대한 충성을 조건으로 했다. 이에 국경을 넘어온 이주자들은 '속하기 위해서는' 자신들의 고유문화를 버리고 정착지 사회로 동화되기를 강요받았다.

이처럼 국경을 넘어선 이주는 근대 국민국가들이 만들어 놓은 국가적, 민족적 영토를 넘는 문제를 의미한다. 따라서 서구 근대의 여명기에 국가주권을 천명한 베스트팔렌조약과 근대 민주주의 사회제도의 성립 이래 전통적으로 국가의 고유권한으로 인정되던 '정치적 성원권' 문제가 오늘날 이주의 증가로 커다란 혼란을 겪고 있다.

국민국가에서 국가는 절대적인 권한을 지니며, 외부의 어떠한 힘도 국가가 권한을 행사하는데 개입하는 일이 허용되지 않았다. 여기에 인종, 국가, 민족은 배제와 타자화의 기재로 작동하여 왔다. 국가는 언제나 '국민'의 이주를 규제하여 왔고, 국경을 넘어선 이주는 양국 간의 그리고 국제적인 외교정책이 수반되어야 했다. 그러므로 국경을 넘어선 이주의 증가는 여전히 위력을 떨치고 있는 국민국가 간의 경계와 세계화를 통한 국제이주의 증가라는 두 현상이 어떻게 조화될 수 있을까, 라는 의문으로 이어진다. 전 지구의 세계화 경향 아래 국경을 넘어선 이주가 증가하고 있지만 이를 규제하고 관리하는 국민국가의 방어기재 또한 더 거세지고 있기 때문이다.

여기에 1990년대 이후 이민자들의 다중적인 정체성연구로부터 시작된 트랜스내셔널리즘은 국가에 대한 또 다른 도전장을 내밀고 있다. 그 어느 때보다 이주가 수월해지고, 이주가 빈번해지며, 교통과 통신의 발달로 출발지와 정착지 사람들을 연결시켜주는 영토를 넘어선 네트워크가 발달하자, 전 세계적으로 점점 더 많은 사람들이 하나가 아닌 -정치적, 경제적, 사회적, 문화적으로- 다중적/혼종적 정체성을 지니게 되었다. 그 결과 지금까지 국민국가가 요구해 온 국가에 대한 충성심을 지니지 않은 소위 '트랜스내셔널 이주민'들이 국가 정체성에 위협이라고 여겨지고 있다.

이제 전 세계의 지구촌화라는 새로운 환경과 더불어 국경을 넘어서는 이주에 대한 새로운 사유가 요구된다. 특히 그 어느 때보다 불법이주자 문제가 첨예해지고, 이민으로 국내의 사회, 경제, 문화가 변화하자 이주와 이민은 국내, 국제정치의 주요 이슈로 부각되고 있다. 이주과정이 점차 정례화되어가고, 정부의 이민 규제에 대해 거센 저항이 일어나고 있으며, 새로운 형태의 정치가 등장할 수도 있다는 가능성이 제기되고 있다. 비록 국가 자체가 사라질 전망은 희박하지만 상호의존적이고 쌍무적인 초국가적 사회가 등장하여 수백만 명의 삶을 빠르게 변화시키고, 국경이 별다른 의미를 갖기 힘든 여러 상황이 조성되고 있다. 그리고 이러한 상황은 국가정체성에 대한 재고를 요구한다.

국민국가는 국가의 구성원을 '공민권national citizenship'이라는 범주를 통해 관리해 왔다. 그리고 근대국가의 정치적 경계는 외국인, 이방인, 이민자, 난민, 망명인을 '외국인(타자)'으로 분류해 왔다. 다시 말해서 근대 국민국가는 문화적, 정치적 단일성이라는 개념을 전제로 수립되었고, 민족적 단일성, 즉 언어, 문화, 전통을 공유한 민족이 국가의 기반이라고 여겨져 왔다. 비록 이러한 전제가 지배계층이 만들어 낸 허구라 할지라도 이는 강력한 국가적 신화로 작용하는 가운데 국가를 통합하는 역할을 수행해 왔다.

하지만 세계화에 따른 국경을 넘어선 이주의 증가는 우리로 하여금 공통된 문화와 민족적 기원을 공유하지 않은 사람들과 함께 살아가기를 요구한다. 그뿐만 아니라 새로운 문화의 유입은 타 문화 간의 교류를 가져오지만 문화와 인종 간의 충돌을 일으키기도 한다. 프랑스에서의 히잡을 둘러싼 갈등, 미국의 이민 법안을 둘러싼 찬반논쟁과 시위, 영국 내 무슬림 문제 등은 이미 서구사회에서는 이민으로 인한 정체성과 소외문제가 심각한 사회갈등을 일으키고 있음을 보여준다. 우리나라에서도 중국인 이주 노동자에 대한 편견, 제주도 예멘 난민을 둘러싼 논쟁 등이 국경을 넘어선 이주 시대가 내재하고 있는 갈등을 극명하게 보여주었다. 이 같은 사건들은 다양한 인종의 이주가 국가안보에 위협이 된다는 생각과 더불어 국가정체성에 대한 의문을 제기하고 있다.

'이민의 시대'에 사는 우리는 "국가 주권이 낡은 개념이 되고 공민권이 다양한 요소들로 공격받는 시대"를 살고 있으며, 국가 정체성과 시민권 개념에 강력한 도전이 제기되고 있다. 이제 이주와 이주민 문제는 인간과 공동체를 바라보는 시각의 일대 전환과 더불어 인간 공동체에 대한 새로운 사유를 요구한다. 따라서 세일라 벤하비브Seyla Benhabib의 다음과 같은 지적에 우리 모두가 귀 기울여야 할 때이다.

> "새로운 트랜스이주자들의 등장으로 민족국가 체제가 규정하여 온 정치적 공동체의 의미가 재고될 필요가 있다. 민족국가는 너무 작아서 새로운 환경이 조성하는 경제적, 생태적, 국민위생적, 정보적인 문제들을 다룰 수 없으며...이런 환경으로 인해 영토 관념은 실무적 기능과 문화적 정체성 면에서 시대착오적인 것으로 되어 가고 있다."

이주사 연구동향: 융합학문으로

이주에 대한 학문적 관심은 산업화와 도시화가 급속도로 진전되었던 19세기 말부터 시작되었다. 최초의 이민연구는 1885년 영국의 사회학자인 어네스트 라벤스타인Ernest G. Ravenstein에 의해 수행되었으나 크게 후속 연구를 촉발하지 못했다. 체계적인 이민연구는 미국에서 1920년대에 시작되었다. 그러나 이주와 이민 연구는 1980년까지도 사회과학적인 관점과 통계 분석론적 방법에 의존하여 왔고, 주로 이주자 개인에 초점이 맞추어졌다. 즉 개인을 합리적인 존재로 가정하는 신고전주의 경제이론의 틀로써 이주를 연구했다. 이 경제이론을 바탕으로 사회학자, 경제학자, 고고학자, 지리학자 등의 사회과학자들은 이주를 개인적인 선택으로 간주하고, 주로 출발지의 밀어내는 요인push factors과 정착지의 유인하는 요인pull factors이라는 이분법적인 틀로 연구하였다. 따라서 이주연구는 개인은 경제적인 효용을 극대화한다는 가설에 기반하여 이주민의 성공적인 정착과 통합에 필요한 정책과 법적 논의 수준을 크게 넘어서지 못했다.

역사가들은 이주연구에 있어서 특정 장소와 시간과 관련된 주제를 연구하면서 사회과학자들과 마찬가지로 이주의 원인과 결과에 관심을 기울여 왔다. 따라서 이주연구는 정착사회에서의 이주자들의 적응과 통합에 초점을 맞추어, 누가, 언제, 왜 이주하는가? 그리고 이주자들은 이주와 정착을 어떻게 경험하는가? 등에 관심을 기울여 왔다. 연구의 대상은 단일 그룹이나 개인에 국한되었다. 그러므로 사회구조가 개인의 행동에 미치는 영향과 이주민들이 고국과 지속적인 관계를 맺고 있다는 사실에 상대적으로 덜 주목했다.

이주연구의 획기적인 변화는 1990년대 소위 '트랜스내셔널 전환'과 함께 시작되었다. 국경을 넘어선 네트워크와 이를 통해 형성된 초국가적인 사회, 문화적 공간의 확장은 다중적/혼종적 정체성을 지닌 이민과 그들이 만들어 내는 공간과 인간관계에 대한 시각에 획기적인 변화를 초래하고 있다. 이러한 변화의 배경에는 포스트모더니즘과 탈구조주의의 영향이 크게 작용하였다. 즉 고정된 정체성이나 본질을 부인하고, 이분법적 사고의 문제의식을 비판하고, 경계의 유동성을 강조한 지적 풍토는 이민연구에 있어서 이주자들이 지닌 소수민족의식 본질 자체를 해체하는 시각을 제시하였다. 다시 말해서 이주민들의 정체성이 고정불변의 것이 아니라 실제로는 사회적 구성물로서 관계 속에서 재구성되고, 상황에 따라 변화한다고 보았다. 이와 같은 인식론적 변화와 더불어 식민주의의 문화적 유산에 대한 담론인 포스트식민주의는 일국가적인 역사서술방식을 트랜스내셔널 역사쓰기로 전환시키는데 큰 자극이 되었다.

이와 더불어 1990년대 이후 세계화의 가속화와 교통, 통신, 정보의 혁명적인 발전은 국경을 넘어선 이주를 새로운 각도로 바라보게 했다. -우선 일국적 시각으로는 전지구화 시대의 민족적, 공간적, 문화적 경계를 넘나드는 이주현상을 설명하기에 부족하다. 이에 이주를 트랜스내셔널한 현상으로 보는 새로운 시각이 등장했다.- 즉 트랜스내셔널리즘은 국경을 넘어선 사람과 제도를 이어주는 상호작용과 다양한 네트워크들을 다루며 일국적 시각을 극복하고자 한다. 따라서 소위 '트랜스내셔널 전환'하에 출발지와 정착지를 순환적으로 그리고 지속적으로 횡단하는 '트랜스이주자들'과 그들이 만드는 이주민 공동체에 주목한다.

이러한 변환 가운데 이주를 개인의 차원을 넘어서 집단적인 행위로 연구하고, 역사적인 관점에서 분석하고, 이주에 있어서 경제적, 사회적 구조를 강조하고, 인종과 젠더 뿐만 아니라 문화라는 요인을 고려하여 융합적으로 연구하기 시작하였다. 그 결과 이민이 초래하는 사회적, 문화적 갈등, 그리고 그 갈등 이면에 내제되어 있는 뿌리 깊은 인종적, 종교적 차별, 이민자로 타자화된 정체성 문제 등을 다루기 시작했다. 특히 이주자의 유동적이고 다중적인 정체성 연구는 주류/비주류의 경계를 흐리고, '주변인'에 대한 타자화에 비판적인 시각을 제시하고 있다. 따라서 국가나 민족의 경계를 넘나드는 사람들에 대해 기존 사회과학적 연구에서 쉽게 '소수자minority', '희생자victim'로 이름 지어졌던 사람들에 대하여 이들의 삶을 박해와 희생의 역사로 보는

'희생자 담론'을 넘어서 새로운 가능성을 타진해 보려는 연구 또한 진행되고 있다.

새로운 연구 동향의 또 다른 예로서 이주와 관련하여 '공간의 재구성' 문제 또한 논의되고 있다. 즉, 공간을 물리적 공간에서 문화적 공간과 고국에 대한 사유를 포함한 기억의 공간으로까지 확장하는 가운데 국가 경계와 문화적 경계가 일치하지 않음을 강조한다. 이런 경향하에 전통적 이민연구에서 쉽게 간과되었던 떠나온 사회(모국)와 이주민과의 관계연구에 조명이 집중되었다. 이민자가 고국과의 관계를 '네트워크'를 통해 계속하면서 고국의 정치, 문화, 사회에 참여한다는 견해도 힘을 얻고 있다. 그리고 더 나아가 '상상적 연결'이라는 개인의 감성, 기억, 마음속에 새겨지고 만들어진 '관계'에 까지 주목하고 있다.

이처럼 새로운 이민연구는 다양한 의미의 공동체 개념을 발전시켰고, 이에 '디아스포라diaspora' 개념이 새롭게 주목받기 시작했다. 유대인의 역사적 경험과 밀접한 관계가 있는 디아스포라 개념이 근자에는 다양한 형태의 이주민 공동체 형성과 발전과정에서 광범위하게 전유 되고 있다. 그리고 고국과 정착지 사이에 연결된 관계망(네트워크)을 통한 다양한 정보, 재화, 상징, 인간들의 순환적 흐름에 대한 체계적 연구가 비로소 시작되었다. 이런 연구 경향에 화교 디아스포라 연구가 탄력을 받고 있다. 문화인류학자 스티븐 베르토비치Steven Vetrovec는 디아스포라를 이주민들과 고국, 그리고 같은 뿌리를 가지고 전 세계에 흩어져 사는 사람들 사이의 "상상적 연결imagined connection"이라고 정의한다. 그의 정의에 따르면 화교들은 현실적 네트워크 뿐만 아니라 상상적 네트워트를 통해 연결되어 있다.

공간과 관련하여 도시연구와 이민연구가 접목되고 있다. 그 한 예로서 인구 3명 중 2명이 이민자이거나 그들의 자녀인 뉴욕은 "불법이민자들이 없다면 뉴욕의 경제는 껍데기만 남게 되며 그들을 추방한다면 뉴욕은 무너지고 말거다"라는 마이클 블룸버그 전 뉴욕시장의 말처럼, 이민자들을 빼고는 정체성을 생각할 수 없다. 이 도시의 수많은 "중간에 위치한 사람들in-betweeners"에 대한 연구는 뉴욕의 또 다른 면모를 밝혀 줄 것이다.

이처럼 다양한 네트워크와 그것을 통해 만들어지는 트랜스내셔널 공간들에 관한 연구는 이민연구에 있어서 새로운 지평을 열었다고 평가된다. 그러나 이러한 새로운 연구동향은 이주연구가 인간과 사회에 관한 모든 학문, 즉 역사학, 철학, 문학, 인류학, 사회학, 경제학, 정치학, 법학, 인구학 등 모두를 아우르는 융합학문을 구축하는 방향으로 나가고 있음을 말해준다. 각각의 분야에서 행해지던 지금까지의 이주연구가 통합되는 경향에 대하여 브레텔Caroline B. Brettell과 홀리필드James F. Hollifield는 다음과 같이 적절히 표현했다.

> "분명 우리는 '이주의 시대(an age of migration)'에 살고 있다. 그리고 모든 사회과학분야의 학자들은 이 복잡하기 그지없는 현상에 주목하기 시작했다. 하지만 수많은 연구에도 불구하고 '마치 파티에 온 사람들이 그곳에 온 다른 사람들을 보고 놀라는 것'과 같이 다른 분야의 학자들과 서로 간의 소통 없이 연구를 수행해 왔다...학제 간의 교류와 융합을 통해 이주연구의 소기의 목적을 달성할 수 있을 것이다."

새로운 사유의 가능성: '공생하는 인간'으로

세계화와 더불어 점점 더 다양한 문화를 지닌 사람들이 빈번하게 접촉하게 되는 상황에서 이주연구는 현대 사회가 안고 있는 '배제'와 '구분', '차별'과 '소외'의 문제점들을 바라보는 시각에 일대 지각변동을 일으키고 있다. 이제 우리는 현대사회의 다인종/다문화성을 새로운 인문학적 시각으로 바라보아야 할 때이다. 이와 관련하여 크와미 아피아Kwame Appiah는 "우리의 당면과제는 지난 수천 년 동안 지역주민으로 살면서 형성된 우리의 정신과 마음에 세계민족으로 살아가는 관념과 제도를 갖추는 것이다."고 지적하며 세계시민주의cosmopolitanism를 새로운 사유의 가능성으로 제시했다. 그가 제시한 세계시민주의 개념에는 두 개의 요소가 얽혀있다. 하나는 타인에 대한 의무이고 다른 하나는 보편적 관심과 정당한 차이에 대한 존중이다. 그는 이를 바탕으로 민족/국가 중심적 사고와 서구중심주의의 극복, 국경을 넘어선 연대의 가능성을 제시한다. 그는 특히 국가에 대한 충성과 인류에 대한 헌신이 양립할 수 있다고 보았고, 그러기 위해서는 "세계를 우리와 '그들'로 분리해서 생각하지 말아야" 하며 "서로 다른 삶의 방식을 가진 사람들 사이의 대화"가 더욱 중요하고 불가피하다고 지적한다.

세계시민주의와 같은 맥락에서 장-뤽 낭시Jean-Luc Nancy는 경제적, 기술적 획일화가 아닌 국경과 자본을 넘어선 정의의 추구에 기반한 새로운 세계화를 언급했다. 이러한 측면에서 찰스 테일러Charles Taylor의 '인정의 정치' 또한 주목할 만하다. 즉 그는 모든 인간은 '진정성'이 있기에 도덕적 판단능력과 스스로의 삶을 이끌어 나갈 수 있는 잠재력이 있다고 강조한다. 그러므로 모든 인간은 인정받을 만한 가치가 있다는 '인정의 정치'를 현대세계가 당면한 문제의 답으로 제시했다. 이는 차이와 다양성이라는 측면에서 그다지 관용적이지 못한 우리 사회에 꼭 필요한 덕목이라고 생각된다. 그리고 이러한 개념들이 살아있는 사회윤리로서 우리사회에 접목된다면 보다 열린사회로 우리사회를 변화시키는 원동력으로 작동할 것이다.

역사적 측면에서 살펴보면 근대는 신으로부터 인간의 해방을 부르짖고 생각하는 인간 '호모 사피언스Homo Sapiens'에서 그 주체성을 찾았지만, 자기중심적 사고, 이기심, 타인에 대한 지배라는 부정적인 부작용을 낳았다. 이후 19세기에 등장한 노동하는 인간 '호모 파베르Homo Faber' 역시 타인을 배려한다거나 자신의 성과를 타인과 함께 공유하기보다는 오히려 이기심을 강화했다. 그들은 모두 인간의 삶을 정주의 차원에서 보아왔다. 즉 인간의 본성을 정주에 두고 국가, 민족, 종교, 인종으로 구획을 나누고 타자화하였다. 그 한 예로 인종주의는 유대인 학살과 같은 비극을 불러왔다. 이제 생물학적 인종주의는 설득력을 잃어가고 있지만, 자본주의의 성장과 더불어 선진국 중심으로 노동력 부족을 충당하기 위해 이민이나 계약 노동자들을 받아들이면서 '문화적 인종주의'라는 새로운 인종주의가 등장하여 그들을 타자화하고 있다.

그러나 전 세계의 지구촌화라는 현실은 인간 공동체를 새롭게 사유하는 '새로운 인간'의 탄생을 요구한다. 따라서 인문학의 자기 성찰이 요구되고 있다. 우리가 '이주의 인문학'이라는 새로운 좌표를 설정하고 기존의 담론을 넘어서는 인문학의 새로운 패러다임을 모색하고자 하는 이유도 바로 여기에 있다 하겠다.

"이주하는 인간"은 고정된 정체성이 아니라 문화적으로 혼종되고 혼합되고 변형되는 다중적 정체성을 지닌 인간이다. 어지러울 만큼 빠른 속도로 모든 것이 뒤섞이는 세계화 시대에 여전히 '하나의 고정된 정체성'을 고집하고 있다면 "우리는 유혈을 즐기는 미친 사람들의 집단과 길을 잃고 방황하는 사람들의 집단을 만들어 내고 있는 중일 것이다." 그러나 국가/문화/정체성/자아를 고정된 실체로 보지 않고 '관계'를 통한 형성과정으로 이해하고자 한다면 우리 모두가 타자에 대한 유연하고 열린 시각을 갖는 '공생하는 인간Homo Symbious'으로 발전해 나갈 수 있으리라 기대해 본다.

현재 우리나라도 저출산, 인구구조 고령화로 이주민 증가는 불가피하다. 하지만 2015년 조사한 우리나라 다문화수용지수는 100점 만점에 53.95점으로 간신히 낙제점을 면한 낮은 수준이다. 이처럼 한국인의 반이민정서는 시급하게 극복되어야 하지만 이에 대한 대책은 여전히 미흡하다. 이제 반인민정서의 원인파악과 해결에 있어서 통계자료나 사회 경제적 구조 분석의 한계를 보완하는 인문학적 접근이 필요하다. 다시 말해서 '다르게 함께 살기' 위해 인문학적 시각으로 분석하고 새로운 인식체계를 구축하여야만 한다. "우리"와 "그들"을 구별하는 의식에서 벗어나 갈등과 대립을 극복하고 새로운 '소통의 공동체'를 수립하여야 한다. 기존 연구의 분절적 성격을 극복하고 이주와 이주민에 대한 긍정적 인식을 형성하고, 상생하는 새로운 공동체를 수립하여야 한다. 이제 "이주의 인문학" 연구는 더 이상 미룰 수 없는 우리의 과제이다.

참고문헌

- Appiah, Kwame Anthony. *Cosmopolitanism: Ethics in a World of Strangers*, 실천철학연구회 역, 『세계시민주의: 이방인들의 세계를 위한 윤리학』, 바이북스, 2009.
- Benhabib, Seyla. *The Rights of Others: Aliens, Residents, and Citizens*, 이상훈 역, 『타자의 권리 - 외국인, 거류민 그리고 시민, 철학과 현실사, 2008.
- Castles, Stephen and Miller, Mark Jr. *The Age of Migration: International Population Movements in the Modern World*. New York, The Guilford Press, 2009.
- Hazig, Christian. and Dirk Hoerder. *What is Migration History?* Malden, Polity Press, 2009.
- Koser, Khalid. *International Migration: A Very Short Introduction*. New York, Oxford University Press, 2007.
- Maalouf, Amin. *Les Identities meurtrieres*, 박창호 역, 『사람잡는 정체성』, 이론과 실천, 2006.
- Nancy, Jean-Luc. T*he Creation of the World or Globalization*. Francois Raffoul and David Pattigrew tr. Albany: State University of New York Press, 2007.
- Oderth, Reidar. *An Introduction to the Study of Human Migration: An Interdisciplinary Perspective*. New York, Writers Club Press, 2002.
- Pott, L. *The World Labour Market: A History of Migratio*n. London, Zed Books, 1990.
- Samers, Michael. *Migration*. Routledge, 2009.

- Shiller, Glick., L. Basch, and C. Szanton-Blanc. *Toward a Transnational Perspective on Migration: Race, Class, Ethnicity, and Nationalism Reconsidered.* New York: New York Academy of Sciences, 1992.
- Tayler. Charles. "The Politics of Recognition," in Amy Gutman, ed., *Multiculturalism: Examining the Politics of Recognition.* Princeton, New Jersey, Princeton University Press, 1994, pp. 25-73.
- Vetrovec, Steven. *Transnationalism.* New York, Routldege, 2009.
- 오경환, 「다문화주의와 트랜스내셔널리즘: 동향과 전망」, e-journal Homo Migrans, vol. 1, 이민인종연구회, 2009. pp. 33-45.
- 이영민, 이용균 외 역, 『이주』, 푸른길, 2017.
- 이용일, 「트랜스내셔널 전환'과 새로운 역사적 이민연구」, 『서양사론』 제 103호, 한국서양사학회, 2009.

이주와 트랜스내셔널리즘

이 용 일 | 대구교육대학교

글로벌 이주와 트랜스내셔널 전환

이주는 인류의 역사만큼이나 오래된 현상이다. 현생인류의 직계조상이라 추정되는 호모 사피엔스는 변화하는 자연환경에 적응하기 위해 수렵과 채집을 하며 지속적으로 이동하던 인류였다. 이러한 방식으로 그들은 동아프리카에서 시작하여 전 세계로 퍼져나갔다고 한다. 이주는 신석기혁명이라고도 불리는 농업혁명을 통해 비로소 정주화가 시작되기 전까지 인류의 지배적 생활양식이었다. 정주화 이후로도 인류역사에서는 크고 작은 이주들이 끊이지 않았다. 혁명, 전쟁, 제국의 흥망성쇠, 경제성장, 민족형성, 식민지건설 등 세계역사의 굵직한 분기점 내지 대전환의 시기들은 대개 거대한 이주물결을 동반하곤 했다. 실업으로 새로운 일자리를 구하기 위해, 자신과 가족의 더 나은 삶과 미래를 위해, 정치적·종교적 탄압, 자연재해와 병충해, 그리고 전화를 피해서 등등의 여러 다양한 이유들로 자의적 혹은 타의적으로 한 장소에서 다른 장소로 삶의 터전을 옮기는 사람들은 시대를 불문하고 언제나 있어왔다. 어쩌면 이주경험 없이 여러 세대에 걸쳐 한 장소에만 머물며 살아가는 것이 예외적인 경우라 할 만큼, 인간의 역사는 국경 혹은 지역적 경계를 넘나드는 이주와 정주의 부침의 역사로 정의될 수 있을 것이다.

그럼에도 불구하고 이주는 19세기 산업화와 도시화의 거대한 물결 속에서 비로소 새로운 현상으로 서서히 학문적 관심을 받기 시작했다. 하지만 이주는 이때까지도 여전히 정주생활에서 예외적으로 일어나는 일시적인 현상으로 간주되었다. 19세기 독일의 저명한 경제학자 칼 뷔혀는 문명이 더욱 발전할수록, 정주는 더욱 항구적이 된다고 주장하기까지 했다. 경제학자답게 그는 생산수단과 함께 생산자가 정주하게 된다는 자본과 정주의 상관관계를 들거나 교통수단의 발전이 인간의 이동보다 재화의 운송을 훨씬 더 촉진시켰다는 논거를 들어 정주사회가 곧 문명사회라는 테제를 더욱 분명히 했다. 그러한 주장을 폈음에도 불구하고 그는 문명사회로서의 정주사회에 대한 그의 논거를 일거에 뒤집을 수 있는 당대의 거대한 이주물결에 주목하고 있었다. 19세기는 수많은 유럽의 농노들과 하층 농민들이 새로운 자유와 무상분배의 미개척지를 찾아 아메리카대륙으로 건너가거나 산업화로 새롭게 형성된 도시로 혹은 더 산업화된 인근국가로 대거 몰려들며 국내이주와 국제이주의 비약적 증가를 가져왔던 세기였다. 뷔혀가 살았던 19세기 독일의 예를 들자면, 이 시기 6백 만 명 이상의 독일인들이 아메리카대륙, 특히 미국으로 이주를 했고, 매년 수 십 만 명의 독일동부 농민들과 농노들이 새로 형성된 독일서부의 도시들로 이주를 감행하고 있었고, 역시 수 십 만에 이르는 폴란드인들 –정확히는 러시아 국적의 폴란드인들– 이 국경을 넘어 독일인들이 빠져나간 농촌과 도시로 몰려와 일하기 시작했다. 때문에 사회의 정주성을 진보의 표상으로까지 보았던 뷔혀 역시 사회의 이동성을 인정할 수밖에 없었다.

> "이 두 현상들(정주와 이주)이 어떻게 조화될 수 있을까? 이것을 서로 상반되는 두 개의 발전원칙들의 문제로 보아야할지 아니면 현대 이주가 과거 수세기 동안의 이주와는 근본적으로 다르다는 것으로 설명 가능할지? 사람들은 거의 대부분 후자를 믿으려하는 경향이 있다. 중세의 이주는 개인적 계급들에만 영향을 미쳤다. 이와는 대조적으로 근대 이주는 일반적으로 개인적 이해관계, 즉 다양한 모티브들에 의해 이끌리는 개인들의 문제이다. 매일같이 수 천 번 씩 반복되는 이주과정들은 단지 하나의 특징을 통해 결합되어질 수 있다. 즉 어디에서나 이주는 더 나은 삶의 환경들을 찾는 사람들이 자신의 로컬리티를 바꾸는 문제라는 것이다."[1]

뷔혀가 19세기 말 산업화된 독일사회, 더 나아가 유럽사회에 일어나고 있었던 이주현상을 설명하는 방식은 오늘날, 즉 21세기 초를 살아가는 사람들이 이주를 바라보는 방식과 별 다르지 않아 보인다. 그는 이주를 지속적인 삶의 형태가 아니라 어떠한 특정한 시기 하나의 로컬리티에서 또 다른 로컬리티로 그 주생활공간을 바꾸는 예외적인 행위로 보았다. 사실 19세기는 무엇보다 농촌에서 도시로의 국내이주가 큰 주목을 받았는데, 여기서는 논의의 중심을 국제이주에 둔다. 그럴 경우 뷔혀가 언급하고 있는 로컬리티를 바꾸는 문제는 근대적 현상으로서 민족국가들이 만들어 놓은 국가적·민족적 영토를 넘는 문제를 의미하게 된다. 앞서 뷔혀가 설정한 정주 대 이주의 구도를 경계 대 탈경계, 민족주의 대 세계화로 바꾼다면, 뷔혀가 던지고 있는 질의는 '21세기 초 여전히 위력을 떨치고 있는 민족국가적 경계와 세계화를 통한 국제이주의 증가라는 두 현상이 어떻게 조화될 수 있을까?'라는 현대 이주문제를 관통하고 있는 시의적인 질의와 맥이 통하게 된다.

출발지와 정착지의 사람들을 연결시켜주는 트랜스내셔널 네트워크와 그것을 통해 형성된 트랜스내셔널 사회적·문화적 공간들의 확장은 전 세계적으로 점점 많은 사람들을 다양한 정체성들 내지 혼종적 정체성을 지닌 사람들로 만들며 공간과 인간의 관계에 획기적인 변화를 가져다주었다. 세계화에 따른 지리적 공간을 넘어서는 인간들의 빈번한 접촉과 상호이해·관계, 또한 그것을 가능하게 한 비행기, 인터넷, 전화, 영화, 비디오 등의 교통과 텔레커뮤니케이션의 발달 등이 이러한 변화의 밑거름이 되었다. 때문에 하나 이상의 국가들에 인간들을 위치시키는 현대 이주현상이 예전의 그것과는 전혀 다른 차원의 새로운 현상으로 간주되기도 한다. 하지만 국제이주가 최근 질적으로, 양적으로 새로운 차원에 이르렀다기보다, 심화하는 세계화, 교통과 텔레커뮤니케이션의 비약적인 발전이 국제이주의 트랜스내셔널한 특징들을 한층 더 분명하게 드러나게 만들었다는 표현이 더 적절할 듯하다. 국제이주를 단순히 민족적 로컬리티를 바꾸는 문제로만 바라본 일국적 시각은 민족국가들의 국경들을 넘어 형성된 멀티로컬적 사회공간들과 트랜스이주자들의 생활경험들을 오랫동안 간과했던 것이다. 민족국가들이 설정했던 공간과 인간, 혹은 공간과 사회의 관계가 글로벌 시대의 민족적·종족적·문화적 경계를 횡단하는 이주현상을 설명하기에 너무 협소하다는 것이 분명해졌다.

이러한 배경에서 일국적 시각을 극복하려는 트랜스내셔널리즘Transnationalism이 새로운 이민연구의 분석틀로서 각광받고 있다. 문화인류학에서 정립되었던 이 개념은 주로 민족국가의 경계를 넘어서는 사람과 제도를 이어주는 상호작용과 다양한 연줄들과 연관이 있다.

민족국가를 넘어서 세계에 뻗쳐있는 인간들, 장소들, 제도들 사이의 정치적·사회적·문화적 결합 내지 연결에 대한 관심이 증대되고 있는 세계화시대에 트랜스내셔널리즘은 전 세계적으로 주목받고 있는 학술개념 내지 유행어가 된지 오래이다. 이주연구는 1990년대부터 학계에서 일어났던 '트랜스내셔널 전환transnational turn'을 사실상 주도했다. 트랜스내셔널리즘 이주연구의 붐과 함께, 출발지와 정착지를 순환적으로, 그리고 지속적으로 횡단하며 활동하는 '트랜스이주자'들에 의해 만들어진 이주민공동체에 대한 관심 역시 증대되었다. 이 글은 트랜스내셔널리즘의 개념과 등장배경을 고찰하며, 다양한 양상을 보이고 있는 트랜스내셔널리즘 이주연구의 내용과 방향, 더 나아가 그것의 역사학적 적용의 가능성과 한계를 가늠해보려는데 그 목적이 있다. 이 모든 시도는 트랜스내셔널리즘 이주연구의 출발을 가능하게 했던 -최소한 무에서 출발하는 난감함과 수고로움을 덜어주었던- 서구학계의 고전적 이주연구를 간략하게 정리하는 것으로 시작된다.

고전적 이주연구: 동화와 통합

체계적인 이주연구는 1920년대 동유럽과 남유럽에서 들어온 이민자들의 미국화에 열을 올리던 전통적 이민국가 미국에서 시작되었다. 출발점에 서 있었던 미국의 이주연구에 큰 지적 자극을 주었던 선구자는 독일의 사회학자 게오르크 짐멜Georg Simmel이었다. 그는 공간적 관점과 역사적 맥락에서 이주문제를 다루었던 최초의 독일 사회학자로 기억되고 있다. 1908년에 출간된 짐멜의 주저 『사회학. 사회화의 형식들에 대한 연구*Soziologie. Untersuchungen über die Formen der Vergesellschaftung*, 1908』의 9장 "공간과 사회의 공간적 질서들Der Raum und die räumlichen Ordnungen der Gesellschaft"에 수록된 4쪽짜리 소논문 "이방인에 대한 특강Exkurs über den Fremden"은 그러한 짐멜식 이주연구의 정수였다. 짐멜은 가까움과 멈, 오고 감, 떠남과 머묾, 유랑과 정착이라는 공간적 개념을 가지고 이방인으로서 이주민의 특성을 설명하려 했다. 그에게 있어서 이방인은 이항대립적인 공간개념인 유랑과 정착 -우리식으로 풀자면, 이주와 정주-의 특징들이 합일된 존재였다.[2] 이방인은 이주를 통해 새로운 사회에 정주를 시도하게 되지만, 원래 그가 출발했던 곳의 문화를 완전히 버리지도 못했고, 정착사회의 문화로도 완전히 동화되지 못한, 두 문화가 섞여진 접경지대에 살아가는 혼종적 정체성을 가진 존재였다. 그렇지만 이러한 이방인의 혼종성은 짐멜에게 있어서 부정적인 특성이라기보다 주류사회와의 긍정적인 상호작용의 상징이자 조건이었다.

여기서 그는 유대인 디아스포라라는 역사적 실례를 끌어왔다. 이곳과 저곳을 오가며 무역을 중개하는 상인은 중세 이래 유럽 유대인들에게 맡겨진 사회적 역할이었다. 이러한 사회적 역할의 수행을 통해 그들은 머묾을 허락받았고, 그곳 사회 발전에 기여했다. 상업 -더 나아가 금융업- 은 유대인들에게 허락되었던 유일한 직업이었을 뿐만 아니라 곳곳에 흩어져 살면서 문화적·종족적 네트워크를 유지하고 있었던 그들이 제일 잘 할 수 있는 직업이기도 했다. 현대 트랜스내셔널리즘 이주 연구자들이 주장하고 있는 떠나온 고국, 정착지, 각처로 흩어진 동포들의 정착지로서 제3의 장소 사이에 만들어진 네트워크들과 그것을 기반 한 트랜스내셔널 공간을 이야기할 수 있는 대목이다. 하지만 짐멜은 이방인 속에 나타난 트랜스내셔널 한 특징을 언급했지만, 고국과 정착지 사이를 지속적으로, 순환적으로 이동하는 이주민들의 트랜스내셔널 실천을 본격적으로 다루지는 않았다. 왜냐하면 그의 시각은 이방인들 내지 이주민들이 발 딛고 서 있었던 정착사회의 '민족 공간'에 집중하고 있었기 때문이었다. 앞서 언급한 뷔혀 같은 동시대인들과 마찬가지로 짐멜 역시 근대사회에서 일어나고 있었던 이주형태들을 과도기적 현상으로 간주했는데, 이러한 이주에 대한 그의 공간적 이해는 이후 오랫동안 -거의 트랜스내셔널 전환까지- 공간사회학적 이주연구를 지배했다.

자연 1920년대에서 오늘날까지, 대부분의 이주연구는 정착사회에서의 이주자들의 적응과 통합에 초점을 맞추었다. 때문에 이주민들이 고국을 지속적으로 바라보고 관계 맺고 있다는 사실은 상대적으로 덜 주목받았다. 현대 트랜스내셔널리즘 이주연구자들은 그 점을 쟁점화

시켰다. 그들의 시선은 정착지 사회를 넘어 이주민들이 떠나온 고국, 그리고 고국과 정착지 사이에 위치한 -실재하거나 가상적인- 트랜스내셔널 사회적 공간들, 즉 이곳, 저곳, 그리고 이곳과 저곳 사이의 그 어느 곳으로 종횡 움직였다. 이에 반해 "오고 감을 극복하지 못한" 이방인으로서의 이주민의 유목민적 존재형식을 잘 간파했던 짐멜의 시선은 정작 '이곳'에 고정되었다. 동화라는 표현은 짐멜의 '이방인 텍스트' 어디에도 없지만, 짐멜의 이방인론은 정착사회로의 이주민들의 동화를 함의하고 있다. 텍스트는 동화의 걸림돌로 작용하는 이주민들에 대한 정착사회 내지 주류사회의 악의적이고 폄하적인 선입견과 고정관념에 맞서 이방인으로서의 이주민들 -더 정확히는 유대인들- 의 사회적 역할과 가치를 인정받고자하는 짐멜 개인사와 무관하지 않은 '인정투쟁struggle for recognition, Kampf um Anerkennung'의 소산물이라고도 할 수 있다. 때문에 그는 주류사회가 이주민을 바라보는 방식, 즉 주류사회의 집단화된 선입견과 고정관념을 사회심리학적으로 분석했을 뿐만 아니라, 그러한 왜곡된 시각을 극복하기 위해 이방인이 지닌 긍정성, 즉 상호작용, 자유, 객관성을 강조했다.

짐멜의 텍스트가 강조하는 이방인에 대한 긍정적 상은 로버트 파크Robert E. Park가 제시한 "새로운 유형의 인간성, 즉 두 개의 다른 집단의 문화적 삶과 전통 속 깊숙이 살아가며 그것을 공유하는 인간, 문화적 하이브리드"[3]로서의 경계인the marginal man 개념에 단초를 마련했다. 파크는 독일 유학시절 짐멜에게서 직접 배우기도 했고, 이후 짐멜의 사회학을 미국에 처음 소개한 사회학자들 중 하나로 1920년대 미국의 이주연구, 더 정확히는 시카고학파의 도시사회학적 이주연구를 주도

했던 인물이다. 그는 두 세계에 살지만, 그 두 세계 모두에 많든 적든 이방인으로 인식되는 불안하고 자의식 많은 경계인들에게서 문화의 변화와 혼합이 진행되고 있기에, 그들에게서 문명의 진보과정을 가장 잘 연구할 수 있다고 믿었다. 파크 사회학에서 문명화 혹은 사회화의 과정은 만남, 갈등, 경쟁, 적응, 동화라는 단계적 발전을 의미했다. 그는 이주민들이 이러한 과정들을 밟으며 종국적으로 정착사회에 동화된다고 믿었다. 파크에게 동화assimilation란 융합amalgamation의 다른 이름이기도 했다. 혼종이 예외가 아니라 일반적인 것이라는 오스트레일리아의 지리학자이자 인류학자 토마스 그리피스 테일러Thomas Griffith Taylor의 주장에 기대어 그는 모든 민족이 많든 적든 성공적인 멜팅 폿melting pot 민족이라고 주장했다. 그렇지만 그에게 있어서, 다양한 문화들이 하나의 용광로 속에 녹아들어 통합된 문화로 빚어진다는 멜팅 폿의 전형은 바로 이민국가인 미국이었다. 멜팅 폿 이론의 실상은 다양한 문화들의 융합을 통한 하나의 새로운 하이브리드 문화의 탄생이 아니라 자신의 원래 문화를 버리고 주류문화 속으로 적응 내지 동화하는 것이었다. 그것은 다양한 문화를 미국 주류문화 속에 넣어 용해, 융합시켜 '미국화' 한다는 WASP, 즉 백인, 앵글로색슨, 프로테스탄트로 상징되는 미국 주류사회의 통합이데올로기로 오랫동안 이민국가로서의 미국에 큰 영향을 끼쳤다. 파크는 극단적인 혹은 국수적인 미국화정책과는 거리를 두었지만, 1차 세계대전 직후 카네기재단의 미국화 연구 프로젝트에 참여했다. 심지어 미국화연구 시리즈물의 편집자로서의 파크의 영향력이 사회학자이자 이주연구자로서의 그의 영향력을 훨씬 상회할 정도였다.

파크와 함께 미국화 프로젝트에 참여했다가, 중간에 불미스러운 일로 프로젝트에서뿐 아니라 몸담고 있는 시카고대학을 떠나야했던 시카고학파 사회학자 윌리암 토마스William I. Thomas의 -정확히는 폴란드의 철학자이자 사회학자 플로리안 즈나니에츠키Florian Znaniecki와의 공동 작업으로 탄생한- 주작 『유럽과 미국의 폴란드 농부*the Polish Peasant in Europe and America*』는 1920년대 미국 이주연구의 획을 긋는 역작이었을 뿐만 아니라 "초기 미국 사회학의 기념비적 연구"로까지 평가받고 있다. 그러한 찬사의 주된 이유는 무엇보다 연구방법론에 있었다. 토마스와 즈나니에츠키는 폴란드 이주자들의 서술, 편지, 인터뷰 등의 주관적이고 개인적인 자료들을 처음으로 이주연구에 이용하며, 전통적인 생애사Life-History 연구의 단초를 마련했던 것이다. 토마스보다 거의 한 세대 뒤인 1951년 출간된 오스카 핸들린Oscar Handlin의 『뿌리 뽑힌 자들*the Uprooted*』 역시 언급할 만한 미국 이주연구의 걸작이었다. 이 연구서의 부제에서도 잘 드러나듯, "위대한 이민들이 미국인을 만들었고", "이민자들이 곧 미국의 역사"라는 인식을 가지고 있었던 핸들린은 미국 역사학 내 이민사의 위상을 높였던 역사학자였다. 『뿌리 뽑힌 자들』은 이후 미국 이주연구에 지대한 영향력을 미쳤을 뿐 만 아니라 퓰리처상을 수상하며 대중적 성공까지 거두었다. 심지어 이 책의 제목은 미국뿐만 아니라 한국을 비롯한 전 세계적으로 선풍을 일으켰던 미국의 TV 미니시리즈 '뿌리roots'의 원작인 알렉스 헤일리Alex Haley의 동명소설 제목에 모티브를 제공했다.

1920년대 이후 미국에서 전개되었던 고전적 이민연구를 모두 정리하는 것은 지면관계상 어려울 뿐만 아니라 이글의 원래 목적을 벗어나는 것이다. 다만 여기서 강조하고 싶은 것은, 미국에서 전개된 다채로운 이주연구의 대부분이 왜 이주민들이 고국을 떠나야만 했으며, 어떻게 정착지사회로 동화 -동화라는 말은 문화변용acculturation, 적응accommodation, adaption, adjustment, 통합integration 등의 다양한 이름으로 바뀌었다- 되었는지를 고찰하는데 집중했다는 것이다. 이것은 합리적 이성으로서 호모 에코노미쿠스Homo Economicus에 근거한 신고전주의 경제학적 이주연구의 틀인 풀pull·푸쉬push 모델로 이어졌고, 이 모델은 1960년대 이후 이주연구를 사실상 지배했다. 물론 1930년대에서 1950년대 라틴아메리카와 아프리카 출신의 -더 정확히는 아프리카 출신으로 선진국에서 활동했던- 지식인들에 의해 고전적 이주연구의 일국적 시각을 극복하려는 획기적인 시도들이 일어나기도 했다. 그 예로 쿠바의 문화인류학자 페르난도 오르티즈의 문화횡단Transculturation과 세네갈 출신의 상고르Léopold Senghor와 마르티니크 섬 출신의 세제르Aimé Césaire의해 제창된 네그리튀드Négritude(흑인성)를 들 수 있다. 그렇지만 미국 밖에서 전개되었던 이러한 획기적인 개념들은 '민족 공간'에 고착된 고전적 이주연구에서는 큰 반향을 얻지 못하다가, '트랜스내셔널 전환' 이후 적극적으로 수용되었다.

트랜스내셔널리즘 이주연구

트랜스내셔널리즘이 등장하게 된 배경은 크게 두 가지로 요약될 수 있다. 첫 번째 요인은 날로 심화되는 세계화의 현실적 위력이었다. 세계화의 특징들이라 할 수 있는 국제이주의 증가, 글로벌 자본과 기업의 성장, 기술과 커뮤니케이션의 발달, 국제기구와 NGO의 활발한 글로벌 활동, 이 모든 것들을 바탕 한 국가들 내지 문화들 간의 교류와 혼종현상의 심화는 지난 200년간 지배적 인식체계로서 군림했던 일국적 패러다임의 한계를 여실하게 보여주었다. 트랜스내셔널리즘이 대두하게 된 두 번째 배경요인은 중심에 대한 주변의 '인정투쟁'이었다. 탈식민화와 함께 자의식이 강해진 주변부로부터 문화, 기술, 진보가 중심에서 주변으로 일방적으로 전이되는 것이 아니라 중심과 주변은 서로 면밀하게 연결되어 상호 영향을 주고받는다는 주장이 강하게 제기되었다. 이것은 문명과 근대적 산물의 수동적인 수용자로만 비쳐지면서 그 존재감이 없었던 주변이 글로벌 세계에서 중심과 상호 영향을 주고받는 대등한 파트너로서 인정받고자 하는 강력한 요청이었다. 물론 이러한 중심에 대한 주변의 인정투쟁은 비단 세계체제 속에서만이 아니라 다양한 인종들과 종족들로 구성된 중심부 사회들에서도 일어났다. 무엇보다 트랜스내셔널리즘의 진원지라 할 수 있을 미국사회 내부에서 일어났던 소수인종들, 특히 흑인의 '인정투쟁' -1960년대 민권운동과 1980년대 다문화주의 논쟁- 은 트랜스내셔널리즘의 대두에 결정적인 촉매제 역할을 했다. 사실 트랜스내셔널리즘이라는 개념은 이보다 훨씬 앞선 20세기 초 미국에서 벌어졌던 미국화에 대한 비판에서 비롯되었다. 1916년 발표된 "트랜스-내셔널 미국Trans-National America"에서 다양한 나라들에서 이주해 온 사람들로 이루어진 미국의 초국가성을transnationality 강조하며, 멜팅 폿에 근거한 미국화정책을 강도 높게 비난했던 랜돌프 본Randolph S. Bourne이 바로 트랜스내셔널리즘 개념을 처음 사용했던 인물로 알려져 있다.

이처럼 세계화와 인정투쟁이라는 현실적 요구에 의해 추동되었던 트랜스내셔널리즘은 상호연결interconnection과 상호작용interaction을 자신의 주제어로 만들었다. 그럼에도 트랜스내셔널 현상의 거대한 스펙트럼과 복합성으로 인해 이 개념은 글로벌한 과정과 발전에 관계된 거의 모든 현상들을 나타낼 만큼 모호한 것도 사실이다. 이미 많은 연구자들이 트랜스내셔널리즘의 모호성과 다의성을 엄중히 경고했다. 이러한 어려움을 극복하기 위해 초기 트랜스내셔널리즘 연구들은 경험적 연구를 바탕으로 트랜스내셔널리즘 개념을 정립하는데 주력했다. 그 중 가장 중요한 연구는 1992년에 출간된 -쉴러Nina Glick Schiller, 바쉬Linda Basch, 블랑크-스잔톤Christina Blanc-Szanton이 공동 편집한- 『이주를 보는 트랜스내셔널 관점에 관하여*Toward a Transnational Perspective on Migration*』였다.[4] 역시 공동 작업으로 출간된 『고삐 풀린 민족들*Nations unbound*』에서 그들은 트랜스내셔널리즘을 다음과 같이 정의하고 있다.

> "우리는 트랜스내셔널리즘을 이주민들이 고국사회와 정착사회를 연결하는 다양하게 얽혀진 사회적 관계들을 만들고 유지하는 과정들로 정의한다. 우리가 이 과정들을 트랜스내셔널리즘으로 부르는 것은 오늘날 많은 이주민들이 지리적, 문화적, 정치적 경계들을 횡단하는 트랜스내셔널 사회장을 만들고 있다는 것을 강조하기 위함이다. 경계들을 이어주는 다양한 관계들 -가족적, 경제적, 사회적, 조직적, 종교적, 정치적 관계들- 을 발전시키고 유지하는 이주민들을 우리는 트랜스이주민이라고 부른다."[5]

트랜스이주민은 두 개의 혹은 여러 개의 민족국가들과 자신들을 연결시켜주는 관계네트워크 안에서 활동하며 자신의 개성과 정체성을 발전시킨다는 것이다. 그들은 트랜스내셔널리즘의 핵심요소로 이주민들이 고국과 정착사회 두 곳 모두에서 지속하고 있는 참여의 다양성을 들고 있다. 특히 전통적 이민연구에서는 쉽게 간과되었던 이주민과 고국과의 관계가 트랜스내셔널 이주연구에서 집중 조명되었다. 그것에 따르면, 한 민족국가의 구성원이 이민자가 되어 다른 민족국가에 살게 되었지만, 어떠한 방법으로든 고국과의 관계를 지속하며 고국 사회에 경제적·정치적·사회적·문화적 참여 내지 기여를 한다는 것이다.

주로 제 3 세계, 특히 라틴 아메리카 출신의 미국 이주민들을 연구하는 문화인류학자들에 의해 이루어진 이 선구적인 연구들은 트랜스내셔널리즘 이주연구의 열풍을 가져왔다. 트랜스내셔널리즘은 이제 문화인류학을 넘어 사회과학의 전 학문분야에 걸쳐 현대 이주민, 특히 이주민공동체의 실체를 이해하는 인식 틀로서 각광받고 있다. 새로운 이주연구는 경험적 연구들을 통해 다양한 의미의 공동체개념들을 발전시켰다. 이러한 배경 속에서 강제적으로 모국을 떠나 타국에 살면서 고국과 어떠한 형태로든 관계 맺고 살아가는 이주민집단을 지칭하는 디아스포라 개념이 새롭게 주목을 받게 되었다. 디아스포라의 어원은 그리스어 diaspeirō 분산하다이다. 즉 그것은 씨를 뿌리다·흩뿌리다 speirō와 이쪽 끝에서 저 쪽 끝까지를 의미하는 dia의 합성어로 공동의 종교적·문화적 유산을 공유하는 이산자(흩어진 사람들)를 지칭했다. 잘 알려져 있듯이, 그것은 유대인의 역사적 경험들과 밀접한 관계가 있는 것으로, 수 세기에 걸친 이주와 그 부침 속에서 유대민족 의식을 유지시켜준 것이었다.

이러한 디아스포라 개념은 세계화시대 다양한 형태의 이주민공동체의 형성과 발전 속에서 광범위하게 전유되었다. 저명한 현대 디아스포라 연구자 로버트 코헨Robert Cohen은 디아스포라를 전통적 유대인 디아스포라를 포함하는 희생 디아스포라(유대인, 아프리카인, 아르메니아인), 노동 디아스포라(인도인 계약고용자), 제국주의적 디아스포라(영국인), 무역 디아스포라(중국인, 레바논인), 탈영토화된 디아스포라(카리브인, 신디, 파르시) 등의 이념형들로 구분하였다.

디아스포라가 특정한 민족국가의 경계를 넘어 다른 민족국가의 영토 위에 만들어진 이주민공동체임에도 불구하고, 디아스포라의 강조점은 떠나왔지만, 완전히 떠나오지 못한 고국에 있다. 사실 고전적 이주연구 역시 이주민공동체들이 혹은 이주민들이 송금이나 서신교환을 통해 고국의 공동체, 가족, 친지들과 특별한 관계를 이어간다는 사실은 인식했다. 그럼에도 불구하고 고국과 정착지 -혹은 제 3의 장소- 사이에 연결된 관계망을 통한 다양한 정보, 재화, 상징, 인간들의 순환적 흐름에 대한 체계적인 연구는 '트랜스내셔널 전환'을 통해 비로소 시작되었던 것이다. 디아스포라적 관계는 정착지의 집단적 정체성을 가진 집단과 다른 지역의 동질적 종족, 그리고 고국의 주민들 사이의 삼각관계triadic relationship로 정의되기도 한다. 다양한 민족공간들을 넘어서는 디아스포라적 관계를 지탱하고 유지하는 매체는 바로 이주자들과 고국의 친지들, 혹은 이주자들과 다른 지역의 이주자들을 연결시켜주는 네트워크이다. 이주는 사회적 네트워크에 의지하고, 그것을 만드는 과정으로 이해된다. 이주자들의 일상은 이주자와 고국에 있는 친지들 사이에 형성된 정보, 도움, 의무 등의 네트워크와 정착지에 있는 공동의 문화와 역사를 공유하는 자들과의 네트워크를 통해 지탱된다. 사회적 네트워크는 이주자들이 일자리를 찾거나, 적응하거나 정신적인 도움과 사회적 경제적 정보를 얻기 위해 중요할 뿐 만 아니라, 이주지이자 정착지로 갈 수 있는 통로가 된다. 특히 여기서 이주민공동체로서의 디아스포라와 그것을 바탕 한 트랜스내셔널 사회장 내지 사회적 공간의 중요성이 부각되는 것이다.

독일의 사회학자이자 트랜스내셔널 이주연구가인 루드거 프리스 Ludger Pries는 멕시코인 도나 로사 가족의 예를 통해 자신이 만든 개념인 트랜스내셔널 사회적 공간을 다음과 같이 설명하고 있다: 로사의 둘째 딸인 구아데루페가 미국에서 일하다가 다시 멕시코로 돌아온 귀환 노동자와 결혼을 하면서 이 가족들의 트랜스내셔널 여정이 시작된다. 구아데루페는 두 명의 아이를 출산 한 후 남편을 따라 미국으로 가게 되는데, 이때 로사의 장남 안토니오도 함께 가게 된다. 그녀는 1970년대 뉴욕주 용커스에서 멕시코 -특히 그녀의 고향이 있는 믹스테카- 포불라나 지방의 음식을 주로 파는- 식당을 개업했다. 이 식당의 주 고객은 주말에 그곳에서 축구경기를 했던 멕시코 이주민들이었다. 구아데루페는 남편을 따라 다시 멕시코의 푸에불라로 돌아갔고, 그의 동생인 안토니오가 식당을 경영하게 되었다. 구아데루페는 멕시코에 주로 살지만, 공동사장으로서 일 년의 몇 달 용커스에 있는 그의 동생 집에서 보낸다. 구아데루페의 남편은 귀환자로서 푸에블라 공동체의 장으로 활동하며 그곳에서 사업을 한다. 그녀의 어머니 로자는 딸과 마찬가지로 멕시코에 살지만, 뉴욕의 다른 가족들을 방문하기 위해 자주 미국으로 간다. 아이가 태어나면, 그 뒤치다꺼리를 위해 멕시코와 미국을 오간다. 미국에서 산 적이 없는 로자의 첫째 딸인 아오로라는 가족의 도움으로 푸에블라에서 호텔을 열었는데, 호텔은 미국에 살고 있는 멕시코 노동자들의 고향방문을 통해 유지된다. 도나 로자의 손자, 손녀들은 거의 모두 이중국적을 가지고 있다. 도나 로사의 후손들은 이 두 지역을 오고 가며, 두 영토의 공동체를 기반으로 그들의 삶을 영위하고 있다. 그들 대부분은 어느 곳에서 그들의 여생을 마칠지 정확하지 않다. 그들은 두 나라, 혹은 두 지역이 주는 장점과 단점들 -가령 미국의 건강보험제도, 멕시코의 가족적 연대와 문화- 을 알고, 그것을 자신들을 위해 최대한 이용한다. 그들은 여기도 저기도 아닌 그 사이 어딘가에 있다고 느낀다. 이들 대부분에게 이들이 멕시코인 인지 미국인 인지 혹은 미국사회에 통합될 것인지 멕시코 사회에 통합될 것인지를 묻는 것은 큰 의미가 없어 보인다. 이들에게 그것은 마치 아버지냐 어머니냐를 선택하라는 질문과도 같아 보이기 때문이다. 로사 가족의 트랜스내셔널 일상은 혈연적 네트워크를 중심으로 고국과 정착사회를 횡단하며 유목민적 삶을 사는 트랜스이주민들의 예를 잘 보여주고 있다. 무엇보다 그들의 삶의 기반이 문화적 동질성에 근거한 이주민공동체에 있다는 것은 인상적이다. 물론 정착지 사회와 출발지 사회의 역사적·정치적·사회적·문화적 맥락에 따라 그러한 공동체들과 그것을 형성하는 다양한 개인적, 집단적 네트워크의 양상 역시 실로 다양하다.[6]

전 세계적으로 퍼져있는 디아스포라를 서로 연결시켜주고 결속시켜주는 것은 그들이 만들고 움직이는 현실적 트랜스내셔널 네트워크만이 아니다. 전화, 팩스, 이메일, 인터넷, 케이블방송, 인쇄매체, 빈번한 여행 등의 커뮤니케이션 매체의 엄청난 발달을 통해 비로소 가능해진 '상상적' 트랜스내셔널 네트워크 역시도 같은 역할을 한다. 그런 의미에서 문화인류학자 스티븐 베르토벡Steven Vertovec은 디아스포라를 이주민들과 고국, 그리고 같은 뿌리를 가지고 전 세계에 흩어져 사는 사람들 사이의 "상상적 연결imagined connection"이라고 정의하고 있다. 물론 그가 쓰고 있는 상상이란 말은 전혀 실재적이지 않다는 것이 아니라, 디아스포라가 감성, 서사, 기억, 감정적 상들과 강하게 연결되어 있다는 것을 의미한다. 이것을 통해 이주민들은 디아스포라를 유지하고 그들의 문화적 일상을 꾸려나간다는 것이다.[7]

이처럼 다양한 네트워크들과 그것을 통해 만들어지는 트랜스내셔널 공간들에 처음 주목했던 트랜스내셔널리즘 이주연구는 이주연구의 새로운 지평을 열었다는 평가 속에 전 세계적으로, 많은 분과학문들 속으로 빠르게 전파, 수용되었다. 하지만 연구 성과들이 쌓이면 쌓일수록, 특정한 이민자집단의 사례를 통해 트랜스내셔널 이주현상의 일반화를 시도했던 새로운 연구담론의 한계들 역시 하나 둘 드러나기 시작했다.

새로운 역사적 이주연구: 트랜스내셔널 이주사

많은 이주연구가들은 경험적 연구를 통해 트랜스내셔널리즘과 트랜스내셔널 현상이 무엇이며, 왜 "트랜스내셔널 전환"이어야 하는지에 대한 답을 찾기 위해 노력했다. 그럼에도 불구하고 오늘날 트랜스내셔널리즘 이주연구는 여전히 이전 연구들과 비교하여 특별히 새로운 것도 없고, 많은 경우 과장되어 있다는 비판으로부터 완전히 자유롭지 못하다. 무엇보다 트랜스내셔널리즘 연구의 대표성과 일반화에 대한 비판은 적지 않은 지지자들을 얻고 있다. 사실 앞서 예를 들었던 로사의 가족들처럼 모든 이주민들이 민족적 공간들을 넘나드는 트랜스내셔널 활동을 하는 것도 아니고, 한다하더라도 그 정도와 방법은 일반화하기 어려울 만큼 실로 다양하다. 그럼에도 불구하고 특정한 이주자집단에 포커스를 맞춘 사례연구로서 트랜스내셔널리즘 연구들이 마치 모든 이주민들을 유목민적 삶을 사는 트랜스이주자로 일반화시켰다는 것이다. 한 경험적 이주연구에 따르면, 소위 트랜스내셔널 정치활동에 참여하는 이주자들이 전체 이주민 집단의 18%를 넘지 않는 경우도 있다.

같은 것이 디아스포라에도 적용된다. 모든 이주가 디아스포라의 형성으로 이어지는 것도 아니며, 만들어진 디아스포라도 그 형성에 영향을 미친 정착지 사회와 출발지 사회의 역사적·사회적 맥락에 따라 실로 다양하다. 사실 기존의 역사적 이주연구는 그것을 잘 보여주고 있다. 어쩌면 바로 이 지점에서 역사학은 트랜스내셔널리즘 이론의 일방적인 수용자가 아니라 이 이론의 약점을 보완해주는 '능동적 수용자'로서의 가능성을 보여준다. 의도했던, 의도하지 않았던 디아스포라 연구자 코헨의 다음 주장은 앞으로 이주연구가 나아가야할 방향을 암시해 주고 있다.

> "우리가 어떠한 이주공동체가 실제 디아스포라인지를 알려면 시간이 필요하다. 다른 말로 하면, 이주민들의 대표자들이 엘리스 섬, 혹은 런던의 히드로공항, 봄베이의 뭄바이공항에 내리자마자 그곳에 디아스포라를 건설하자고 선언하지는 않는다는 것이다. 특정한 종족집단의 대다수는 군중 속으로 통합되어, 자신의 이전 정체성을 버리고 개인화된 형태의 사회적 상승을 성취하기 원하고, 또한 그렇게 할 수 있다."[8]

어떻게 하면 새로운 환경에 적응[adjustment] -통합, 동화, 문화변용- 할 것인가는 고대부터 지금까지 이주공동체들의 공통된 핵심문제였다. 결국 이주란, 앞선 뷔혀의 정의처럼, 더 나은 삶의 환경을 찾아 삶의 터전을 옮기는 과정인 것이다. 그러므로 이주민들이 새로운 사회에 통합되거나 정착해야한다는 것은 정착지 사회의 요구이기 이전에 이주민들 스스로의 희망인 것이다. 디아스포라의 형성과 정착지와 고국을 넘나드는 트랜스내셔널 활동 역시 정착지사회에서 그들이 더 나은 삶의 환경을 찾고 만드는 과정 속에 일어난 것이다. 즉 다양한 가족네트워크와 충성네트워크를 통해 경계를 넘나들며 생계를 이어가는 유목민적 삶이란 더 나은 삶을 위한 이주민들의 생존전략인 것이다. 결국 이주문제는 여기와 저기 사이의 문제가 아니라 여기의 문제, 즉 적응의 문제인 것이다. 이 점이 바로 유대인들의 역사와 깊이 관련된 디아스포라라는 개념이 오늘날 유행하며 학문적으로 전유된 중요한 이유이기도 하다.

사실 트랜스내셔널리즘 이주연구가 주목하고 있는 트랜스내셔널 공간으로서의 디아스포라는 민족국가의 영토적, 공간적 경계에 제약받는다. 디아스포라는 정착지 사회와 출발지 사회의 사회적, 문화적, 경제적, 역사적 환경들과 조건들에 깊이 뿌리내려져 있다. 왜 어떠한 이주민들은 빠른 시간에 흔적도 없이 주류사회에 성공적으로 통합되었고, 어떤 이들은 상당기간 디아스포라를 형성한 뒤에야 그것을 해체하고 통합되었는지, 또 어떤 이들은 오랜 시간이 지난 후에도 주류사회에 통합되지 못하고 디아스포라를 형성하며 살아가고 있는지에 대한 복잡한 적응의 문제에 대한 해답은, 코헨의 말처럼, 오랜 시간이 필요하다. '여기의 문제'로서의 이주는 장기적 관점, 즉 역사적 관점에서 연구되어야 한다. 실제 적지 않은 기존의 역사적 이주연구자들은 트랜스내셔널리즘 이주연구가 너무 경험적이고, 현재문제에만 집중하면서 중요한 역사적 관점을 도외시했다고 비판하면서, 이 새로운 시각에 대한 역사학적 수용에 회의적인 반응을 보인다. 또한 그들은 기존의 역사적 이주연구 역시 트랜스내셔널 사회적 공간들, 트랜스내셔널 네트워크와 트랜스내셔널 이주민 정체성 등을 이미 다루었다는 점을 강조한다. 다만 새로운 이주연구가 이 사실을 간과하고 있다는 것이다. 이 비판은 부분적으로 정당하다. 국제이주 자체가 트랜스내셔널한 현상이기에, 고전적 연구들 역시 그 점을 결코 간과하지 않았다. 하지만 고국과 정착지 사회 사이에 실타래 같이 복잡하게 연결된 트랜스내셔널 네트워크와 그것을 기반으로 한 트랜스내셔널 공간들에서 활동하는 트랜스이주민들의 경험과 일상에 대한 새로운 인식과 체계적인 고찰은 전적으로 트랜스내셔널리즘 이주연구의 공로였다. 실제 기존의 역사적 이주연구는 디아스포라연구를 트랜스내셔널리즘 이주연구로부터 분리하여 역사적 이민연구에 유용한 관점으로 수용했다. 많은 비판에도 불구하고, 이미 역사학내에서 트랜스내셔널리즘 이주연구의 수용은 더욱 가속도가 붙을 전망이다. 이러한 트랜스내셔널리즘과 역사학의 '만남'으로부터 트랜스내셔널리즘 이주연구가 가졌던 한계를 보완할 수 있는 새로운 역사적 이민연구, 즉 트랜스내셔널 이주사 연구가 정립될 수 있을 것이다. 때문에 트랜스내셔널리즘에 대한 더욱 더 적극적인 -비판적인- 수용이 역사학계에 요청된다.

참고문헌

- Harzig, Christiane and Dirk Hoerder. *What is Migration History?* Cambridge/Malden, 2009.
- Simmel, Georg. "Exkurs über den Fremden," Georg Simmel, *Soziologie. Untersuchung über die Formen der Vergellschaftung*. Berlin 1908, pp. 509-512.
- Bücher, Karl. *Industrial Evolution*. New York, 1901.
- Basch, Linda, Nina Glick Schiller, and Christina Blanc-Szanton. *Nations unbound: transnational projects, post-colonial predicaments, and derterritorialized nation-states*, Fifth printing, London, 2000.
- Pries, Ludger. *Internationale Migration*. Bielefeld, 2001.
- Pries, Ludiger. *Die Transnationalisierung der sozialen Welt. Sozialräume jenseits von Nationalgesellschaften*. Frankfurt am Main, 2008.
- Schiller, Nina Glick, Linda Basch and Christina Blanc-Szanton ed., *Toward a Transnational Perspective on Migration: Race, Class, Ethnicity, and Nationalism Reconsidered*. New York, 1992.
- Manning, Patrick. *Migration in World History*. New York/London, 2005.
- Cohen, Robert. *Global Diaspora: An Introduction*. New York, 2008.
- Park, Robert E. "Human Migration and the Marginal Man", *The American Journal of Sociology* Vol.33 No.6 (May 1928), pp. 881-893.
- Vertovec, Steven. *Transnationalism*. London/New York, 2009.

글로벌 이주의 결정 요인에 대한 시스템 사고

최 강 화 | 한성대학교

글로벌 이주의 시대

이주의 역사는 인류의 역사와 함께 시작되었다고 해도 과언이 아닐 정도로, 인류는 더 많은 기회와 더 나은 삶을 위해 지속적으로 이동한다. 대부분의 이주자들은 더 높은 임금과 거주 환경, 또는 가족과의 결합과 같은 삶의 질 향상과 더 행복한 삶을 추구하기 위해 계속해서 이동한다.[1] 최근 들어 전 세계가 글로벌화 되면서 국가 간 인구이동인 이주와 이민은 일상적이고 보편화된 현상이 되고 있다.

스티븐 카슬Stephen Castles과 마크 밀러Mark Miller는 우리가 살고 있는 현재 시대를 '이주의 시대*the age of migration*'라 정의하고, 이러한 국가 간 이주와 이민은 전 세계의 사회와 정치를 재편하는 초국가적 혁명의 한 부분으로 정의하고 있다. 인구의 국가 간 이주와 이동이 빈번하면서 이주와 관련한 문제들은 송출국(이주 유출국)과 거주국(이주 유입국) 간의 관계뿐만 아니라 이주자 증감에 따른 송출국 및 거주국 내부에서의 복잡 다양한 정치·경제·사회·문화의 구조적 문제들을 내제하고 있다. 국가 간 사람들의 이주 변동은 거주국의 사회경제 발전에 기여할 수 있는 긍정적 측면이 있는 반면에, 이러한 이주 변동은 해외 이주민의 유입으로 인해 기존의 사회문화 정체성을 위협하고, 사회적 갈등을 유발하는 부정적 측면을 내포한 양날의 검과 같다. 따라서 이주 변동과 관련한 이슈들은 이주 변동이 야기하는 복잡다단한 구조를 다양한 관점에서 면밀히 살펴볼 필요가 있다.

특히, 한국은 저출산과 고령화라는 인구감소 현상으로 인해 이주 및 이민 정책에 대한 논쟁이 확산되고 있다. 한국은 지속적인 이주민 유입 정책을 통해 세계에서 가장 빠르게 국제 이주민 유입이 증가하고 있는 국가 중의 하나이다. 한국의 민관기구들은 다양한 이주 프로그램을 통해 이주민의 현격한 양적 성장을 달성했지만, 반면에 이러한 양적성장에 동반한 질적 성장을 도모하는 데는 다소 한계점을 노출하고 있다. 즉 한국에 이주한 외국인 노동자들의 임금 구조나 인권 문제와 같은 '이주 노동자의 노동의 질'이나 국제결혼 이주여성의 정주 환경 그리고 이주민 자녀에 대한 교육 문제 등과 같이 '결혼 이주여성 및 다문화 가정의 삶의 질'과 같은 총체적인 '이주민의 삶의 질'과 관련한 문제들은 현재 급격한 양적 증가를 따라가지 못하고 있는 실정이다. 이로 인해 다양한 측면에서 이주민의 경제적 및 사회적 문제점들이 노정되고 있다. 따라서 이주민의 양적 성장에 발맞춘 질적 성장을 도모해야 할 필요성이 증가하고 있으며, 이주민 삶의 질적 성장을 위해 이주민의 삶의 질을 구성하는 다양한 변인들이 무엇이고, 이러한 다양한 변인들이 어떤 구조적 관계를 구축하고 있는 지를 밝혀내는 것은 매우 중요한 이주민 연구 분야 중의 하나이다.

이주와 관련된 국내외의 선행 연구들을 살펴보면, 대체적으로 이주 유입에 영향을 미치는 환경적, 사회적, 제도적 요인들은 무엇이고, 이러한 환경적 요인들이 어떠한 영향을 미치고 있는가를 분석한 연구들이 주를 이루고 있는 실정이다. 또한, 이주와 관련한 연구들은 이주 변동을 통해 야기되는 정치·경제·사회·문화 등의 학제간의 종합적 접근이 필요함에도 불구하고, 기존의 연구들은 단선적 사고에 기초한 개별 분야의 정책 방안 제시가 대부분을 차지하고 있는 실정이다.

따라서 기존의 이주와 관련한 선행 연구들은 이주와 관련한 다양한 요인들 간의 상호 순환적 인과관계나 요인 상호간의 연관성과 의존성을 간과한 부분적 시각의 한계를 노정하고 있다. 따라서 이주와 관련된 정책 방안들은 장기적이면서 전체적 사고에 기반을 둔 학제 간의 융합적 사고가 필요하며, 이주를 둘러싼 경제적, 사회적, 환경적 요인들 간의 복잡한 연관성과 상호 의존성을 보다 근본적이고 체계적으로 접근해 볼 필요가 있다.

본 연구에서는 첫째, 이주에 대한 기존의 선행 연구들을 기반으로 이주가 가져오는 다양한 사회적 현상들의 전체 구조를 조망할 수 있는 시스템 사고 기반의 인과지도causal loop diagram를 이주 거주국의 입장에서 제시하고자 한다. 특히, 이주민들이 이주 거주국에서 인지하는 '경제적 노동의 질'과 '사회·문화적 삶의 질'을 포괄한 이주민의 삶의 질과 관련한 전략적 변인들을 도출하고, 이러한 환경적 변인들 간의 상호 순환적 인과지도를 제시하고자 한다. 이를 통해 기존의 인주와 관련한 단선적 사고의 한계를 극복하고 보다 체계적으로 이주 문제를 해결하기 위한 다양한 정책적 방안들을 제시하고자 한다.

둘째, 본 연구에서는 이주변동이 가져오는 인과지도를 토대로 시스템 시뮬레이션에 필요한 내부 피드백 메커니즘internal feedback mechanism을 제공하고자 한다. 정책의 변동은 단기적 또는 장기적으로 이주 정책에 상당한 영향을 미치고 관련 변인들 간의 상충관계를 나타낸다. 따라서 개별 정책 변수들의 변동에 따른 유량 변수로써 이주 전환율과 저량 변수로써 총 인구 변동과 같은 다양한 변인들의 민감도 분석을 위한 구조화된 틀을 제공함으로써 향후 이주 및 이민 관련 정책방향 설정 및 정책 입안에 필요한 시사점을 제공하고자 한다.

글로벌 이주에 대한 이론적 접근

1. 이주에 대한 학문적 접근

지난 20여 년간 한국으로 이주하는 인구가 급격히 증가함에 따라, 이주에 대한 국내 학계 및 정책 관련 논의들이 점점 더 부각되고 있다. 기존의 신고전주의는 인구이동은 개인의 합리적 판단에 의거하여 자신의 노동 소득을 최대화하기 위해 이주를 결정하게 된다고 주장하였다. 그러나 신고전주의의 경제학적 접근에 대한 비판에서부터 비롯된 '배출push-흡인pull 이론'은 송출국에서의 인구 배출요인, 유입국의 인구

흡입요인과 개인의 특성 등이 복합적으로 작용하여 인구의 이주가 발생한다고 주장한다.

국제 이주 및 인력이동을 분석한 국내 연구들에서는 국가 간 인력이동의 흐름을 중심으로 인적 자본 요인, 환경 조성 및 제도적 요인, 그리고 국가별 특성 요인들이 국가 간 고급인력의 이주비율에 어떠한 영향을 미치고 있는 지를 분석하였다. 또한 국제 이주에 대한 이론적 접근을 시도한 국외 연구를 살펴보면, 마이클 새머스Michael Samers는 국제 이주의 원인을 다음의 <표 1>과 같이 크게 10개의 이론 - 라벤스타인의 법칙과 배출 흡인 이론, 신고전 경제학적 접근, 행태주의, 신경제적 접근, 이중 노동시장/분절적 접근, 구조주의 접근, 사회 네트워크 이론, 초국가주의, 젠더를 고려한 접근, 그리고 구조화 이론 - 으로 정리하였다. 따라서 본 연구에서는 이러한 기존의 연구들을 기반으로 이주에 영향을 미치는 환경적 요인과 경제적 요인 그리고 사회적 요인 등의 이주를 결정하는 다양한 내재적 변인들 간의 인과적 관계를 파악하고 이를 토대로 변인들 간의 상호 순환적 피드백 관계를 제시하고자 한다.

<표 1> 이주에 대한 학문적 접근의 기본적인 특성

<table>
<tr><th colspan="2">이주 이론</th><th>주요 내용</th></tr>
<tr><td colspan="2">1. 라벤스타인의 법칙과 배출-흡인 이론</td><td>• 배출-흡인 요인에 바탕을 둔 국내/국제 이동
• 경험적 이주패턴과 과정에 대한 7개 법칙 제시</td></tr>
<tr><td colspan="2">2. 신고전 경제학적 접근</td><td>• 경제적 합리성에 기인한 가난한 국가와 선진국 사이의 이주
• 이주자를 송출국과 이입국의 경제적 기회에 대한 '완벽한' 또는 '다양한' 정보에 반응하는 합리적 개인으로 간주</td></tr>
<tr><td colspan="2">3. 행태주의</td><td>• 합리적 인식에 토대한 '만족' 행위와 장소 효용을 고려한 개인의 이주 행태와 국내 이주
• 이주의 이유뿐만 아니라 장소 효용에 대해서도 주목</td></tr>
<tr><td colspan="2">4. 신경제적 접근</td><td>• 개인 차원보다 집단적 · 결합적 의사결정 단위로서 가족을 중시
• 가난한 국가와 선진국 사이의 이주</td></tr>
<tr><td colspan="2">5. 이중 노동시장/분절적 접근</td><td>• 고용 원칙에 따른 노동 시장에서 이주 노동자에 대한 수요
• 송출국가에서의 '배출 요인'보다는 선진국의 이중 노동시장이 가지는 '흡인 요인'의 중요성을 더 강조</td></tr>
<tr><td rowspan="5">6. 구조주의 접근</td><td>종속(집합) 이론</td><td>• (글로벌) 자본주의 시스템의 변화와 이주에 대한 영향력</td></tr>
<tr><td>글로벌화</td><td>• 이주의 글로벌 흐름, 구조적 제약, 기회(교통 · 통신 · 수단의 혁신)의 영향력(자본 · 상품 · 서비스 · 정보 · 사람의 흐름과 각 요소들의 네트워크 강조)</td></tr>
<tr><td>글로벌화 도시</td><td>• 글로벌 도시로의 이주에 초점
• 거대 도시의 글로벌 역동성과 다양성의 개발로 글로벌 경제의 효과</td></tr>
<tr><td>신자유주의</td><td>• 신자유주의의 '롤백(roll-back)'과 '롤포워드(roll-forward)'와 관련된 글로벌 자본주의 시스템의 변화와 이주에 대한 효과
• 국제적 학생 이동성</td></tr>
<tr><td>이주개발 연계</td><td>• 송출/이입 국가(혹은 지역)간 관계, 특히 송금의 효과
• 이주와 개발 사이의 관계에 관심</td></tr>
<tr><td colspan="2">7. 사회 네트워크 이론</td><td>• 집단적으로 이루어지는 이주, 지역(마을), 가족, 개인의 행동
• 이주자 네트워크 혹은 네트워크 중재 이주에 초점</td></tr>
<tr><td colspan="2">8. 초국가주의</td><td>• 다양한 문화적, 경제적, 정치적, 사회적 이주자 연계 혹은 디아스포라 연계
• 이주자의 주체성을 강조하며, 문화계승자로서의 역할에 관심</td></tr>
<tr><td colspan="2">9. 젠더를 고려한 접근</td><td>• 다양한 이주 관계, 특히 여성 이주자와 젠더 관계, 가사 노동과 가족 관계에 초점</td></tr>
<tr><td colspan="2">10. 구조화 이론</td><td>• 잠재적으로 가능한 모든 형태의 이주</td></tr>
</table>

출처 : 마이클 새머스, 『이주(Migration)』, 푸른길, p.160, 본 저자가 일부 수정함

2. 이주의 결정요인에 대한 기존의 연구

사람들의 국가 간 또는 지역 간 대규모 이동은 점진적으로 가속화되는 전 지구적 통합과정에서 발생된다. 상품과 자본의 이동에 수반하여 사람들의 이주와 이동은 발생되며, 교통의 발달과 정보통신의 확산으로 인하여 국가 간의 거리의 개념이 소멸하면서 국제 이주 및 이민은 더욱 더 많아지고 있다. 이제 이주와 이민은 어느 나라의 특수화된 현상이 아니라, 이미 보편화된 사회적 현상으로 이러한 이주 변화는 개별 국가의 경제적, 정치적, 사회적 그리고 문화적 전환과 관련되어 있다. 이주Migration는 국경을 넘었거나 혹은 특정 국가 내에서 사람이나 집단이 이동하는 것으로 그 기간과 구성, 원인에 상관없이 어떤 형태의 인구이동을 모두 포괄하는 개념임에 따라 난민, 이재민, 경제적 이주자 그리고 가족 재결합 등의 목적을 위해 이동하는 사람들을 포함한다.

기존의 이민자들의 거주국 선택과 관련한 다양한 선행연구들을 살펴보면, 신상화의 연구에서는 출생국에서 새로운 거주국으로의 이주를 통한 기대소득의 증대, 거주국 이민 정책의 호혜성, 기존에 진출한 이민자 집단, 출생국과 거주국 간의 문화적 동질성, 이민에 따른 비용 등이 이민자들의 거주국 선택에 영향을 미치는 것으로 분석되었다. 따라서 이러한 인구이동을 보다 효과적으로 설명하기 위해서는 출발지 혹은 송출국가와 목적지 또는 유입국 간의 경제적, 정치적, 사회적 그리고 환경적 자원의 차이를 고려하여야 한다. 일반적으로 출생국에 비해 거주국에서 더 높은 소득을 얻을 수 있고, 거주국의 이민 정책이 이주민들에게 보다 호혜적으로 설계되어 있으며, 기존에 특정 거주국에 자국의 이민자가 많아 이민자 네트워크가 잘 형성되어 있고, 문화의 유사성이 높고 이주 및 이민에 따른 제반 비용이 낮을수록 이주자들은 거주국으로의 유입을 촉발하게 된다. 이러한 이주의 변화 흐름과 관련하여 스티븐 카슬과 마크 밀러는 현 시대의 이주와 관련하여 주목해야 할 다섯 가지의 이주 경향을 제시하고 있다. 즉 현재 우리가 살고 있는 시대의 이주 경향은 크게 이주의 전 지구화, 이주의 가속화, 이주의 차별화, 이주의 여성화, 이주의 정치화 그리고 이주변천의 확산을 제시하고 있다.[2]

유엔 국제이주기구International Organization for Migration: IOM은 이주의 원인을 크게 경제적 요인, 인구학적 요인, 환경적 요인, 국가 행정적 요인, 분쟁, 다국가적 네트워크 효과로 구분하고 있다. 첫째, 경제적 요인은 국가별로 점점 벌어져가는 삶의 질과 임금의 차이는 이주자들을 거주국으로 끌어들이는 자석과 같은 역할pull-factor을 하는 것이다. 둘째, 인구학적 요인은 선진국의 저출산, 고령화 현상에 따른 노동력 부족은 개발도상국의 노동력 과밀과 관련한 인구의 이동을 일으키게 된다. 셋째, 환경적 요인은 지진이나 산업재해, 홍수 및 가뭄 등으로 인해서도 이주가 발생하는 데, 환경적 요소로 인해 일어나는 이주는 주로 국내 이주가 많다. 넷째, 국가 행정적 요인은 빈약한 정부, 부패, 그리고 좋은 교육체제와 건강 관련 시설의 부재는 국제이주를 촉진하는 요인이 된다. 다섯째, 분쟁 요인은 내전이나 개인의 자유를 제한하는 분쟁이나 인종, 종교 등에 따른 차별로 인해 자유를 되찾고자 하는 소망에 따른 이주를 말한다. 여섯째, 다국가적 네트워크 효과는 해외에 살고 있는 가족과 친지들은 이주과정을 용이하게 하는데 촉매역할을 하며 이주를 촉진하게 된다.

1. 한국으로의 이주민의 증가 추세

OECD 국가들의 '인구통계와 인구' 데이터베이스에 의하면, 2015년 한국의 15~64세의 인구 대비 65세 이상의 인구 비중은 약 17% 정도로 OECD 평균인 약 25% 보다 낮은 편이나, 2050년에는 그리스, 일본과 더불어 고령인구가 가장 많은 국가가 될 것으로 전망하고 있다(그림 1). 특히 한국의 인구 고령화는 OECD 국가들 중에서도 가장 빠르게 진행되고 있는 편으로 향후 65세 이상의 고령 인구는 우리 사회의 절대 다수를 차지할 것으로 전망되고 있다.

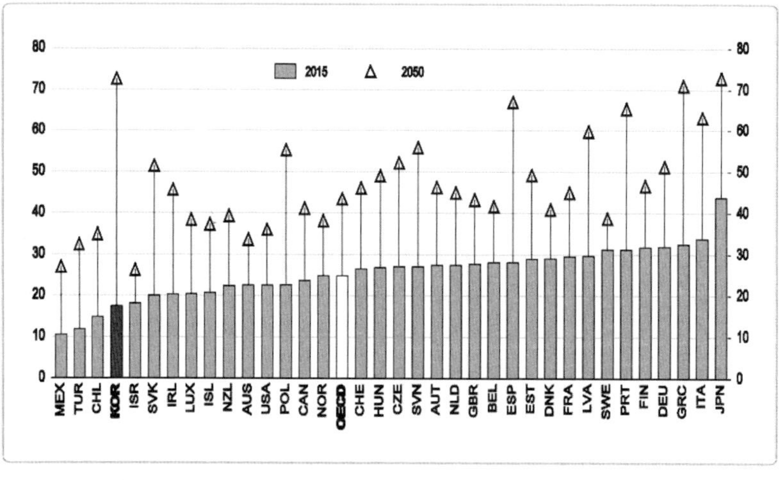

[그림 1] 15-64세 인구 대비 65세 이상의 인구 비중 (OECD 인구통계)

이와 같이 저출산과 기대수명 개선에 따른 인구 고령화의 문제는 국내 생산가능 인구수를 감소시켜 향후 국내 경제의 큰 부담으로 작용하고 있으며, 사회 인구변동에 대비하기 위해 다양한 이주 정책방안들이 제시되고 있다. 이러한 대안들 중에서 가장 대표적인 방안 중의 하나가 해외 노동자들의 국내 유입 확대를 통한 생산가능 인구를 확보하는 방안이다.

아시아 지역의 국제 이주민의 추이변동을 측정한 〈표 2〉를 살펴보면, 2000년부터 2009년까지 지난 20년 동안 아시아 전체적으로는 약 1.8배의 국제 이주민이 늘어난 반면, 한국의 경우에는 2000년에 244,200명에서 2019년에 1,163,700명으로 약 4.76배 증가하였고, 전체 인구 대비 국제 이주민의 비율은 2000년에 0.5%에서 2009년에 2.3%로 약 4.6배의 급속한 증가세를 보이고 있다. 이러한 증가폭은 서아시아의 다른 국가들에 비해 절대적으로 높은 수치이며, 전 세계적으로도 유례없는 매우 큰 폭의 증가를 보이고 있다. 특히, 이러한 국제 이주민들의 연령별 구성 비율을 살펴보면, 20세부터 64세까지의 생산가능 인구가 차지하는 비율이 90.9%로 상당히 높은 편이다. 이러한 한국의 이주민 변동의 결과들은 2000년대 초반부터 다양한 이주민 유입정책들을 통해 이주민의 국내 유입을 촉진한 결과로 판단할 수 있으며, 특히 생산가능 인구의 확보를 위한 다양한 정책적 방안들을 활용한 결과로 해석할 수 있다.

<표 2> 아시아 지역의 국제 이주민의 변동 추이

	국제 이주민(천명)		전체 인구 대비 국제 이주민 비율		나이별 국제 이주민 구성 비율		
	2000년	2019년	2000년	2019년	0~19	20~64	65+
아시아(전체)	10,506.2	18,296.6	0.5	0.8	13.3	77.4	9.2
서아시아	5,393.0	8,105.8	0.4	0.5	10.0	75.3	14.7
- 중국	508.0	1,030.9	0.0	0.1	23.1	68.0	8.8
- 중국, 홍콩	2,669.1	2,942.3	40.4	39.6	6.1	66.8	27.0
- 중국, 마카오	240.8	399.6	56.3	62.4	7.3	78.6	14.1
- 북한	36.2	49.4	0.2	0.2	11.5	78.8	9.7
- 일본	1,686.4	2,498.9	1.3	2.0	11.2	80.5	8.3
- 몽골	8.2	21.1	0.3	0.7	19.0	76.3	4.6
- 한국	244.2	1,163.7	0.5	2.3	6.4	90.9	2.7

또한, 〈그림 2〉의 출입국·외국인 정책통보를 살펴보면, 결혼 이주민도 지속적인 증가세를 보이고 있는 데, 이러한 결혼 이주민의 증가는 전체 이주민의 증가에 상당히 기여한 것으로 조사되었다. 결혼 이주민의 경우에는 2010년에 141,654명에서 2018년에는 159,206명으로 지난 9년 간 약 12.3%의 증가세를 보이고 있다. 특히, 결혼 이민자는 2014년의 국제결혼 건전화를 위한 결혼이민 사증발급심사강화 및 국제결혼 안내프로그램 이수 의무화조치 등의 영향으로 2014년 이후로 약 5.44% 증가하고 있다. 이와 같은 결혼 이주민의 증가에 발맞춰, 최근에는 결혼 이주로 인한 다문화 가정이 증가하고 있으며, 이러한 다문화 가정을 안정적으로 정착시키기 위한 다양한 다문화 정책 방안들이 제시되고 있다.

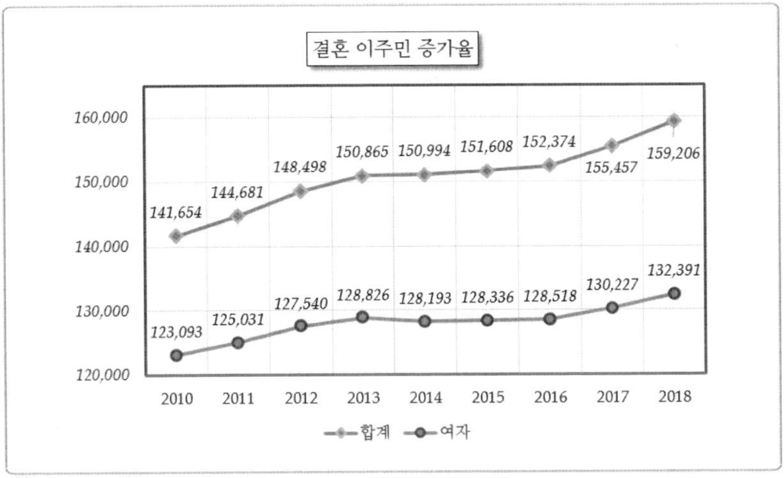

[그림 2] 결혼이주민 증가율

2. 한국의 이주 변동에 대한 인과 구조분석

한국의 이주 변동에 대한 인과구조를 분석한 <그림 3>을 살펴보면, 국내 저출산/고령화 문제는 국내 생산가능 인구의 축소와 더불어 생산비용 증가라는 문제를 야기하고, 이러한 생산비용 증가는 저임금 생산자의 수요를 증가시키는 요인이 된다. 이와 같이 생산가능 인구의 감소와 저임금 생산자 수요의 증가는 필요한 대체 인력을 조달하기 위한 해외 노동력의 국내 유입의 필요성을 증대시키고 있다. 이와 같이 누적된 국내 노동력 부족문제는 신규 이주자의 유입을 촉진시키는 요인이 되고 있다. 한편, 국제 결혼가정의 생활 실태 및 정책방안(2010)에 의하면, 최근에 독신 여성의 증가와 여성의 경제력 향상에 따른 결혼의 연기 그리고 성비 불균형으로 인하여 외국인 신부의 수

입수요를 높이고, 이러한 요인으로 인하여 궁극적으로 국제 이주결혼이 증가하고 있는 실정이다. 또한, 국제 이주결혼이 증가함에 따라 국내로의 신규 이주민 유입은 증가하게 된다.

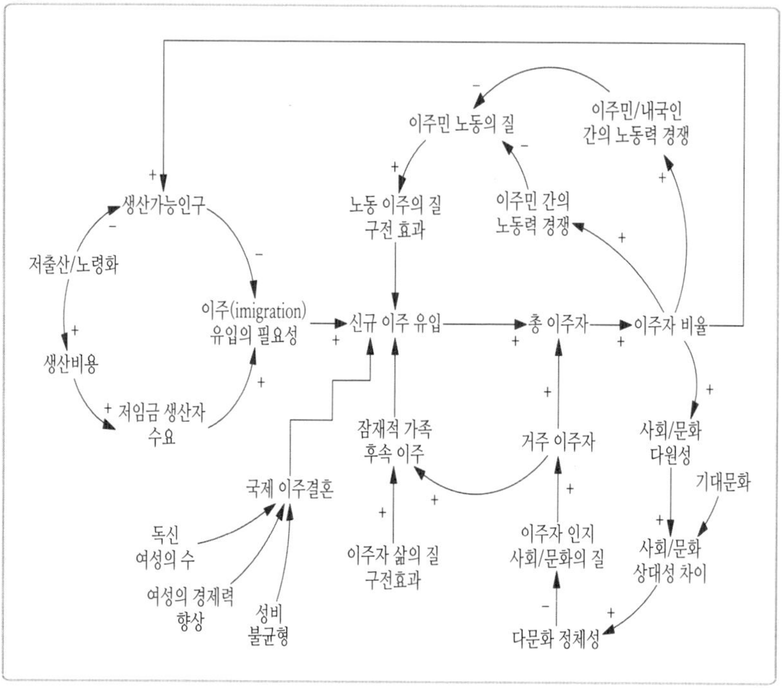

[그림 3] 국제 이주유입에 대한 인과지도

다양한 경로를 통한 신규 이주유입이 증가하면서 총 인구에서 차지하는 이주자 비율이 증가하고, 이러한 이주자 비율 증가는 다양한 사회·문화적 문제를 야기하고 있다. 첫 번째로 경제적 목적의 외국인 이주자 비율이 증가하면서 국내 노동시장에서의 내국인과 이주 노동자들 간의 노동력 경쟁이 가속화되고 있다. 외국인 노동자가 국내 유입의 노동시장에 미치는 긍정적인 측면은 저숙련 외국인 노동자들은 내국인 노동자들이 꺼려하는 일자리를 채우기 때문에 저임금 중심의 노동시장에 노동공급을 확대한다는 장점이 있다. 그러나 장기적으로 외국인 근로자의 고용 증가는 국내 근로자들의 일자리를 잠식하고 내국인 근로자의 임금률을 저하시키며 근로 조건을 악화시킬 개연성이 매우 높다. 법무부의 2018년 취업 비자 기준 외국인 근로자의 수는 백만 명을 상회하고 있으며, 이러한 외국인 노동자들은 제조, 서비스 및 농(어)림 등 다양한 분야에서 활약하며 국내 노동자들과 노동 시장에서 경쟁 중에 있다. 더불어 국내에 거주하는 이주자들 간에도 노동력 시장에서의 경쟁이 격화되고 있는 실정이다. 이와 같이 노동력 시장에서의 내국인과 이주 노동자, 그리고 이주 노동자들 간의 경쟁이 심화되면서 현실적으로 이주 노동자들의 노동의 질은 점진적으로 악화되고 있다. 이주 노동자들은 주로 노동 환경이 열악한 3D 업종의 대체 노동자로 전락하거나 단순한 직무위주의 직종에 근무하는 등의 상당히 열악한 노동 환경을 처해 있다. 따라서 이주자의 노동의 질에 대한 정보는 잠재적 이주 예정자들에게 다양한 소통 채널을 통해 구전되고, 잠재적 이주자의 경제적 목적의 이주 의사결정에 결정적인 역할을 하게 된다. 따라서 잠재적 국내 이주자의 국내 유입을 촉진하기 위해서는 이주자들의 노동의 질을 개선하기 위한 다양한 정책적 방안이 필요하다. 또한 이주자 유인 정책은 과거에 단순히 양적으로 노동력을 수급하는 데에 초점을 맞춘 외국인 노동자 유입 정책에서 벗어나 해외 고급 인력의 유입과 이주 노동자의 노동의 질적 개선을 위한 이주자

유인 정책으로 전환해야 할 것이다.

두 번째로 이주자 비율의 증가는 이주국의 문화 다원성을 증가시킨다. 다양한 국가로부터 다양한 국적의 이주민이 늘어나면서, 사회·문화적 다원성이 증가하게 된다. 이러한 사회·문화적 다원성은 거주국의 사회·문화적 환경에 긍정적인 측면과 부정적인 측면을 동시에 가져다준다. 다양한 국적의 이주민이 증가함으로써 사회·문화적 요소들이 풍성해지는 장점이 있는 반면에, 다문화사회로의 전환으로 인한 잠재적 위험 요소가 많아지고 있다. 즉 한국의 단일화된 주류문화의 정체성을 훼손할 뿐만 아니라 이러한 정체성 혼란은 궁극적으로 사회 불안정을 야기할 가능성도 매우 높다. 따라서 지역 사회에서는 고유문화의 정체성 혼란과 이주민들의 이중문화 정체성 혼돈이라는 문제점도 발생되고, 이는 궁극적으로 이주자가 인지하는 사회/문화의 질에 부정적인 영향을 미치게 된다. 이러한 요인들로 인하여 한국에 거주하고 있는 이주민들은 본국으로의 귀환이나 제 3의 타국가로의 전출을 증가시킬 개연성이 높아지게 된다. 이는 궁극적으로 잠재적 신규 이주자를 감소시킬 뿐만 아니라 총 이주자를 감소시켜 총 인구가 감소하는 악순환의 관계를 가지게 된다. 따라서 국내에 체류 중인 이주민들이 한국 사회에 통합되고 이주자들이 인지하는 사회/문화의 질이 향상될 수 있는 다양한 다문화 정책방안들이 필요하다. 또한 외국인 노동자 및 이주민에 대한 내국인의 인식의 개선을 통해 다양한 문화로 이루어진 사회를 거부감 없이 받아들이는 다양성에 대한 관용을 키우는 정책의 전환이 요구된다.

3. 이주 변동에 대한 동태적 구조

현재 국내의 이주민은 지속적으로 증가하는 추세를 보이고 있는데, 이러한 지속적 증가 추세는 다양한 외부 요인과 국가의 정책적 운영 방안에 의해 영향을 받는다. 잠재적 이주자potential migrant의 실제 이주자actual migrant로의 이주 전환율migration conversion rate에 영향을 미치는 국내외 이주 촉진 요인으로 크게 두 가지 요인이 있다. 즉 이주 전환율에 직접적인 정(+)의 영향을 미치는 유입 요인으로는 결혼 이주 유입inflow from marriage migration과 노동 이주 유입inflow from labor migration 그리고 교육 이주 유입inflow from education migration이 대부분이다.[3] 기존의 인적자본이론에 의하면 사람들은 낮은 소득에서 높은 소득 가능성이 있는 지역으로 이동하게 된다. 즉, 노동 목적의 이주 유입은 국제 이주의 절대적 수치를 차지하고 있는 상황이다.

또한 이러한 직접적 효과 이외에 간접적으로 이주율에 영향을 미치는 요인은 실제 이주자와 잠재적 이주자 간의 다양한 커뮤니케이션을 통한 '구전에 의한 이주율 변동migration inflow from word-of-mouth'이다. 즉 기존의 이주민들은 이주국에서의 다양한 삶의 경험을 통해 '이주민의 삶의 질quality of migration life'을 경험하게 되고, 이러한 다양한 삶의 질에 대한 경험을 통해 잠재적 이주자에게 다양한 채널을 통해 긍정적 또는 부정적 구전을 전달한다. 따라서 이러한 구전이 긍정적인 경우에는 구전에 의한 이주 유입이 증가하게 되고, 반대로 부정적 구전은 잠재적 이주자의 이주 전환을 감소시키는 요인이 되고 있다. 이러한 이주민의 삶의 질에 영향을 미치는 이주국의 환경 요인으로는 이주국에서의 경제적 생활 만족도, 이주국에서의 거주/정주 환경 만족도, 결혼 생활의 만족도, 이주국의 교육 서비스품질 만족도 그리고 이주국에서 이주민을 위한 다양한 다문화 정책 등이 '이주민의 삶의 질'에 상당한 영향을 미친다.

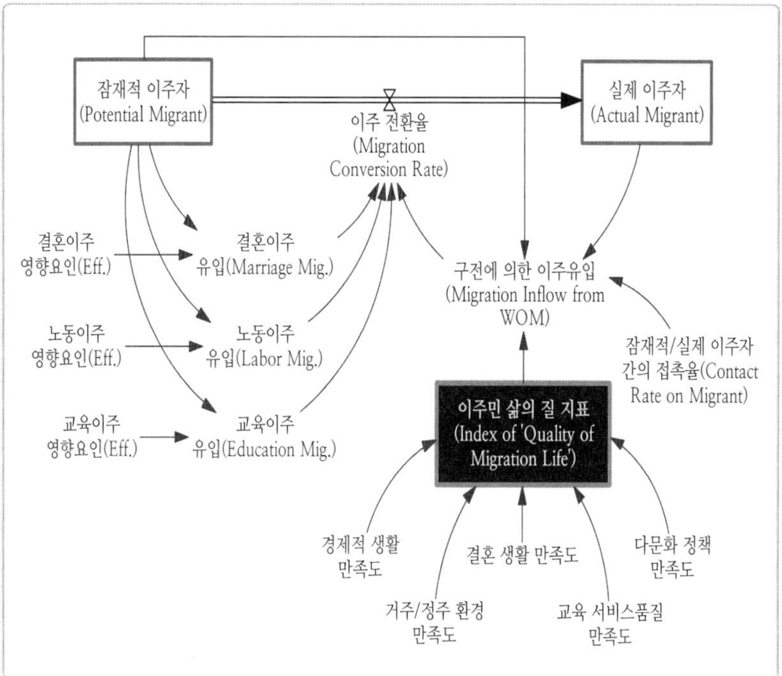

[그림 4] 이주민의 삶의 질 개선을 통한 이주 전환율 변화의 다이내믹스 모형

1990년대부터 본격적으로 시작된 한국의 국제 이주에서는 주로 직접적 요인에 의한 이주민 유입이 많았다. 그러나 전체 인구 대비 국제 이주민 비율이 2.3%를 차지하고 있는 현 국내 상황에서는 노동이나

결혼, 유학 등의 직접적 요인에 의한 이주민 유입보다는 기존의 유입 이주민들에 의한 간접적 요인이 지속적으로 증가하고 있는 상황이다. 즉 잠재적 이주자와 실제 이주자 간의 접촉을 통한 이주 전환이 증가하고 있다. 특히, 이주민의 가족 이주가 증가하고 있는 추세이다. 따라서 향후 추가적인 분석에서는 이주민의 삶의 질에 영향을 미치는 다양한 환경적 요인들 - 경제적 생활 만족도, 거주/정부 환경 만족도, 결혼 생활 만족도, 교육 서비스품질 만족도, 다문화 정책 만족도 - 에 대한 정확한 분석을 토대로 이주민의 삶의 질 관리가 필요하다.

글로벌 이주에 대한 정책적 제언

이주 및 인구이동은 인구학과 이민사 연구에서 매우 중요한 주제 중의 하나이다. 특히, 한국의 고령화 및 생산가능 인구의 감소, 그리고 혼인 시장의 인구학적 불균형 현상 등은 우리사회가 향후 더 많은 외국인 유입을 필요로 할 것임을 의미하고 있다. 한국의 저출산 및 고령화 문제가 매우 심각한 수준에 이르고 있고, 외국인 노동자와 결혼 이민자의 유입이 지속적으로 늘어나면서, 이주 및 이민과 관련한 문제는 더 이상 미룰 수 없는 미래 한국사회 핵심의제 중의 하나이며, 다문화사회로의 전환에 맞춰 혁신적인 이주 및 이민 관련 정책적 방향이 필요한 상황이다. 특히, 한국의 이주 및 이민은 매우 빠르고 복잡한 구조로 증가하고 있다. 따라서 이주 및 이민과 관련한 정책은 관련 유관기관들의 유기적이면서 체계적인 접근이 필요하다.

본 연구에서는 이주 유입과 관련한 다양한 변인들 간의 상호 순환적 인과 구조를 도출하고, 이러한 이주 전환율에 영향을 미치는 변수들 간의 다단계 인과 구조를 분석하였다. 인과지도에서 살펴본 바와 같이, 이주민의 삶의 질에 영향을 미치는 요인은 매우 복잡하며 다양하다. 즉 경제적 이득의 정도나 이주민의 정주 환경, 이주민의 결혼생활 만족도, 유학생들의 교육 만족도 그리고 정부나 지방자치단체의 이주민을 위한 다양한 정책적 지원과 방안은 이주민의 삶에 직접적인 영향을 미치고 있고, 이러한 요인들이 궁극적으로는 한국의 이주 전환율에 영향을 미치고 있음을 구조주의 측면에서 분석하였다. 따라서 본 연구에서는 국내 이주유입을 촉진하고 이주민의 삶의 질 향상을 통한 이주민의 안정적 정주 환경 조성을 위해 이주관련 유관기관들의 다양한 정책적 방안이 필요함을 제시하고 있다. 이러한 이주에 대한 구조분석은 향후 우리사회가 경험하게 될 이주민 정책들과 인구구조 변화에 따른 노동 정책 등 종합적인 이주민 대응 방안을 마련하는 데 밑거름이 될 것이다.

추가적으로 본 연구에서는 이주와 관련한 인과 구조뿐만 아니라 시스템 다이내믹스 모델링을 제시함으로써 향후 개별 변수들에 대한 정책적 민감도 측정에 필요한 다양한 분석의 틀을 제공하고 있다. 현재 국내외의 기존 연구들은 이주 및 이민에 관한 정책적 방향성은 제시하고 있으나, 이러한 정책들의 성과와 각 변인들 간의 민감도에 대한 정확한 분석은 다소 미흡한 편이다. 따라서 추가적인 연구에서는 시뮬레이션 모델링에서 제시된 다양한 변인들에 대한 계량화된 수치의 측정을 통해 어떠한 이주 및 이민 정책이 보다 효과적이고 이러한 정책들이 다른 변수들 간의 어떤 상충 관계를 형성하고 있는 가를 추가적으로 분석하고자 한다.

참고문헌

- 마이클 새머스, 이영민, 박경환, 이용균, 이현욱, 이종희 역, 『이주(Migration)』, 푸른길, 2013.
- 스티븐 카슬, 마크 J. 밀러, 한국이민학회 역, 『이주의 시대』, 일조각, 2013.
- 이용균, 『글로벌 이주: 이동 관계 주변화』, 전남대학교 출판부, 2017.
- IOM, 『WORLD MIGRATION REPORT 2020』

이주와 인문학적 상상력

Migration and Humanistic Imagination

2장

이주의 재현과 서사

이주 서사로서의 『완득이』에 그려진 성장의 의미

신영헌 · 강지현 | 한성대학교

다문화사회를 비춰주는 거울로서의 『완득이』

2000년 이후 엄청난 숫자의 동남아시아 출신 노동자들이 일자리를 찾아서 한국에 입국하는 한편, 국제결혼을 통한 아시아 여성들의 국내 이주도 계속 늘어나면서 국내 거주 외국인들의 숫자는 폭발적으로 증가해왔다. 2020년 현재 <출입국·외국인정책 통계월보>(2019년 8월 31일 기준)에 따르면, 한국의 경우 결혼, 노동, 학업 등을 목적으로 국내로 이주한 이주민이 이미 240만 명을 넘어섰다. 특히 작년 8월 한 달 동안 국내 이주 외국인의 숫자가 전월 대비 0.2%(4,484명)가 증가했다는 것은 한국 사회가 다문화사회로 급속히 변화해가고 있다는 단적인 증거이다.

이러한 급격한 사회 변화는 여러 가지 사회문제를 배태하기 마련이다. 크게는 이주 당사자들의 한국 사회 적응의 문제와 이들과 한국인 배우자 사이에서 태어난 다문화 자녀들의 문제로 나뉠 수 있다. 이주 1세대의 경우, 주로 사회경제적 측면에서의 불이익이나 인권 침해 및 문화적 차이로 인한 정주민들의 차별과 학대가 주된 갈등의 요인이 된다. 다문화 자녀의 경우, 부모 세대의 차별을 고스란히 이어받으면서 여기에 더해 자신의 정체성에 대한 혼란과 이로 인한 방황이라는 문제를 추가로 떠안는다. 이들이 한국사회의 건강한 구성원으로 자리 잡느냐 마느냐는 것은 장기적으로 한국사회의 건강성에도 큰 영향을 미칠 수밖에 없다.

이런 맥락에서 본고는 김려령이 쓴 소설 『완득이』와 이를 영화로 각색한 이한 감독의 <완득이>를 이주 성장 서사의 관점에서 살펴보고자 한다. 『완득이』는 2007년 제1회 창비 청소년문학상 수상작이며, 출간 후 700만부가 넘게 판매된 베스트셀러 소설로서, 장애를 가진 아버지와 베트남인 어머니 사이에서 태어난 십칠 세 청소년 도완득이 여러 층위의 배제와 차별에도 굴하지 않고 마침내 자아를 찾고 성장해가는 과정을 유쾌하게 그린 작품이다. 이 작품에 근거한 이한 감독의 영화 <완득이>는 개봉 직후 5주 연속 박스오피스 1위를 차지하였으며, 상영기간 동안 총 오백삼십만 명이 넘는 관객을 동원하였다.

지금까지 본 작품에 대한 연구는 다양한 관점에서 진행되어 왔다. 그 중 다수는 이주서사로서의 『완득이』(혹은 <완득이>)에 주목해 왔다. 예컨대 한국영화에서 다문화 가정이 어떤 모습으로 재현되는가를 중점적으로 살펴보는 이도균의 연구나, 본 작품을 "한국사회에 내재해 있던 완고한 순혈주의가 서서히 해체되고, 한국사회가 본격적인 다문화사회를 향해 진전해가고 있는 징후"로 읽는 허정의 연구가 이에 속한다. 반면 본 작품의 성장소설적 측면에 주목하는 연구도 있다. "『완득이』는 성장서사의 문법을 충실히 따르면서 자아각성에 이른 주인공이 세상과 화해하고 자아를 확인하는 여정을 대중문화적 코드로 보여준다"는 김화선의 연구가 그 대표적 예이다. 또한 이 두 가지를 함께 고찰해 보는 연구들도 있다. 예컨대, "소외계층인 다문화가족의 십대 청소년들은 비윤리적이고 반인권적인 한국사회에서 거칠고 무심하며 상처받은 영혼들로 자신을 보호하지 못한 채 폭력에 노출되어 있지만 비뚤어지지 않고 성실하고 착하게" 자라며, "이는 세상의 차별적이고 편견에 사로잡힌 시선으로 상처받은 소년들을 사랑하고 따뜻하게 해주는 가족이 있기 때문"이라는 이미림의 연구가 이에 속한다. 그 밖에 『완득이』의 서술기법에 초점을 맞추는 황영미의 연구라든가, 한 편의 영화로서 작품의 완성도에 주목하는 배상준의 연구 등 본 작품과 관련해 다양한 연구가 진행되어 왔다.

그런데 문제는 많은 연구들이 텍스트 자체의 내적 논리에 따라 분석을 진행하는 대신 기존의 다문화 담론이나 성장 서사의 틀에 따라 본 작품을 해석하다보니 텍스트의 맥락과 맞지 않는 억지 해석이나 오독에 빠지는 경우가 많다는 점이다. 한마디로 도완득 개인의 성장에 대한 설득력 있는 분석이 아니라 수많은 완득이들의 나열이나 평균에 머무는 오류를 범한다는 말이다. 한 편의 다문화 서사로서 성취와 한 편의 성장서사로서의 성취에 대한 평가를 아우르되 텍스트에 대한 정치한 분석에 근거한 평가가 요구되는 것이 바로 이 지점이다.

다문화 서사로서의 『완득이』와 성장 서사로서의 『완득이』 읽기

1. 다문화 서사로서의 『완득이』

여성가족부가 발표한 '2018년 전국 다문화가족 실태조사' 결과에 따르면, 전국의 다문화 가구 수는 총 30만6천995가구이며, 이 중 결혼이민자 가구 수가 절대적인 비율(85.7%)을 차지한다.[1] 결혼이민자(귀화자 포함)를 출신 국적별로 보면, 한국계 중국인이 31.1%로 가장 많고, 다음으로 베트남인 23.4%, 비한국계 중국인 19.3%, 필리핀인 6.2% 순이다. 특히 베트남의 경우 직전 조사(2015년) 때보다 비율이 5.4%나 증가하여 중국 출신을 제치고 2위에 자리하고 있다.

흥미로운 점은 다문화 1세대인 결혼이민자 중 차별을 경험한 비중은 2015년(40.7%)에 비해 약 10% 정도 감소한 반면, 다문화 가정 자녀들의 차별 경험은 9.2%로 오히려 2.3% 정도 증가했다는 점이다. 다문화 자녀들이 학교생활에 어려움을 느끼는 이유는 공부가 어렵다(63.6%)와 교우관계(53.5%) 때문으로 조사되었으며, 학교폭력을 경험한 자녀들의 비율도 8.2%에 달하는 것으로 조사되었다. 이들 중 절반(48.6%)은 학교폭력을 당해도 그냥 참는다고 대답했다. 이런 조사에 근거해서 여성가족부는 다문화가족 청소년을 위해 '다문화 수용성 제고, 청소년기의 심리·정서적 위기 지원, 학교생활 적응 및 진로역량 강화' 등을 담은 다양한 지원방안을 마련 중이다.

『완득이』를 이주 서사로서 접근할 수 있는 근거는 위에 언급된 다문화 관련 상황들이 고스란히 텍스트에 녹아들어 있다는 점이다. 우선 작품의 주인공인 완득의 어머니가 베트남 출신 여성이라는 설정과 함께, 완득과 함께 이야기를 이끌어가는 공동 주인공 격인 담임선생 이동주가 외국인 노동자들을 위해 벌이는 일련의 활동들이 텍스트에서 비중 있게 다뤄진다는 점에서 본 작품은 자연스럽게 이주 다문화 서사로서의 자격을 획득한다. 한국인 남성과의 국제결혼을 통해 한국에 정착한 결혼이주여성과 동남아시아 출신 외국인 노동자는 단일민족과 순수혈통이란 오랜 신화에 취해있던 한국 사회를 급격하게 다문화사회로 변화시킨 두 주역인데, 이들이 『완득이』의 플롯을 이끌어가는 주요 인물들이라는 점에서 본 작품은 다문화 서사로서의 전형성을 획득한다. 비록 완득은 가무잡잡한 피부를 제외하고는 특별히 혼혈인다운 외모적 특징은 없으며, 그 결과 직접적인 인종 차별을 겪지는 않지만, 한국 국적을 취득한 엄연한 한국 사람인 어머니를 단번에 '저쪽' 사람으로 타자화하는 신발가게 주인의 발언을 통해 일상 속의 인종 차별이 전경화된다거나, 이주외국인 출신 어머니를 가족으로 인정하는 과정에서 주인공이 자신의 혼혈인 정체성에 대해 고민한다는 점 또한 본 작품을 다문화서사로 읽을 수 있는 근거이다.

여기서 한 가지 재고해볼 점은 소설에서 완득 엄마가 베트남 여성인 것과 달리 영화에서 필리핀 여성(이자스민 분)으로 설정된 것에 대한 비판적 시선이다. 예컨대, 허정은 "불교 국가인 베트남 출신이었던 완득이 어머니는 영화에서 넓은 맥락에서 기독교라고 볼 수 있는 가톨릭을 국교로 삼는 필리핀 출신 이주민으로 바뀌었다"고 비판하면서, 이는 "기독교의 역할을 오롯이 부각시키"기 위한 장치라고 해석한다. 그러나 영화에 나오는 완득 엄마가 소설에 비해 더 기독교 친화적인 인물이라고 볼 아무런 이유가 없다는 점에서 이는 지나친 해석이다.[2] 우리나라에 거주하는 결혼이주여성들 중 중국과 베트남을 제외하면 가장 많은 비중을 차지하는 국가가 바로 필리핀인 점을 감안하면, 이와 같은 영화적 설정은 별로 문제될 것이 없어 보인다.

작품에 등장하는 이주민들의 존재는 자연스럽게 우리 사회에서 그들이 겪는 각종 차별과 설움에 대한 직간접적인 묘사로 이어진다. 이를 통해 텍스트는 한국사회가 이주민들에 대해 가지고 있는 왜곡된 시선과 편견들을 폭로한다. 대표적인 예는 십칠 년 만에 나타난 어머니와 함께 완득이 신발을 고르는 다음의 장면이다. 엄마의 낡고 촌스런 신발이 맘에 걸린 완득은 엄마를 강권해서 가까운 신발가게로 들어간다.

> "저짝 사람 같은데, 학생하고 많이 닮았네." 주인아주머니는 그분을 저짝 사람이라고 했다.

사실 이 대목에서 신발 가게 주인이 무슨 억하심정이 있거나 의식적으로 이주민을 차별하기 위해서 위의 말을 한 것은 아니다. "학생하고 많이 닮았네"라는 말을 감안하면, 이미 주인은 완득과 완득 엄마의 관계를 눈치 챈 것이 분명하다. 아마도 다문화 자녀가 이주민 엄마에게 신발을 사주는 모습이 기특하고 대견해서 건넨 말일 것이다. 문제는 시장 상인이라는 평범한 소시민인 그의 무의식에 피부색으로 우리와 저들을 구분하는 기제가 각인되어 있다는 점이다. 많은 경우 이러한 구분은 타자에 대한 차별로 연결되기 마련이다. 이는 물건을 사러 온 손님인 완득 엄마에게 주인이 시종일관 하대를 한다는 점에서 입증

된다. 그런데 타자에 대한 차별의 시선과 언어는 시장 상인이라는 특정 인물의 전유물이 아님은 작품 후반에서 앞집 아저씨에게서 이 표현이 데자뷰처럼 반복된다는 점에서 드러난다.

> "완득이가 어머니를 닮아 인물이 좋구만. 근데 저쪽 사람 같어?"
> 언젠가 신발가게 아주머니도 저쪽 사람이라고 했다. 사람들은 왜 동남아 지역에서 온 사람들에게는 저쪽이라는 표현을 쓸까.

이 장면은 작중에서 주인공들과 주된 갈등을 형성하던 앞집 아저씨와의 관계가 개선되고 마치 축제와 같이 흥겨운 음식 잔치가 벌어지는 장면이다. 모든 갈등이 마무리되고 이해와 화해의 분위기로 접어드는 순간이다. 따라서 이 순간 앞집 아저씨가 건네는 말에 반감이나 악감정이 섞여 있을 리 없다. 그러나 그렇기에 그의 말은 더 강렬하게 한국인들의 정신세계 속에 집단 무의식으로 남아 있는 편 가르기와 타자 차별을 드러낸다.

사실 이러한 차별은 모든 외국인들에게 적용되는 보편적인 구분이 아니다. 완득의 관찰대로 '저쪽 사람'은 유독 '동남아 지역에서 온 사람들'에게만 붙는 호칭이다. 정선주는 "'저짝 사람', '저쪽 사람'이란 개념이 저쪽에서 온 사람이란 단어 상의 정의가 아니라, 미국, 영국, 일본 등등 잘사는 나라가 아닌, 어느 나라인지 정확하게는 몰라도 우리나라보다는 경제적으로 열등한 나라들 중에서 온 사람임을 암시하고 있는 것"이라고 지적한다. 계속해서 그는 "피부색이 일반 한국인보다 상대적으로 희면 우선적인 호감을 보이고, 상대적으로 짙거나 검으면 가난한 나라에서 경제적인 이유로 한국에 와서 노동하는 계층일 것이라고 쉽게 추측해 버리고, 막연한 반감과 깔봄으로 대하는 일종의 피부 색깔에 대한 사대주의 경향"이 한국인에게 있다고 지적한다. 무심코 지나칠 수 있는 이런 장면을 통해 작품은 다문화인들이 겪는 차별과 이의 이면에 존재하는 한국인들의 인종차별, 백인선호, 오리엔탈리즘적 시각을 생생하게 형상화한다.

본 작품이 다문화 서사로서의 전형성을 지닌 또 다른 측면은 결혼이주여성인 완득 엄마가 남편을 버리고 집을 떠났다가 십칠 년 만에 다시 나타나는 설정을 들 수 있다. 이는 필요에 의해 결혼을 선택한 전형적인 국제결혼 가정의 문제점과 깊은 관련이 있다. 그 결과 적지 않은 결혼이주여성들이 문화적 차이, 언어적 소통의 어려움 등의 이유로 불화를 겪거나 이혼에 이르는 것이 현실이다. 이미림은 "가난 때문에 국제결혼을 선택한 이주여성은 장애가 있거나 지나치게 나이가 많거나 불구인 한국남성과 만나는 주변부끼리의 결합이 많다"고 지적한다. 표면적으로 도정복과 완득 엄마의 결혼은 일반적인 국제결혼의 특징들을 고스란히 지닌 관계이다. 가난한 나라 출신의 여성과 장애가 있는 나이 많은 한국 남성의 결합 및 이어지는 이주 여성의 가출 등은 국제결혼 가정에서 드물지 않게 일어나는 현상이다. 그러나 심층적으로 들어가 보면, 이들 부부가 겪는 갈등은 일반적인 국제결혼가정의 불화와는 상당히 다른 양상을 지닌다. 예컨대, 완득 엄마가 남편을 떠난 이유는 사기 결혼에 속았다거나 남편과의 성격 차이 때문이 아니었다. 그녀가 떠난 이유는 역설적으로 남편과 자식에 대한 애정 때문이었다. 그녀는 자신이 집을 나간 이유를 다음과 같이 설명한다.

“아직도 모르겠어요? 나는 다른 사람이 아니라, 당신 때문에 떠났다고요! 이 여자 저 여자 손잡고 춤추고, 아무나 당신을 만지고…….”
“말도 안 통하는 이방인 엄마보다는 한국인 아빠가 나을 거라고 생각했어요. … 어린애가 혼자 밥 먹고 설거지하고 빨래하고 그럴 줄 알았으면 당신이 싫었어도 끝까지 옆에 있었을 거라고요!”

여기서 과연 완득 엄마의 설명을 어디까지 받아들일 수 있을지 따져볼 필요가 있다. 아내로서의 의무와 엄마로서의 역할을 내팽개치고 도피한 자신의 선택을 미화하는 자기변명일 수도 있다. 그러나 남편이 집과 직장을 바꾸는 바람에 연락을 할 수 없었고, 지금까지 완득 부자를 찾으려 노력한 것이 사실임을 감안하면 완득 엄마의 설명을 굳이 의심할 이유는 없어 보인다. 떠나는 부인을 잡지 않은 이유를 도정복은 다음과 같이 설명한다.

“숙소 사람들이 그 사람을 팔려 나온 하녀 취급하는 게 싫었다. 내 부인이 아니라, 자기들 뒷일이나 해주는 사람으로 알더라. 가는 모습 봤는데, 못 잡았다.”
“찾긴 뭘 찾아, 혼자 속 편하게 살지. 다른 사람들이 당신한테 함부로 대하는 거 나도 싫었어.”

즉, 도정복이 떠나는 아내를 잡지 않은 것은 그녀가 장애인 춤꾼인 자신의 처지 때문에 다른 사람들에게 부당한 대우를 받는 것이 가슴 아팠기 때문이다. 이 부부는 서로가 싫거나 미워서가 아니라 같이 있을수록 서로에게 상처가 되는 현실 때문에 헤어지기로 선택한 것이다. 사실 『완득이』에 대한 가장 흔한 비판은 무거운 주제를 너무 유쾌하고 긍정적인 필치로 그린다는 점이다. “이 작품의 낭만적인 결말은 다문화사회에 내재된 이러한 골 깊은 갈등을 은폐하는 환상으로 작용한다”는 허정의 비판이나, “적어도 장애인 남편과 어린 아들을 쭉 찾아왔고, 가족의 소재를 안 후에는 식당일 틈틈이 그들을 챙기면서 쉬는 날마다 반찬 통을 들고 나타나는 그녀는 ‘비정상적인’ 결혼 관계 속에서 ‘정상적인’ 가족관계를 만들고자 애쓰는 결혼이주여성의 판타지”라는 정선주의 비판이 대표적이다. 한마디로 “현실의 갈등은 작품에서처럼 봉합될 수 없다”는 것이다.

그러나 위에서 살펴본 바와 같이, 작가는 여기서 도정복의 가정이 여러 가지 악조건들과 구성원들 간의 갈등에도 불구하고 궁극적인 화해와 상호이해에 도달하는 것에 대한 분명한 이유를 제시하고 있다. 작가는 일반적인 다문화가족들이 가진 갈등들을 쉽게 극복할 수 있다는 환상을 심어주려는 것이 아니다. 도정복 부부 사이에 서로를 향한 배려와 긍휼의 시선이 깔려 있으며, 이런 바탕이 있기에 행복한 결말이 가능하다는 메시지를 전하는 것이다. 이런 이유에서 “대부분의 다문화영화와는 달리 완득이 엄마와 완득이 아버지는 서로의 입장을 배려한다는 측면에서 헤어지게 됨을 알게”되며, “따라서 이 장면은 완득이가 행복한 다문화가족이 될 수 있음을 확신하게 만든다”는 박범종의 주장이 더 설득력이 있다.

사실 다문화가족이나 한부모 가정을 비정상적 가정으로 규정하는 시선이야말로 어쩌면 더 폭력적일 수 있다. 이런 시선을 깔고 보면 너무도 우울하고 갑갑할 수밖에 없는 현실과 ‘맞장을 뜨는’ 완득의 유쾌한 도전이 현실성이 결여된 판타지일 뿐이다. “완득이와 같은 상황에

처하게 되면 대부분의 다문화인은 이를 수용하기보다는 엇나갈 것"이라는 허정의 주장대로 사실 이는 통계적으로 나타나는 다문화가족의 현실보다는 한국사회가 품고 있는 이상적인 다문화 청소년 상에 더 가까울 수도 있다. 그러나 바흐찐의 카니발 이론을 굳이 끌어들이지 않더라도, 판타지는 현실의 망각이나 현실로부터의 도피가 아니라 견고한 현실에 균열을 가하는 전복적 힘을 지닐 수 있다. 중요한 것은 판타지가 독자를 끌고 가는 방향이 어디를 향해 있느냐이다. "영화 〈완득이〉가 제시하는 인종과 타자들을 둘러싼 갈등의 해결방식은 '환상적인 해결책'과 선의를 지닌 주체들 간의 연대라는 방식에 기대고 있다"고 이기형은 비판하지만, 그렇다면 도대체 선의를 지닌 주체들의 연대 없이 무슨 개선과 변화가 있을 수 있는지 되묻지 않을 수 없다.

이보다는 "이 작품의 긍정적 세계관은 카니발적 연희에서 드러난다. 이것은 바로 음식을 나누어 먹는 행위에서 강렬하게 나타난다"는 김미영의 접근이 더 온당한 해석이다. 본 작품이 지닌 카니발적 요소는 비단 완득 엄마가 이웃들을 초대해서 차린 공동체적 식사에만 국한되지 않으며, 오히려 본 작품 전체를 관통하는 주요한 모티프이다. 본래 카니발이란 일상이 아니며 오히려 일상으로부터의 탈출을 지향한다. 그러나 그 탈출은 일상에 대한 망각이나 도피가 아니라 일상의 변혁을 추동하는 힘이 있다. 『완득이』가 판타지라면 그 판타지는 독자나 관객에게 다문화가족을 비정상으로 보는 현실의 변화를 주문하는 판타지이다. 다문화가족이나 한부모 가정을 비정상이 아니라 그냥 다양한 가족 형태 중 하나로 받아들이는 시선과 태도의 변화를 주문한다. 『완득이』는 모든 다문화 가족 청소년들이 완득처럼 어려운 환경에서도 긍정적인 마인드를 지닌 선한 이방인으로 자라야 한다고 강변하지 않으며, 다문화가족의 현실이 여러 측면에서 힘겨울 수 있다는 것을 부정하지도 않는다. 다만, 여러 가지의 부정적인 환경 가운데에서도 완득처럼 긍정적인 마인드와 현실과 당당히 맞서는 용기를 배워갈 수 있다면, 그리고 그 과정에서 좋은 멘토와 가족의 사랑이 뒷받침된다면, 한국 사회의 훌륭한 구성원으로 성장해 갈 수도 있다는 바람을 유쾌하게 표현하고 있을 뿐이다.

2. 성장소설로서의 『완득이』

성장소설로서의 『완득이』를 제대로 평가하기 위해서는 성장소설의 문법에 비추어 읽을 필요가 있다. 이미림에 따르면, "성장소설은 유년기, 사춘기를 거쳐 성년이 되는 통과의례인 입사형식이 내포된 소설장르로 주인공의 각성과 성숙의 과정을 보여준다." 통과의례란 다른 말로 입문initiation이라고도 하는데, 아이작 세퀴라Isaac Sequeira는 이를 다음과 같이 정의한다.

> 입문이란 청춘기의 주인공이 자신과 악의 본성과 세상에 대해서 귀중한 지식을 얻게 되는 어떤 경험과의 실존적인 대면 혹은 일련의 대면으로서, 대개는 고통스럽다. 이 지식은 순진성의 상실 및 고립감을 동반하며, 이것이 영속적인 효력을 발휘하기 위해서는 인격과 행동에서의 변화로 귀착되어야 한다. … 변화는 거의 모든 경우에 성인 사회로의 조정 가능한 통합으로 나아간다.

요약하자면, 성장소설의 주인공은 입문을 통해 자신과 세상에 대한 귀중한 지식을 얻게 되고, 대개 이런 지식은 성인 사회로의 통합으로 이어진다는 것이 성장소설의 일반적 구조이다. 계속해서 세퀴라는 입문의 종류를 완결된[decisive] 입문, 미완의[uncompleted] 입문, 유사[tentative] 입문 등 세 가지로 구분한다. 완결된 입문이라 함은 고통스러운 과정을 성공적으로 겪어내고 자신의 정체성과 세상에 대한 소중한 지식을 얻게 되는 경우를 가리킨다. 미완의 입문은 입문의 문턱을 넘어가긴 하지만 더 이상 어느 방향으로 나아가야 하는지를 알지 못하는 경우이고, 유사 입문이란 어느 정도의 고통과 환멸을 경험하긴 하지만 결국 입문의 문턱을 건너지 못하는 경우를 일컫는다. 이런 구도에 따르면 『완득이』의 주인공 도완득은 완결된 입문을 경험하고, 성공적으로 성인 사회로 진입한다고 말할 수 있다.

그렇다면 완득은 어떤 면에서 성장한다고 말할 수 있는가? 첫째, 겉과 속이 다를 수 있는 복합적 존재로서의 사람에 대한 정확한 통찰력을 획득한다는 측면에서 완득은 성장한다. 이는 특히 담임선생인 이동주에 대한 변화되는 인식으로 나타난다. 소설의 첫대목은 이동주(똥주)를 죽여 달라는 완득의 기도로 시작된다.

> '똥주한테 헌금 얼마나 받아먹으셨어요. 나도 나중에 돈 벌면 그만큼 낸다니까요. 그러니까 제발 똥주 좀 죽여주세요. … 일주일 내내 남 괴롭히고, 일요일 날 여기 와서 기도하면 다 용서해 주는 거에요?'

완득이 똥주를 미워하는 이유는 숨기고 싶은 자신의 약점을 굳이 만천하에 공개하는 것이 분해서이다. 실제로 똥주는 저소득층에게 나오는 수급품을 완득에게 가져가라고 온 학교에 들리도록 지시한다. 심지어 똥주는 완득이 가져간 수급품을 뺏어 먹기까지 한다. 완득에게 베트남 출신 어머니가 있다는 사실을 알려주는 것도 똥주이다.

> "아버님이 말 안 해?"
> 어머니라……. 아버지는 어머니에 대해 한 번도 말한 적 없고, 나도 들은 적 없다. 그런데 똥주가 어머니 이야기를 한다. 그것도 베트남 사람이란다.
> "네가 아버지 안 닮았다고 했더니 좋아하시더라. 많이 걱정했나 봐."
> "저 어머니 없는데요."
> "있어, 새끼야. 전부터 느낀 건데, 니네 집 가계도는 뭐가 이렇게 정직하냐. 구성원 하나하나가 참 ……."
> 하나님, 이번 주 안으로 똥주 꼭 죽여줘야 합니다. 안 그러면 교회 폭파시킵니다.

그러나 이와 같은 이동주의 도발은 자꾸 자기 속으로 숨어드는 완득을 세상으로 끌어내기 위한 의도적이고 계획적인 도발이다. 자신의 약점을 들쑤시고 까발리는 것에 항의하는 완득에게 이동주는 다음과 같이 꾸짖는다.

> "한 번, 한 번이 쪽팔린 거야. 싸가지 없는 놈들이야 남의 약점 가지고 계속 놀려먹는다만, 그런 놈들은 상대 안 하면 돼. 니가 속에 숨겨놓으려니까, 너 대신 누가 그걸 들추면 상처가 되는 거야. 상처 되기 싫으면 그냥 그렇다고 니 입으로 먼저 말해버려."

대단히 거친 언사로 표현되긴 하지만, 똥주의 조언은 정신분석학의 소위 '말하기 치료talking cure'에 해당되는 처방이다. 이는 프로이트의 환자였던 20대 여성 안나 오(본명은 베르다 파펜하임)가 히스테리 치료 과정에서, 자신의 억압된 외상trauma의 내용과 이와 연관된 감정들을 말로 털어놓자, 증상이 사라지게 되는 프로이트의 치료방식을 말하기치료라고 부른 데에서 유래한다. 굳이 거창한 이론에 기대지 않더라도 마음속에 억눌러온 수치나 상처를 표출하면, 부정적 감정은 약화되거나 사라지기 마련이다. 결국 완득 역시 자신을 향한 똥주의 도발이 자신에 대한 무시나 미움이 아니라 세상을 향해 나오라는 초대임을 알게 된다.

한편 똥주의 폭력적 언사 뒤에 숨은 선한 동기를 읽어내는 것과 정반대로, 교회 신도 아무에게나 "자매님"을 남발하는 사람 좋아 보이는 핫산이 사실은 동료들을 감시하고 고발하도록 고용주가 고용한 염탐꾼이라는 것을 알게 되는 것 역시 완득이 보여주는 성장의 일면이다. 이처럼 외면적으로 나타나는 모습과 내면에 감춰진 동기를 구분해서 한 사람의 진짜 모습을 제대로 파악하는 법을 배우는 것이야말로 완득의 성장을 구성하는 주요한 측면이다.

둘째, 완득의 성장은 자신만의 이야기를 만들어 낼 수 있는 능력의 습득으로 나타난다. 사실 작품 초반에 완득은 욱하는 성질을 주체하지 못하고 폭력을 쓰는 모습을 자주 보인다. 그러나 이는 완득에게 내재된 폭력 성향의 표출이라기보다는 자신만의 목소리와 이야기를 찾지 못한 답답함의 발로이다.

> 아버지를 난쟁이라고 놀리지만 않았다면 싸우지 않았다. 그건 싸움이 아니었다. 상대가 말로 내 가슴에 있는 무언가를 건드렸고, 나도 똑같이 말로 건드릴 자신이 없어 손으로 발로 건드렸을 뿐이다.

완득으로서는 자신의 생각과 감정을 표현할 방법이 없어서 몸으로 이를 표현한 것이지만, 사회는 이를 '폭력'으로 규정한다. 그렇다면 완득이 사회의 일원으로 제대로 인정받기 위해서는 사회가 인정하는 방식으로 자신의 의사를 표현하는 능력을 길러야 한다. 다시 말해 완득의 성장의 핵심 요소는 말하기 능력orality의 습득이다. 'orality'란 'story-telling'이란 뜻으로, 개인이 담론의 장에서 자기의 이야기를 만들어내고 이를 타자에게 전달함으로써 의도한 성과를 이끌어 내는 행위를 지칭한다. 완득의 말하기 능력이 성장하고 있음을 보여주는 대표적인 장면이 바로 다음의 대화 장면이다.

> "나도 아버지가 부자면 옥탑방이 아니라 지하도에서도 살 수 있어요. 사고 쳐도 다 해결해주는 아버지가 있는데 뭐가 걱정이에요? 선생님이 아무리 아니라고 해도, 아닌 건 아닌 거예요! 하도 가난해서 다른 나라로 시집온 어머니 있어봤어요? 쪽팔려 죽겠는데 안 가져가면 배고프니까, 할 수 없이 수급품 받아가 본 적 있어요?"
> "새끼가 주둥이로 킥복싱을 배웠나. 말 잘하네."

일부 평론가들이 완득의 성장이 지나치게 동주 의존적이라고 비판하지만, 위 대화 장면에서 나타나듯이 완득은 결코 수동적이거나 의존적인 인물이 아니다. 허정은 "동주의 헌신은 상대적으로 안전한 위치에 있는 자가 자신보다 못한 처지에 있는 연민의 대상을 돕는 시혜적인 행위가 아닌지 … 의문스럽다"고 비판하지만, 이미 이는 완득의 입으로 아프도록 정확하게 동주에게 제기된 물음이다. 동주는 이에 대해 "말 잘하네"라고 인정할 수밖에 없다.

마지막으로 완득의 성장은 타인과 관계 맺는 법을 터득하는 것으로 나타난다. 사실 완득은 세상을 피해서 자기만의 세계 속에 숨어 지내던 아이였다. 작품 마지막 대목에서 완득은 과거의 자신을 돌아보며 다음과 같이 회고한다.

> 하—. 이 동네 집들 진짜 따닥따닥 붙어 있다. 내가 세상으로부터 숨어있기에 딱 좋은 동네였다. 왜 숨어야 하는지 잘 모르겠고, 사실은 너무 오래 숨어 있어서 두렵기 시작했는데, 그저 숨는 것밖에 몰라 계속 숨어 있었다. 그런 나를 똥주가 찾아냈다.

똥주에 이끌려 세상으로 나오기는 했으나, 세상으로 나왔다고 문제가 해결되는 것은 아니다. 완득으로서는 사회의 일원으로 살아가기 위해 이제 타인과 관계 맺는 법을 배워가야 한다. 일차적으로 이는 완득이 어머니를 받아들이는 과정으로 그려진다. 똥주에 의해 십 칠 년이나 모르고 지내 온 자신의 혼혈인 정체성을 알게 된 완득은 처음에는 이를 완강하게 거부한다. 그러나 눈앞에 나타난 엄마와의 만남과 동행 끝에 완득은 이를 수용한다. 이것이 가장 단적으로 나타나는 장면은 작품 말미에서 완득 엄마가 준비한 잔치상에 참여한 앞집 아저씨의 질문에 완득이 엄마의 존재를 밝히는 장면이다.

"그럼 이분은……."

그분을 두고 한 말이다. 아무도 대답하지 않았다. 이럴 때는 똥주가 나설 만도 한데 이번에는 나서지 않았다. 척 봐도 한국 사람은 아니고, 이런 집에서 가사 도우미를 둘 리 없으니 앞집 아저씨는 그분이 꽤 궁금한 모양이었다.

"제……어머니십니다."

목에 콱 박혀서 나오지 않는 말을 가래 뱉듯이 힘들게 했다. 막힌 가래를 뱉으면 이렇게 시원하다. 그분이, 아니 어머니가 갑자기 고기를 먹기 시작했다.

완득이 이주여성인 어머니를 공개적으로 밝히는 것은 결국 자신의 타자적 정체성을 수용하는 것을 의미한다. 이 순간 막힌 가래에 비유되는 완득의 상처와 수치, 울분이 해소되며, 그러기에 시원한 청량감이 찾아오는 것이다. 이 말을 들은 완득 엄마 역시 그동안 행여 자신 때문에 남편이나 자식이 힘들까 봐 남들 앞에 나서지 못하던 두려움을 극복하고, 도정복의 아내로, 도완득의 엄마로서의 자신의 정체성을 당당하게 표명한다. 그것이 이 순간 그녀가 갑자기 고기를 먹기 시작하는 행동으로 나타나는 것이다. 더 이상 남들 앞에서 자신을 숨겨야 하는 존재가 아니라, 함께 식탁에 참여할 자격과 권리가 있음을 공개적으로 표명하는 것이다.

한편, 완득이 관계 맺기를 배워야 하는 또 다른 대상은 아버지이다. 사실 완득 부자는 처음부터 서로를 향한 애틋함과 미안함을 가지고 있었다. 완득이 폭력을 행사하는 대부분의 상황은 장애인이라는 이유로 남들이 아버지를 무시하거나 함부로 대하는 것과 관련되어 있다. 한편 도정복 또한 아들의 교육을 위해 힘든 서울살이를 감내하고 있다. 이 점에서 이들 부자는 서로에 대한 기본적인 애정을 갖고 있다. 그러나 도정복은 완득이 킥복싱을 배우는 걸 완강하게 반대한다. 장애인인 자신으로서는 할 수 있는 일이 몸 쓰는 것밖에 없어서 춤을 추지만, 사지 멀쩡한 아들은 운동 대신 다른 일을 하면서 '남들처럼' 살기를 원하는 것이다. 그러나 "자기가 하고 싶은 거, 제일 잘할 수 있는 거, 하게 놔두세요"라는 아내의 부탁과 관장과 똥주의 설득 끝에 도정복은 완득의 킥복싱을 허락한다.

> "나도 내 몸이 싫었다. 이게 나한테 끝나는 게 아니라 멀쩡한 너한테까지 꼬리표를 달아주더라. 부모가 도움은 못돼도 피해는 주지 말아야 하는데, 내 아들이라고 하면 좋지 않은 말을 한마디씩 해. 그래서 되도록 너하고 떨어져 있으려고 했다."
> "우리 서로 인정하고 살자."
> "뭘 인정해요?"
> "너는 내 춤을 인정해주고, 나는 네 운동을 인정해주고. 우리 몸이 그것밖에는 못 하는 모양이다."

여기서 도정복은 운동을 계속 하고 싶다는 아들의 요청을 허락할 뿐 아니라 이 과정에서 장애인이라는 자신의 소수자 정체성을 수용하기로 결심한다. 지금까지 도정복은 완득이 자신의 아들이라는 걸 숨기기 위해 자신을 숨겨 왔고 그 결과 본의 아니게 완득 역시 혼자만의 세계에 숨어 살게 만들었다는 것을 깨닫는다. 이제는 더 이상 남들의 시선을 피해서 숨지 않기로 결심하며, 자신의 몸을 더 이상 수치스러워하거나 숨기려 하지 않겠다는 선언으로 표현된다. 이처럼 완득의 킥복싱은 아버지로 하여금 자신(의 몸)을 인정하고 받아들이는 계기가 된다. 이처럼 완득의 성장은 혼자만의 고립된 성장이 아니라 주변

인물들과의 상호적 관계를 통한 동반 성장의 형태를 띤다는 점에서 남다른 의미가 있다. 완득은 "아버지와 내가 가지고 있던 열등감. 이 열등감이 아버지를 키웠을 테고 이제 나도 키울 것이다. 열등감 이 녀석, 은근히 사람 노력하게 만든다"고 말한다. 이는 자신의 약점이나 결점을 탓하는 대신 이를 발전의 계기로 삼겠다는 결심이라는 점에서 완득의 지속적 성장과 발전에 대한 기대감을 갖게 만든다.

성장의 과정에서 완득이 배워야 할 가장 중요한 교훈은 다름을 인정하고 수용해야 한다는 점이다. 사실 『완득이』에 나오는 모든 사건이나 장면은 이 하나의 교훈으로 수렴된다. 작품을 끌어가는 세 부류의 중심인물들은 하나같이 뭔가 남들과는 다른 사람들이다. 완득 엄마는 이주 여성이라는 인종적·성적 소수자이다. 도정복과 남민구는 장애를 지닌 신체적 소수자이다. 주인공인 완득 역시 혼혈인 내지 다문화 자녀라는 문화적·혈통적 소수자이다. 심지어 이동주마저 부잣집 아들이자 교사라는 사회적 지위에도 불구하고 언제라도 파출소에 불려갈 수 있는 불온한 인물이라는 딱지가 붙은 정치적 소수자이다. 그리고 이러한 소수자들은 주류 사회의 의심과 불신에 찬 시선의 응시 대상이 되며, 주류 사회에 의해 타자로 배제된다. 위에 나온 완득의 독백처럼 이런 상황에서 소수자들은 열등감을 갖기 쉽다. 물론 이것이 당연시 되어서는 안 된다. 사회는 이런 소수자들이 열등감을 느끼지 않도록 노력해야 한다. 이는 관용단계, 비차별적 법제화단계, 다문화주의 단계라는 3단계의 다문화정책 중 두 번째 단계의 과제이다. 한국사회는 두 번째 단계에 진입했지만 변화의 속도는 더딘 편이며, 세 번째 단계 즉, 소수자들의 문화적 정체성을 인정하고, 그것을 공적 영역에서 적극적으로 보호하고 지원하는 단계까지는 아직 갈 길이 멀다. 그 단계에 이르면 소수자들이 더 이상 열등감을 느끼지 않을 것이다. 그러나 이런 제도적 발전에 이르기까지 현실 속에서 맞닥뜨리는 열등감이라는 부정적 감정을 어떻게 다룰 것인가는 많은 다문화가족 자녀들에게 주어진 지극히 현실적인 과제이다. 완득은 이런 부정적 감정을 자기 발전의 계기로 승화시키겠다는 결심을 한다. 완득의 방식이 하나의 정답으로 모든 다문화청소년들에게 강요되어서는 안 되겠지만, 주어진 문제에 대한 이와 같은 긍정적이고 창의적인 태도는 완득의 성장을 가장 잘 보여주는 대목이라고 할 수 있다.

마지막으로, 이동주라는 캐릭터에 대한 기존의 비판들을 잠깐 살펴보자. 완득의 성장에 대한 평가는 이동주의 역할에 대한 평가와 맞물려 있는 문제이기 때문이다. 완득의 성장에서 결정적 기여를 하는 인물은 누가 뭐래도 완득의 담임인 이동주이다. 이동주는 자신 속으로 마냥 움츠러들기만 하던 완득을 세상 속으로 끌어내어 마침내 자신뿐 아니라 가족과 이웃 나아가 세상과 소통하도록 성장시키는 인물이다. 문제는 동주의 역할이 너무 크다는 점에 있다. 예컨대, 김화선은 "실로 『완득이』의 성공은 똥주라는 인물의 탄생에서 비롯되었다고 해도 과언이 아니"라고 높이 사면서도 "바로 이 점은 완득이표 성장에 담긴 빛과 그늘"이라고 지적한다. 그 이유는 "똥주를 지나치게 영웅적인 면모를 지닌 인물로 묘사하고 있어 작위적인 설정이라는 비난을 면하기 어렵"기 때문이다. "특히 똥주가 외국인 노동자를 위해 사회운동을 하는 저변에 외국인 노동자를 착취한 악덕 자본가인 아버지가 존재한다는 설정은 오히려 똥주의 설득력 있는 캐릭터를 도식적으로 전락시키는 대목"이라고 그는 지적한다. "막대한 유산을 물려받을 단 하나뿐인 아들이 그것을 버리고 사회의 정의를 위해 가난을 선택한다는 설정"은 "현실성이 부족하기 때문에 낭만적"이라는 계운경의 지적 역시 마찬가지이다. 요는 이동주는 지나치게 선하고 과도하게 영웅적인 인물이어서 현실성이 떨어진다는 지적이다. 그러나 이와 같은 지적은 사회운동가는 대개 가난한 집안 출신이라는 편견에서 기인한 것일 수 있다. 역으로 동주의 사회참여는 그야말로 그가 악덕 자본가의 아들이라는 측면에서 즉 소위 '있는 집 자식'이기 때문에 오히려 더 설득력을 지닐 수 있다. 동주는 빠듯한 월급으로 먹고 살기에 급급한 평범한 교사가 아니다. 불법 체류 노동자들을 변호하는 그의 행동은 자본가라는 힘 있는 아버지를 뒷배로 두고 있기에 가능한 행동일 수 있다. 믿는 구석이 있기에 가능한 행동이라는 말이다. 완득은 다음과 같이 이를 통렬하게 지적한다.

> "나도 아버지가 부자면 옥탑방이 아니라 지하도에서도 살 수 있어요. 사고 쳐도 다 해결해주는 아버지가 있는데 뭐가 걱정이에요? …
> 선생님은 그냥 가난을 체험해보고 있는 것뿐이에요. 든든하게 돌아갈 곳을 저기에 두고, 가난 체험을 하고 있는 거라고요! 갈 곳 없는 가난을 선생님이 알아요?"

이런 점에서 볼 때 이동주의 캐릭터는 리얼리티가 떨어지기는커녕 너무도 현실감 있는 캐릭터이다. 이동주에 대한 보다 신랄한 비판은 "자신의 희생이 무엇인지에 대한 성찰 없이 동주는 끝까지 베푸는 자로서의 자세를 유지하고 있을 뿐"이라는 허정의 비판이다. 실제로 이동주는 작품의 마지막까지 시혜자의 위치에 남아있다. 그러나 그가 이주민이나 다문화인들보다 인격적으로나 인간적으로 우월한 인물이어서가 아니라 말 그대로 남에게 베풀 수 있는 '위치'에 있기에 도움을 베푸는 것일 뿐임을 감안한다면, 굳이 이 위치가 역전되거나 바뀌는 부자연스런 설정을 요구할 이유가 없다.

본 작품의 제목이 『완득』 내지는 『도완득』이 아니라 『완득이』임을 감안한다면, 처음부터 본 작품은 누군가의 시선에 비쳐진 완득의 성장기이지 완득 자신의 자전적 이야기가 아님을 기억할 필요가 있다. 그렇다면 누구의 시선을 통해 전해지는 이야기인가? 누구보다도 완득의 가까이에서 그의 성장을 지켜보면서 이를 견인한 인물인 동주의 시선이야말로 『완득이』를 끌어가는 일종의 카메라의 눈이라고 할 수 있다. 이렇게 볼 때 작품이 동주의 자기성찰까지 담기를 요구하는 것은 지나친 요구일 수 있다.

평범하지만 후회 없는 일상을 다짐하며

『완득이』(혹은 <완득이>)는 지금까지 많은 비평적 관심을 받아 왔으며, 본 작품이 지닌 이주 서사로서의 특징과 성장소설적 요소에 대한 다양한 연구가 진행되어 왔다. 그러나 본 작품을 균형 있게 조망하기 위해서는 두 주제를 아우르는 통합적 접근이 필요하다. 이주 서사로서의 『완득이』에 관한 많은 선행연구들이 있었지만, 작품 외적인 현실이 준거가 되면서, 이를 뒷받침하는 용도로 작품이 사용되는 경우가 많은 게 사실이다. 그러다보니 본 작품이 다문화가족의 현실을 충분히 제대로 그리지 않으며, 다문화가족에 대해 한국사회가 품고 있는 판타지가 드러난다는 비판이 종종 제기되었다. 이 과정에서 텍스트에 대한 억지 해석이나 과장된 비판이 제기되기도 했다. 본 논문은 텍스트에 대한 분석에서 출발해서 이를 통해 한국 사회의 다문화가족이 직면한 여러 문제들을 텍스트의 논리를 따라 바라봄으로써 이러한 비판들을 넘어서 텍스트의 성취에 대한 균형 잡힌 자리매김을 제시하였다.

본 작품의 성장소설적 특성에 관한 기존 연구들의 경우 상당수가 주인공의 성장을 가능케 한 원인의 나열에 그친다고 해도 과언이 아니며, 정작 오랜 전통을 지닌 문학 장르로서의 성장소설적 특성을 제대로 규명한 경우는 전무하다시피 하다. 이런 상황에서 본 논문은 성장소설에 대한 정의 및 성장소설이 지닌 문법을 설명하고 이에 근거해서 『완득이』를 분석하였다. 이에 따르면, 자신만의 세계 속에 갇혀서 살아가던 십칠 세 소년 도완득은 담임선생인 이동주의 도전에 이끌려 세상과 소통하는 법을 배움으로써 어른이 되어 간다. 완득의 성장은 크게 세 가지 측면에서 설명될 수 있다.

첫째는 겉으로 보이는 것과 실제를 구분해서 사람을 제대로 볼 줄 아는 법을 배워가는 과정이다. 둘째, 자신의 의사를 표현하되, 사회가 인정하고 이해하는 방법으로 표현하는 법을 배워간다. 폭력이 아니라 말로 자신의 감정과 생각을 상대에게 전달하고 필요하면 상대를 설득할 줄 아는 능력은 완득의 성장에서 가장 중요한 요소이다. 마지막으로 완득은 사람들과 관계 맺는 법을 배운다. 작중에서 이는 이주 여성인 엄마를 수용하고 장애인인 아버지를 있는 그대로 받아들이는 것으로 나타난다. 이 과정에서 완득은 장애인, 이주 노동자, 결혼 이주 여성, 다문화 자녀 등 자신을 포함해 우리 사회에 속한 소수자들의 존재를 있는 그대로 인정하고 수용해야 함을 배운다. 자신의 소수자적 정체성으로 인한 열등감을 당장 떨칠 수는 없을지라도, 이를 자기 발전의 계기로 승화시키겠다는 완득의 결심은 이후의 그의 삶에 대한 기대를 독자에게 품게 한다. 완득은 변화한 자신의 삶의 자세를 작품 마지막에서 다음과 같이 선언한다.

> 흘려보낸 내 하루들. 대단한 거 하나 없는 내 인생, 그렇게 대충 살면 되는 줄 알았다. 하지만 이제 거창하고 대단하지 않아도 좋다. 작은 하루가 모여 큰 하루가 된다. 평범하지만 단단하고 꽉 찬 하루하루를 꿰어 훗날 근사한 인생 목걸이로 완성할 것이다.

지금까지 완득은 자신에게 주어진 조건들이 하나같이 보잘 것 없는 것들이어서 자신의 삶은 가치가 없으며 따라서 대충 살아도 되는 삶이라고 생각해 왔다. 그러나 이제 완득은 자신의 삶이 가치 있고 의미 있는 삶이기 위해서 굳이 거창하고 대단한 성취가 필요한 것은 아님을 알게 되었다. 의미 있는 삶이란 뭔가 특별나고 대단한 일들로 이루어지는 것이 아니라 평범하지만 최선을 다해 후회 없이 살아낸 일상들로 이루어진다는 점을 깨달은 것이다.

참고문헌

- 김재영, 『코끼리』, 서울: 실천문학사, 2005.
- 김화선, 「청소년 문학에 나타난 성장의 문제: 김려령의 『완득이』를 중심으로」, 『아동청소년문학연구』 3권, 2008.
- 손홍규, 『이슬람 정육점』, 서울: 문학과지성사, 2010.
- 이미림, 「다문화성장소설연구: 『코끼리』, 『완득이』, 『이슬람 정육점』을 중심으로」, 『현대소설연구』 51권, 2012.
- 정선주, 「소설 『완득이』를 통해 본 한국사회의 다문화 판타지 고찰: 지젝의 이데올로기론을 중심으로」, 『다문화교육연구』 7권 2호, 2014.
- 허정, 「『완득이』를 통해 본 한국 다문화주의」, 『다문화콘텐츠연구』 12권, 2012.
- Sequeira, Isaac. "The Initiation of Chick Mallison", *William Faulkner: A Centennial Tribute*. New Delhi: Prestige, 1999.

흑인토착영어 논쟁, 미국의 인종 역사 속에서 다시보기

오 영 인 | 한성대학교

왜 아직도 에보닉스Ebonics 논쟁인가

에보닉스Ebonics, 너무도 생소한 단어다. 우리에겐 흔히 흑인영어Black English 혹은 흑인토착영어BVE: Black Vernacular English 등으로 알려진 언어가 에보닉스다.[1] 블랙파워운동이 한창이던 1973년 심리학자이자 사회학자인 로버트 윌리엄스Robert Williams가 창시한 용어인 에보닉스는 검다(블랙)를 의미하는 Ebony와 소리를 뜻하는 Phonics의 합성어로 단순하게 정의하자면 Black Sound, 즉 흑인의 소리인 흑인의 언어를 의미한다. 이는 1960년대 이전까지 니그로영어Negro English라 경멸적으로 불리던 용어에서 부정적 인종주의 색채를 제거하기 위해 많은 아프리카계 언어학자들과 사회심리학자들이 모여 창시한 것이다. 그러나 지금까지도 생경한 에보닉스라는 용어는 일반 대중들에게 별로 주목받지도 알려지지도 않았다. 그도 그럴 것이 지구상의 거의 모든 언어에는 한국어, 중국어, 포르투갈어, 프랑스어 등과 같이 대부분 국적이 명시되는 것에 비해 에보닉스는 특정 국적이 아니라 '검다'라는 포괄적 인종의 의미를 내포하고 있다. 게다가 오랜 시간 노골적 인종주의를 드러냈던 니그로영어 혹은 흑인비속어Black Slang로 각인된 인식을 전환하여 일반적으로 널리 소비시키기 쉽지 않았을 것이다.

미국 사회에서 에보닉스가 전국적 규모의 관심어로 등극하게 된 계기는 1996년 12월 캘리포니아 주 오클랜드 교육위원회의 에보닉스 결의안Oakland Ebonics Resolution이 통과되면서부터이다. 교육위는 오클랜드 전체 학생의 71%를 차지하는 아프리카계 학생들이 자신의 공동체나 집에서 일상적으로 쓰는 언어 에보닉스가 표준미국영어Standard American English와 다르다는 이유로 동등한 교육의 기회를 받지 못하고 있다고 주장했다. 즉, 유럽인은 물론이고 아시아인, 라티노, 인디언들과 같이 영어가 모국어가 아닌 학생들은 영어가 유창해질 때까지 한시적으로나마 특별언어지원 프로그램으로 교육적 혜택을 받고 있지만 유일하게 흑인 학생들만 여기서 제외돼왔다는 사실에 문제를 제기한 것이다. 물론 그렇다고 학교에서 흑인 학생들의 일상어인 에보닉스만을 사용하자거나 표준영어를 쓰지 말자는 주장은 아니었다. 모든 학생들에게 동등한 교육의 기회를 부여하기 위해 에보닉스가 더 익숙한 학생들에게 표준영어가 익숙해질 때까지 기존의 이중언어 교육프로그램과 같은 연방 지원의 적절한 과도기적 언어전환 교육프로그램을 제공해야 한다는 것이었다.

이에 대한 반응은 매우 즉각적이고 강렬했다. 에보닉스 결의안에 반대하는 쪽의 일반적인 주장은 흑인들이 사용하는 거리의 저급한 비속어 영어를 교실에서 쓰지 못하도록 계도하지는 못할망정 오히려 이를 하나의 공식어로 인정하여 특별언어 프로그램을 지원하자는 것이 어불성설이라는 것이다. 한마디로, 흑인영어는 표준영어의 그릇된 변종 형태일 뿐이기에 이를 하나의 독립된 언어로 볼 수 없고 따라서 에보닉스라는 용어는 물론이고 그 언어학적·사회문화적 가치도 인정할 수 없다는 것이다. 그럼에도 불구하고 오클랜드의 에보닉스 결의안은 인종 문제, 교육의 공정성 문제, 그리고 소위 정치적 올바름political correct이라는 문제까지 복합적인 이슈들이 얽혀 곧 전국적 관심을 불러일으켰고 에보닉스라는 용어는 세상에 그 이름을 알리기 시작했다.

그러나 에보닉스 논쟁에 대한 관심은 그리 오래가지 못했다. 행정적으로 에보닉스를 비표준nonstandard영어로 간주했던 연방교육부와의 갈등으로 연방보조금 지원이 사실상 불가능한 상황이었고 거기에 언론의 가세로 에보닉스 논쟁의 규모가 커지고 있었기 때문이다. 언론에서 에보닉스 결의안에 대해 옳다/그르다 혹은 좋다/나쁘다라는 식의 이분법적 프레임을 덧씌우기 시작하면서 복잡한 인종 문제에 대한 향후 지루한 논쟁이 또 시작될 것임을 예견케 했다. 이에 에보닉스 논쟁의 사회적 파장을 우려했던 오클랜드 교육위는 에보닉스 결의안의 개정안을 통해 에보닉스에 대한 입장을 선회하였다. 같은 이유로 대다수의 정치계와 교육계도 반反에보닉스 법안을 통과시키며 논란의 불씨를 제거하면서 에보닉스 결의안은 자연스레 사람들의 관심에서 멀어져갔다.

문제는 에보닉스라는 용어가 논쟁의 전면에서 사라졌다는 것이 흑인 아동에 대한 공정한 교육기회가 소멸되어야 함을 의미하지 않으며 에보닉스의 언어가치와 그 역사성의 사멸을 의미하는 것도 아니라는 점이다. 오히려 흑인의 토착영어에 대한 논쟁이 진중한 논의를 통해 '해결'된 것이 아니라 슬그머니 '삭제'되었다는 점이 우리가 왜 에보닉스의 의미를 다시 되새겨야 하는가 하는 이유이다.

정확히 흑인토착영어인 에보닉스는 무엇이고 왜 사회적 논쟁거리가 되었으며 무엇이 문제인가? 진정 에보닉스는 언어과학적으로 분석할 때 문법적으로 틀린 엉터리 영어이고 그래서 버려야 할 나쁜 영어인가? 그저 배기바지를 입고 힙합을 듣는 사람이나 술병을 들고 후미진 술집을 배회하는 흑인 갱스터들, 혹은 할렘 같은 슬럼가의 못 배운 흑인 빈민이 사용하는 잘못된 변종의 영어에 불과한 것인가? 오클랜드 결의안 발표 직후 1997년 1월 미국언어학회Linguistic Society of America는 에보닉스에 대한 공식적인 입장을 다음과 같이 밝혔다: 아프리카계 미국인의 일상어인 에보닉스는 모든 인류의 언어가 그러하듯 그 자체로 체계적인 음운학, 형태학, 문법과 구문론이 작동하고 일정한 패턴이 존재하며 이는 이미 30년이 넘는 기간 동안 수많은 과학적 분석으로 밝혀진 사실이다. 따라서 흑인영어는 비문법적인 영어의 변종이며 엉터리 나쁜 영어라는 인식은 잘못된 것이다.

그렇다면 흑인영어=저급한 영어=나쁜 영어라는 언어인종주의Linguicism에 입각한 지극히 부정적인 레토릭과 언어적 편견은 언제부터 어디에서 어떻게 나온 것인가? 그리고 이러한 언어 괴담 혹은 신화myth가 어떻게 미국의 역사 속에서 지속적으로 (재)생산되었는가? 동시에 어떻게 대

다수의 일상생활에 소리 없이 침투하여 백신 없는 바이러스가 되었는가? 게다가 왜 아프리카계 미국인들은 이토록 부정적인 시각에도 불구하고 흑인토착영어를 고집하는가? 흑인영어는 왜 주류 백인의 소위 표준영어에 동화되거나 융화되지 못하고 차별적으로 유지되었나? 본 연구는 이에 대해 답해보고자 한다. 기존에 에보닉스 논쟁에 대한 논의는 주로 언어학이나 사회학 혹은 아프리카학에 한정되어있었고 역사학자들이 적극적으로 함께 문제를 제기하는 경우가 거의 없었다. 그러나 흑인토착영어는 흑인들이 미 대륙에 발을 내디딘 순간인 미 식민지 시기부터 미국의 역사 속에서 지속적으로 주류 백인의 언어와 상호 변주하며 발전한 언어다. 이에 본고는 에보닉스를 특히 미국 인종의 역사, 그 중에서도 노예제도라는 흑인의 독특하고 유일무이한 역사 경험 속에서 살펴봄으로써 그 언어적 가치와 역사성을 상기시켜보고자 한다.[2]

에보닉스Ebonics란 정확히 무엇인가: 논쟁의 시작과 현재

인간은 자신이 태어나고 자란 공동체 내에서 자주 노출되는 언어에 익숙하게 성장한다. 따라서 부모의 경제 능력이나 인종정체성 혹은 주거환경 등 사회경제적 혹은 환경적 영향에 따라 사용하는 언어 선택은 달라질 수 있다. 따라서 에보닉스Ebonics가 아프리카계 미국인의 토착 언어라 하더라도 모든 흑인이 에보닉스를 유창하게 구사하는 것은 아니다. 그러나 현재 미국 내 아프리카계 미국인 인구의 거의 80%가

에보닉스를 사용한다. 물론 배타적으로 오로지 에보닉스로만 소통한다는 것은 아니다. 장소와 상황에 따라 필요하다면 언제든 자유로이 표준영어와 흑인토착영어를 공히 사용할 수 있다는 것을 의미한다.

그렇다면 에보닉스라 불리는 흑인토착영어는 미국표준영어와 대체로 어떻게 다른가? 이해를 돕기 위해 일반적으로 거론되는 흑인토착영어의 특징을 먼저 간단히 살펴보자. 형식면에서 흑인토착영어에는 연결동사인 'be' 동사나 'become' 동사가 없다. 대신 연결동사는 모두 원형인 'be'로 사용한다. 예컨대 'He will be there in 10 minute'은 'He be there in 10 minute'으로 재구성하여 쓴다. 원형 연결동사 또한 한정형용사 앞에서는 생략한다. 즉, 'She is sick'은 'She sick'으로 'She is fine'은 'She fine'으로 표현한다. 또한 소유격인 어퍼스트로피(')는 표시하지 않는다. 따라서 'Mary's farm'은 'Mary farm'이 된다. 부정문인 경우는 모두 이중부정으로 표현한다. 예를 들면, 'I am not good at Math'는 'I ain't good at no Math'가 된다.[3] 더불어 단어 중 주로 마지막 철자가 생략된다거나 소리 나는 대로 발음하는 것 등이 주요 특징이다. 예컨대 'test'를 'tes'로 'round'를 'roun'로 사용한다.

이렇게 대다수의 아프리카계 미국인이 사용하는 흑인토착영어는 에보닉스라는 용어가 등장하기 이전 니그로영어Negro English라는 지극히 인종차별적이고 경멸적인 명칭으로 통칭되었다. 백인우월주의에 입각한 소위 앵글로 전통의 언어학파는 흑인영어를 식민지 시기 신대륙 남부에서 변용된 저급한 영국영어와 상스러운 노예억양이 혼합된 사생적이고 조잡한 영어변종이라 치부했다. 또한 끝 자음을 생략하는 경향을 지적하며 그 이유를 흑인의 납작한 코와 두꺼운 입술, 그리고 게으른 혀 때문이라는 신체적 결핍에서 찾아 흑인영어를 게으른 영어라 단정 짓기도 했다. 이러한 흑인영어에 대한 원색적 인종주의에 강력하게 문제를 제기하며 등장한 용어가 바로 에보닉스이다. 즉, 표준영어와는 다른 흑인영어만의 독특한 문법과 억양 등의 차이는 근본적으로 아프리카어에 그 언어적 기원을 두는 에보닉스의 특징일 뿐 영어의 변종이거나 그래서 틀린 영어가 아니라는 것이다.

시기적으로 미국 전역에 광범위하게 불어 닥친 1960년대 민권운동과 1970년대 블랙파워운동의 영향으로 등장한 에보닉스 용어는 주로 아프리카학이나 언어학 분야에서 논쟁적으로 다양한 정의를 내리고 있다. 미국의 대표적 아프리카 학자이자 언어학자인 존 보John Baugh는 그의 저서 『에보닉스를 넘어서*Beyond Ebonics*』에서 에보닉스에 대한 정의와 다양한 해석들을 소개한다. 미국의 대표적 흑인인권운동가인 듀보이스W.E.B. DuBois의 범아프리카주의Pan-Africanism의 영향을 받은 로버트 윌리엄스Robert Williams는 1973년 "흑인 아동의 인지능력과 언어발달"이라는 컨퍼런스에서 최초로 에보닉스를 다음과 같이 정의한다: 하나의 독립된 언어로서 에보닉스에는 영어와는 다른 그 나름의 유일하고 체계적인 문법과 구조 그리고 법칙이 존재한다. 이는 단순한 영어의 파생적 구조가 아닌 서아프리카, 캐리비언, 그리고 미국 흑인 노예 언어에 그 뿌리가 있다. 에보닉스는 미국뿐 아니라 모든 흑인 공동체에서 사용하는 각종 방언과 다양한 어휘, 어법, 그리고 은어까지 모두를 포함한다. 윌리엄스는 에보닉스의 또 다른 강점으로 준언어적paralinguistic 특징, 즉 독특한 어조나 표정 혹은 동작을 포함하는 의사소통의 특징을 강조한다. 언어를 이해하기 위해 과학적인 문법체계를

이해하는 것만큼 언어행위라 할 수 있는 준언어적 요소들을 이해하는 것이 필요하다는 것이다.[4]

윌리엄스가 에보닉스라는 용어를 창시하고 소개한 이후 흑인토착영어에 대한 다양한 견해들이 제시됐다. 존 보는 에보닉스 정의에 대한 여러 해석을 크게 2가지로 정리하여 설명한다. 먼저, 오클랜드 결의안이 논의될 때 유일한 언어학적 자문단이자 아프리카계 미국인 대책위원으로 활동했던 어니 스미스Ernie Smith는 에보닉스와 미국영어와의 단절을 주장한다. 즉, 유럽인들의 영향으로 본래 영국영어가 변화하여 지금의 영어가 되었지만 이를 유럽영어라 명명하지 않듯이 아프리카어를 기원으로 하는 에보닉스도 흑인영어라 통칭해서는 안 된다는 것이다. 따라서 스미스에 의하면 에보닉스는 흑인영어와 동의어가 아니라 오히려 반의어다.

그러나 캐롤 블랙셔벨레이Carol A. Blackshire-Belay는 스미스의 주장이 유럽중심주의라는 극단을 반대하기 위해 아프리카중심주의라는 또 다른 극단을 양산하는 이분법적 혹은 양분적 정치논리라고 경고한다. 듀보이스와 윌리엄스로 이어지는 범아프리카주의를 주장하는 블랙셔벨레이는 에보닉스는 미국뿐 아니라 전 세계 아프리카인 디아스포라가 자신의 환경에 맞게 새로이 창출하여 사용하는 범아프리카 언어라 정의한다. 동일선상에서 마이클 은데마누Michael T. Ndemanu도 에보닉스는 니제르 콩고Niger-Congo 어족에 속하며 특히 서아프리카의 반투어를 기원으로 하는 다국적 아프리카어임을 주장한다.

에보닉스에 대한 이상의 정의와 조금 결을 달리하는 존 보는 에보닉스 용어를 공간적으로 미국에 한정하여 주류영어와의 관계 속에서 설명한다. 물론 에보닉스라는 새로운 용어가 노예의 언어라는 낙인찍기와 흑인에 대한 인종차별로 멸시 당했던 흑인영어에 대한 언어적 편견을 걷어내고자 한다는 긍정적 의도와 효과에 기본적으로 동의한다. 그러나 존 보는 미국 내 다양한 소수언어 중 하나인 에보닉스는 주류언어인 영어와 분리해서 배타적으로 존재할 수 없음을 강하게 주장한다. 즉, 흑인토착영어는 지배집단 안에서 지배언어에 균열을 내고 그 결과 틈 속에서 생존하며 변화한 언어적 구성물이고 따라서 에보닉스가 영어와 결코 대립적 관계일 수 없음을 강조한다.

주지하듯이, 에보닉스라는 용어가 전국적 규모의 관심을 일으킨 것은 1996년 12월 18일 캘리포니아 주 오클랜드의 '에보닉스 결의안 Oakland Ebonics Resolution'이 발표되면서이다. 오클랜드 교육위원회는 오클랜드 전체 학생 중 71%에 해당하는 28,000명의 아프리카계 미국인 학생들의 일상어인 에보닉스를 오클랜드 학군 내에서 공식어로 인정하겠다는 '에보닉스 결의안'을 발표했다. 오클랜드 교육위는 교육현장에서 흑인 아동에게서 가장 편안하게 사용하는 일상어의 사용을 억제시킨다면 학교는 물론이고 사회에 적응하는 데 부정적 영향을 미칠 것이고 이는 학업성취도와 밀접하게 연관되어있음을 주장했다. 실제로 흑인학생의 학업성취도는 D~D+ 정도에 그쳤고 중도자퇴율도 45%에 달하여 학교를 졸업하지 못하는 학생이 백인에 비해 2배 이상 높은 수치를 나타내고 있었다. 특히 교육위는 영어가 모국어가 아닌 유럽인, 아시아인, 라티노, 그리고 인디언도 모두 표준영어 능력배양을 위해 이중언어 교육제도의 지원을 받고 있지만 유독 흑인 아동만 여기에서 제외되었음을 강조하며 흑인 아동에게도 표준영어능력을 배양하

기 위해 연방정부 지원의 특별언어 전환프로그램이 필요하다고 요구했다.[5]

보통 연방의 교육자금 지원은 주정부와 긴밀한 협조 하에 지급된다. 그러나 1968년 이중언어 교육법이 통과되면서 추가된 이중언어 교육에 관한 연방교육법 제7조항은 주정부와 상관없이 연방교육부로부터 바로 일선 학교와 학군으로 지급하도록 규정하고 있다. 오클랜드 교육위가 이를 염두에 두고 연방의 재정지원을 받기 위해 에보닉스 결의안을 결정한 것이라 판단한 연방교육부는 즉각적으로 반응했다. 교육부장관 리차드 라일리Richard Riley는 에보닉스 결의안 발표 6일 후인 12월 24일 언론 인터뷰에서 다음과 같이 입장을 발표했다: 기본적으로 교육부의 언어교육정책의 기조는 소수언어 사용자들에게 표준영어를 교육하여 학교생활에 적응하도록 하는 것이다. 따라서 오클랜드 결정이 표준영어교육을 지향한다는 점에서 지지한다. 그러나 교육부의 입장에서 에보닉스는 독립적 언어인 소수 외국어가 아니라 영어의 '비표준nonstandard 형태의 방언'이다. 따라서 표준영어 능력배양을 목표로 하는 교육법 제7조항에 의거한 재정지원은 불가함을 밝힌다.[6]

연방과 주정부의 힘겨루기로 에보닉스 논쟁이 공론화되자 정치권도 양분된 반응을 보였다. 예상 가능하듯이 우세한 쪽은 주류 백인들의 반대 입장이었고 에보닉스 논쟁은 정치적으로 희화화되기 시작했다. 대체로 에보닉스에 대한 반대 주장은 에보닉스라는 용어 자체가 비속어를 쓰는 잘못된 나쁜 흑인영어를 정당화하기 위한 시도이며 흑인영어는 단지 영어의 변종 중 하나에 불과하다는 주장이다. 뉴욕 공화당 의원 피터 킹Peter R. King은 1997년 1월 14일 논평을 통해 에보닉스 논쟁은 국민의 혈세로 학교에서 비속어를 가르치려하는 것이고 이는 소수자 우대정책Affirmative Action과 마찬가지로 흑인에 대한 역사적 책임을 묻는 또 다른 방식에 불과하다고 잘라 말했다. 노스캐롤라이나의 공화당 상원의원 로치 페어보Lauch Faircloth는 에보닉스 논쟁을 정치적 올바름political correctness이라는 명목 하에 행해지는 가장 극단적이고 터무니없는 예라고 질책했다.[7]

그 반대편에서, 캘리포니아 민주당 의원이며 블랙 코커스 의장인 맥신 워터스Maxine Waters는 학교라는 교육현장에서 일어난 에보닉스 논의를 흑/백이라는 인종논리나 공식/비공식 논리로 단순하게 비하할 수 없다고 대응했다. 그보다 흑인 아동에게 표준영어를 교육하려는 오클랜드 교육위원회의 순수한 교육적 의도를 좀 더 면밀히 파악할 필요가 있음을 강조했다. 이디시어Yiddish를 쓰는 유대인 이민자로서 영어가 모국어가 아닌 소수언어 사용 학생들의 고충에 공감하고 있던 펜실베이니아 공화당 상원의원 알렌 스펙터Arlen Specter는 에보닉스 논쟁에 대한 전문가 공청회를 제안했다.

1997년 1월 의회의 전문가 공청회 소식은 언론의 관심을 증폭시켰다. 물론 언론도 결코 에보닉스에 우호적이진 않았다. 아래의 정치풍자만화가 당시 언론의 입장을 단적으로 말해주고 있다. 대부분의 언론은 연일 에보닉스를 대중의 웃음거리로 희화화하길 주저하지 않았고 방법도 다양했다. 예컨대 SNS를 통해 "에보닉스 번역기"를 소개하며 존재하지도 않는 상상의 번역으로 표준영어를 우스꽝스럽게 만들고 이것이 흑인영어의 실체라는 괴담을 확대시킨다거나 에보닉스에 우호적인 학자들이나 평론가, 교육자, 정치인들을 모두 뭉뚱그려 "에보노주의자들ebonologists"이라는 신조어로 지칭하며 원색적 비난을 서슴지 않았다.

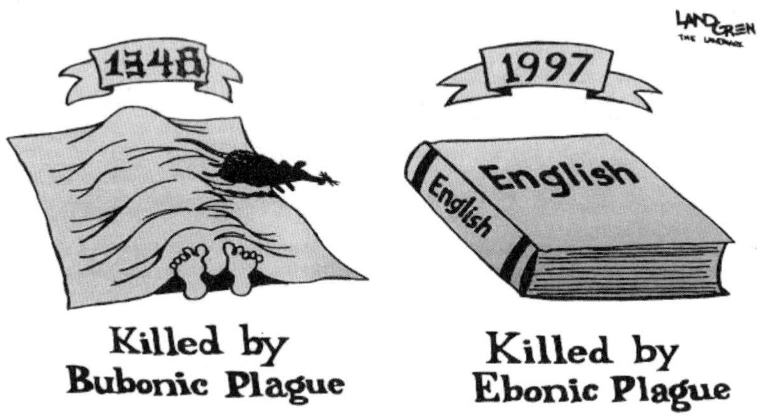

출처 : John Baugh, *Beyond Ebonics*, 90

이렇듯 언론의 가세로 흑인토착영어인 에보닉스 논쟁은 그 규모가 전국적으로 크게 확대되고 정치쟁점화 되었다. 그런데 흑인 학생이 아닌 '학생'의 동등한 교육권리를 주장했던 오클랜드 교육위원회는 에보닉스 결의안이 복잡한 인종 문제와 얽혀 사회적 파장이 커질지 모른다는 그동안의 학습된 경험과 우려로 서둘러 개정안을 발표했다. 최초 결의안에서 "에보닉스는 영어가 아니다"라는 다소 급진적이며 단정적 정의를 표명했던 교육위는 개정안에서 "에보닉스를 단순히 영어의 한 방언으로 볼 수 없다"는 식으로 한발 물러섰고 개정안 전반에 걸쳐 아예 에보닉스라는 용어를 지우고 흑인영어 혹은 아프리카계 미

국인의 일상영어라는 용어로 교체함으로써 논란의 불씨를 제거하고자 했다.[8]

에보닉스 논쟁을 촉발시킨 오클랜드가 에보닉스를 지워내기 시작하자 대다수의 정치인들과 교육계는 반反에보닉스 법안을 곳곳에서 상정하기 시작했다. 가장 발 빠르게 움직인 곳은 텍사스였다. 연방의회 전문가 공청회가 열리고 있던 1997년 1월 주지사 조지 부시George W. Bush는 주 의회 결의 28House Resolution 28을 통과시켜 "텍사스에서는 범아프리카어 혹은 에보닉스라 불리는 일부 흑인 아동이 사용하는 일상어를 교실에서 공식어로 사용하는 것을 불허"한다고 발표했다.[9] 그 뒤를 이어 캘리포니아 주 의회는 그간의 에보닉스 논쟁이 흑인 아동을 볼모로 인종 이슈를 일으켜 정치화하는 소모적 논쟁에 불과했다는 의견을 모아 1997년 3월, 오클랜드 에보닉스 결의를 종결한다는 캘리포니아 상원결의 205Senate Bill 205를 통과시켰다. 이렇게 에보닉스 논쟁은 다시 무관심의 역사 속에 묻히고 말았다.

에보닉스Ebonics: 노예제도와 인종갈등의 역사적 결과물

오클랜드 교육위원회의 "에보닉스 결의안" 발표 직후 연방교육부가 발표한 에보닉스에 대한 입장은 에보닉스를 하나의 독립된 소수언어로 인정할 수 없다는 것이었다. 그보다 에보닉스는 영어의 '비표준형태 방언'이고 따라서 비표준 언어에 대한 재정지원은 불가하다는 입장을 분명히 했다. 이 논리를 그대로 하와이토착영어에 대입시켜보자.

하와이피진영어Hawaiian Pidgin English로 알려진 하와이토착영어는 하와이 토착민들이 일상어로 사용하는 영어이다. 이는 1835년 이래로 사탕수수 재배를 위해 하와이 섬으로 들어온 다양한 이민자들의 언어와 하와이 토착부족민들의 언어가 혼합되어 구성된 영어의 '비표준형태의 방언'이다. 그런데 동일한 '비표준형태의 방언'인 흑인토착영어를 사용하는 흑인학생들과는 다르게 하와이토착영어를 일상어 혹은 모국어로 사용하는 학생들은 1968년 이중언어 교육법이 통과된 이래로 표준영어 습득을 위한 특별언어전환 프로그램의 수혜를 받아왔다.[10] 뿐만 아니라 2015년 11월 연방의회는 하와이토착영어인 하와이피진영어를 하와이의 공식어로 인정했다. 무엇이 이런 차이를 만드는가? 왜 학교교육이 누군가에게는 자기정체성과 자긍심을 유지하고 키우는 과정이고 또 다른 누군가에게는 자기정체성을 지워야만 하는 과정이 되어야 하는가?

에보닉스 논쟁의 핵심은 흑인토착영어를 표준영어와 대립시키는 것이 아니라 흑인영어 자체의 언어적 특성과 그 역사성을 이해하고 인정하자는 데 있다. 표준의 시선에서 흑인영어가 표준영어와 문법체계나 억양, 어휘들이 다르다고 해서 그것을 틀렸다거나 의미가 없다거나 더 나아가 버려야 할 나쁜 것으로 단정할 수는 없다는 것이다. 게다가 표준과 비표준의 기준은 그것을 누가 결정하느냐에 따라 변주하는 것이다. 구성원 내 다수를 차지하는 지배집단이 다양한 형태와 억양의 언어를 하나로 규범화하고 이를 일반의 언어 질서로 자리매김한 것이 표준어이다. 표준어를 결정한다는 것은 권력과 권위를 상징하는 것이고 그 반대편에는 언제나 비표준어 혹은 소수언어 사용자라는 타자화된 사람들이 존재하기 마련이다. 그런데 왜 유독 한 유형의 언어만이 지독한 인종적 편견으로 얼룩지고 그 존재를 부정당하고 있는가? 왜 흑인들은 그토록 부정적인 질책에도 불구하고 에보닉스를 유지하고자 하는 것인가? 왜 흑인영어는 역사 속에서 다른 유럽인들처럼 지배언어인 미국영어에 융화되지 못하고 차별적으로 유지되었는가?

에보닉스에 대한 여러 연구결과들이 이견 없이 주장하는 공통점은 에보닉스가 노예무역의 결과물이며 그 언어적 기원은 아프리카 니제르 콩고Niger-Congo어의 영향이 가장 크다는 점이다. 노예상선이 아프리카에 들어오면서 서로 다른 언어들이 섞여 혼용어가 등장하게 되었고 이는 가장 강력한 소통의 도구로 활용되었다. 15세기 노예무역이 본격화되면서 포르투갈어를 기반으로 하는 피진영어가 형성되었고 식민지배가 확대하면서 영국의 노예상선이 서아프리카에 등장했다. 1788년 노예무역이 정점에 달했을 때, 노예들이 사용하는 영어를 경멸하고 무시하던 노예상인들에게 영국해군의 한 장교는 "영국영어와 서아프리카 피진영어의 차이와 가치를 이해하지 못하면 소통체계가 완전히 무너질 것"이라 경고하기도 했다.[11]

미국의 경우, 1619년 서인도제도 바베이도스 섬으로부터 네덜란드 노예상선을 통해 미 대륙에 최초로 20여명의 흑인이 상륙했다. 이후 특히 남부의 대농장 농작물 재배에 있어서 노예 노동력의 효율성을 간파하기 시작한 미 식민지 백인들은 1650년대부터 노예를 아프리카로부터 직접 수입하기 시작했다. 노예무역 초창기 백인 지배자들은 사실 노예가 어떤 언어를 사용하고 어떻게 소통하든 관심이 없었다.

그러나 1700년대부터 그 수가 점차 늘어나기 시작하자 백인들은 노예의 의사소통 기제를 통제하기 시작했다. 인간의 의식형성에 있어서 가장 중요한 지렛대 중 하나인 언어, 특히 읽고 쓸 줄 아는 능력은 예컨대 착취와 피착취라는 정치형태를 인식하고 주인에게 반기를 들 수 있는 방아쇠를 쥐어주는 것이라 판단했다. 따라서 교육은 노예제도를 무너뜨릴 수 있는 가장 강력한 무기라 여겼던 것이다. 이에 식민지 시기부터 남부에서 흑인노예에게 글을 가르치는 것 자체가 불법이었고 처벌의 대상이 되었다. 이것이 유명한 '강제 무지법Compulsory Ignorance Laws'이고 그렇게 흑인노예들은 교육에서 철저히 배제되고 주인의 언어와 강제적으로 분리되었다.

강제 무지법의 목적은 노예주는 모든 것을 숙지하되 반대로 노예는 모든 교육으로부터 차단하여 아무것도 모르도록 해야 한다는 것이었다. 무지는 노예통제의 중요 전략이었다. 강제 무지법을 최초로 통과시킨 곳은 1740년 사우스캐롤라이나였다. 1739년 스토노 강변Stono River을 중심으로 식민지 내 최초의 흑인반란Stono Rebellion으로 기록된 노예반란을 경험했던 사우스캐롤라이나는 신대륙에서 가장 먼저 강제 무지법을 통과시키며 그 내용을 다음과 같이 명시했다: "법령으로 정하건대, 그 어떤 사람도 노예나 노예무리에게 글 쓰는 방법이나 혹은 무엇인가 그리는 등의 글쓰기와 유사한 어떤 행위도 가르칠 수 없다. 만약 이를 어길 시 예외 없이 100파운드의 벌금형에 처한다."[12]

1740년 노스캐롤라이나 이후 대부분의 남부 주들도 줄을 이어 강제 무지법을 통과시켜나갔다. 1770년에는 조지아 주가 20파운드의 벌금형을 규정한 강제 무지법을 1817년에는 미주리와 1819년 버지니아

주가 유사법을 통과시켰다. 같은 해 1819년 오하이오 주는 강제 무지법의 다른 이름인 '흑인학생 학교금지법'을 시행하였고 1823년 미시시피 주는 교육을 목적으로 흑인이 6명 이상 모이는 것을 금지시켰다. 1830년 루이지애나에서는 흑인에게 글을 가르친 것이 발각되었을 경우 정도의 차이에 따라 1개월에서 1년의 실형인 징역형을 선고한다는 보다 강력해진 강제 무지법이 통과되었다. 1834년 사우스캐롤라이나도 최초 벌금형 법령을 개정하여 기존의 벌금형과 더불어 6개월의 징역형을 법령에 추가하면서 더 강력하게 노예교육을 통제했다. 이렇게 거의 모든 남부 노예주는 1840년까지 강제 무지법의 시행을 완성하면서 흑인의 언어를 주인의 언어와 완벽하게 분리시켜냈다. 이제 흑인노예들은 체벌을 피하기 위해 주인의 요구사항을 이행할 수 있을 정도의 약간의 영어를 그들의 모국어와 혼용하여 아프리카화된 영어로 생존해야했다. 결국, 남북전쟁 이후 노예가 해방되었을 당시 흑인의 문맹률은 95%를 훨씬 상회했고 이것이 수백 년 노예제도가 남긴 유산이었다.

1865년 이후 노예는 해방되었다. 이제 더 이상 노예를 통제하기 위해 흑인에게 강제되었던 무지법은 적용될 수 없었다. 그러나 여전히 해방된 흑인들에게 주어진 교육은 주인이었던 백인들의 교육과 거리가 있었다. 노예해방 이후 흑인들에게 제공된 교육은 일반 학교교육이 아니라 직업교육이 우선되었다. 아무런 경제지원 없이 갑자기 주인의 집에서 해방되었던 흑인들에게 가장 시급한 것은 일자리와 경제적 자립이었다. 흑인을 위한 최초의 직업교육 학교인 햄튼 학교Hampton Institute for the Negroes에서 수학한 흑인인권운동가 부커 T. 워싱턴Booker T.

Washington 또한 경제자립을 흑인의 최우선 과제로 강조하며 흑인의 직업교육에 매진했다. 그런데 흑인에게 제공되었던 직업교육은 거의 대부분이 문맹이었던 흑인들에 대한 체계적 언어교육과는 거리가 멀었다.

게다가 흑인의 교육은 백인과는 완전히 분리된 공간에서만 가능했다. 잘 알려져 있듯이, 해방된 흑인들과 같은 공간에서 생활하는 것을 상상할 수도 용납할 수 없었던 남부 백인들은 분리정책Separate-but-Equal을 실시하여 거주지, 학교 등의 공공시설은 물론이고 버스나 기차 등의 교통시설 등 거의 모든 사회생활에서 흑인을 분리시켰다. 흑인들은 이렇게 지속적으로 지배언어와의 접촉기회를 박탈당했고 자신들만의 토착영어를 새로이 창출하며 스스로의 존재를 확인해야 했다.

노예는 해방되었으나 흑인에 대한 지독한 인종주의는 더 정교한 형태로 남았다. 특히 흑인토착영어에 대한 언어인종주의는 노골적인 인종차별과는 다른 무언의 상징적인 인종차별로 변모하고 있었다. 노예제도 하에 흑인영어가 노예들이 쓰는 상스럽고 저급한 영어였다면 노예해방 이후 흑인영어는 사용해서는 안되는 나쁜 영어로 (재)구성되어 서서히 그러나 탄탄하게 사람들의 무의식에 스며들어갔다. 이것이 가능했던 이유 중 하나는 노예해방을 선언한 수정헌법 제13조였다. 수정헌법 제13조는 두 개의 조항을 포함한다. 하나는 "어떠한 노예제도나 강제노역도 범죄에 대한 처벌이 아닌 이상 미합중국과 그 사법권이 관할하는 영역 내에서 존재할 수 없다"는 것이고 나머지 하나는 "적절한 입법을 통해 13조를 강제할 권리를 가진다"는 것이다.[13] 여기서 문제가 되는 것은 범죄자가 아니라면 강제노역이 불가하다는 단서이다. 이것을 뒤집어 말하면 범죄자는 강제노역의 대상이 된다. 이제 두 번째 조항에 적시된 "적절한 입법"을 통해 어떻게 흑인을 범죄자로 만드느냐만 해결되면 '최소의 비용으로 최대의 생산효과'를 내야하는 자본의 논리를 만족시킬 수 있게 된다. 한마디로 흑인들에게 노예사슬이 아니라 수갑을 채운다면 부족한 노동력 문제는 해결되는 것이었다.

다큐멘터리 감독 에바 듀버네이Ava DuVernay는 그녀의 작품 <13조 *13th*>를 통해 다수의 정치인들과 역사가들, 그리고 사회 활동가들의 증언을 토대로 왜 미국은 무려 전 세계 25%에 달하는 범법자 수를 기록하며 높은 범죄율을 나타내는가에 대한 질문에 답하고 있다. 다시 말해, 남부의 핵심적인 노동력이었던 노예가 해방되자 백인들은 남부의 경제재건을 위한 노동력이 절실했다. 이에 노예해방을 선언한 수정헌법 13조를 역활용하여 해방된 흑인 노예 노동력을 강제노역으로 대체하기 시작했다. 즉, 흑인들을 배회나 부랑죄 같은 사소한 죄목으로 잡아들이기 시작했던 것이다. 그리고 사실 여부와 상관없이 오로지 흑인의 범죄를 '검둥이들의 흉악한 범죄'로 악마화하여 언론을 통해 대서특필하면서 사람들에게 공포심을 불어넣었다. 듀버네이는 이를 단적으로 보여주는 증거로 1915년 제작되어 상업적으로 크게 성공한 영화 <국가의 탄생*The Birth of a Nation*>을 제시한다. 잘 알려져 있듯이 <국가의 탄생>은 백인우월주의의 결정체라 할 수 있는 KKKKu Klux Klan를 미화한 영화로 흑인을 백인 소녀를 겁탈하는 악마로 묘사하며 흑인은 위험한 범죄자라는 인식을 영화라는 매체를 통해 효과적으로 일반화하는데 큰 몫을 담당했다.

범죄사실과 무관하게 흑인에 대한 과도한 경찰검문이나 경찰대응은 다큐멘터리나 영화에서만 볼 수 있는 것은 아니다. 너무도 잘 알려져 있듯이 1992년 흑인에 대한 경찰의 과잉진압으로 사망한 흑인청년 로드니 킹Rodney Glen King 사건과 그로 인해 불거진 LA 소요사태 또한 흑인은 범죄자라는 편견과 오해가 그대로 드러난 사건이었다. "손들었으니 총 쏘지 마시오*Hands Up, Don't Shoot*"라는 구호는 2014년 8월 미주리 주 퍼거슨 시에서 미성년이었던 흑인소년이 백인경찰이 쏜 총에 맞아 사망하면서 발생한 '퍼거슨 사태' 당시 내세운 구호이다. 퍼거슨 사태 이후 흑인들의 평화시위가 이어지자 경찰은 흑인을 향한 검문을 더욱 강화했다. 실제로 퍼거슨 시 경찰청 자료에 의하면, 2013년 한 해 흑인의 검문 수는 4,600여건이 넘어 백인 검문 수의 8배에 달한다. 그런데 정작 불시검문으로 불법소지물이 적발되는 비율은 백인이 34%로 흑인의 21%를 훌쩍 넘어서고 있었다.

여느 다른 언어와 마찬가지로 나름의 유일하고 독특한 문법과 억양의 언어체계를 보여주는 흑인토착영어는 상스러운 노예영어라는 역사와 함께 범죄자영어로 낙인찍혀 치밀한 언어인종주의로 얼룩져왔다. 표준의 시선에서는 이를 파괴broken로 간주했고 따라서 흑인영어는 파괴된 영어broken English가 되었다. 그러나 비표준과 파괴는 완전히 다른 의미이다. 흑인토착영어는 표준영어를 파괴하지 않는다. 오히려 흑인토착영어는 역사 속에서 지배언어인 표준영어의 틀 속에서 결을 달리하여 변화하면서 표준의 경계를 확장시켜왔다. 2002년 흑인여성으로는 처음으로 드라마 퓰리처상을 수상한 흑인여성작가 수잔-로리 팍스Suzan-Lori Parks는 그의 작품 『전 세계에 살아남은 마지막 흑인의 죽음』에서 소수언어인 흑인토착영어가 의미나 메시지를 규범적으로 한정하는 표준영어의 틀을 깨고 탈구성하며 그 확장을 유도한다고 주장한다.

팍스에 의하면, 지배언어의 형식에 균열을 내는 역작용을 통해 성장한 흑인토착영어야말로 인종적 폭력의 역사를 온전히 경험한 흑인들의 정체성을 드러내는 방식이다. 그 일례로 팍스는 흑인토착영어의 특징 중 단어의 마지막 철자를 생략하는 특징을 서구식민주의와 노예제도의 시작을 알리는 특징으로 분석한다.

> 역사의 시작은 'world'가 여전히 'worl'였던 노예제 전에 시작해야만 한다. 끝에 'd'를 붙이는 것은 비유럽적 세계의 최후를 나타낸다. 단어 끝의 'd'는 정복을 부채질하고, 인류 집단에 '그들의 위치'를 지정하고, 결론적으로 식민주의와 팽창주의에 동기를 부여한 담론의 제기와 세계관의 변화를 나타낸다.
>
> 파라오가 된 왕비 핫셉수트: 콜럼버스가 오기 전엔 세상에서 roun를 사용했지. round로 만들기 위해 roun의 끝에 d를 붙였어. 그랬더니 종말이 시작됐지. 'd'가 없다면 영원히 세상에 돌아갈 수 있을 텐데. 'd'가 끝에 붙고 세상은 끝났지.[14]

팍스에 의하면 흑인토착영어에서 단어 마지막 자음 철자를 생략하는 것은 결코 흑인의 게으른 속성 때문이 아니다. 흑인의 두꺼운 입술과 혀 때문에 혹은 그 어떤 신체적 결핍 때문도 아니다. 단어 말미의 'd'는 그저 흑인토착영어와 다른 서구백인사회의 언어체계일 뿐이다.

언어는 지우고 싶다고 지울 수 있는 것이 아니다. 언어의 소멸은 단순히 언어 하나를 지우는 작업이 아니다. 그것이 내포한 역사, 정체성, 가치, 정신 모두를 송두리째 사멸하는 행위이다. 인정하고 싶든 아니든 좋든 싫든 흑인의 토착영어는 거부할 수 없는 미국 역사의 언어유산이다. 에보닉스는 수백 년 흑인들의 역사이고 삶이다. 그 어떤 정책으로도 어떤 편견으로도 지워낼 수 없는 글자그대로 영혼의 소리

spoken soul이다. 이것이 아무리 엉터리 영어 혹은 나쁜 변종영어 사용자라는 질책과 따가운 시선에도 불구하고 흑인들이 흑인토착영어를 유지하는 이유일 것이다.

언어적 포용Linguistic Tolerance을 향하여

미국은 자타공인 "이민자들의 나라"이다. 다민족 다문화 사회인 미국 역사 속에서 언어는 언제나 미국인의 정체성 문제와 밀접히 연관되어 끊임없이 논쟁의 하나로 제기되어왔다. 언어는 노골적인 인종주의를 피해 미국적 가치에 걸맞지 않다고 판단되는 다른 인종공동체를 구분하고 주변화하는 효과적인 변별기제이자 배제기제로 이용되어왔다. 그러나 그럼에도 불구하고 21세기 전환기를 거쳐 가속화되는 자본의 세계화와 IT 기술발달에 의한 전지구의 탈국경화는 다양한 언어의 필요성을 부각시켰고 이러한 시대적 요구에 따라 미국 내 다양한 형태의 영어는 다국적 영어multi-national English라는 용어를 출현시켰다. 이제 소수언어 중 압도적 다수를 차지하는 스페니쉬Spanish는 물론이고 한국어 등 외국어를 미국인들의 필요에 의해 활용하고 소통하는 모습이 그리 어색하지만은 않다. 이중 혹은 다중언어의 사용은 더 이상 미국사회의 분열상을 표출하는 것이 아니라 어느 정도 소중한(?) 언어적 자산이 된 듯하다.

그렇다면 왜 유독 한 유형의 언어만이 지독한 인종적 편견으로 얼룩지고 그 존재를 부정당하고 있는가? 흑인영어=저급한 영어=엉터리 영어=나쁜 영어라는 언어적 편견은 어디에서 시작된 것이고 어떻게 역사 속에서 지속적으로 (재)생산되었는가? 본고는 흑인토착영어의 역사성과 거기에 덧씌워진 언어인종주의를 미국 인종의 역사 특히 노예제도와의 관계 속에서 살펴보았다. 신대륙인 기회의 땅에 희망을 품고 이주해온 다양한 국적의 수많은 이민자들은 미지의 땅에서 갖은 희생과 고난을 함께하며 그 열매도 함께 공유했다. 그런데 노예무역에 의해 강제 이주당한 흑인은 노예제도라는 인종적 굴레로 인해 여타 이민자들과는 확연히 다른 역사 경험을 보여준다. 그저 재산에 불과했던 그래서 양도와 매매가 가능했던 노예들은 미 대륙에 도착과 동시에 자신의 고유 언어, 문화, 다양한 부족 종교 등을 거세당한 채 교육을 비롯해서 존재하던 모든 제도와 정책에서 철저히 제외된 유일한 사람들이었다. 식민지 시기부터 남북전쟁으로 노예가 해방되어 그나마의 분리교육이라도 받을 수 있는 상황이 되기 전까지 실제로 남부 전역에 걸쳐 모든 노예들에게 강제 무지법Compulsory Ignorance Laws이 적용되어 강력하게 시행되고 있었다. 즉, 누구든 흑인에게 읽고 쓰기를 가르치는 것 자체가 불법이었고 벌금형이나 실형으로 그 죗값을 치러야 했던 것이다. 그렇게 흑인노예들은 주인의 언어에서 배제되었다.

이후 1864년 미국은 수정헌법 13조에 의해 미국 영토 내 모든 노예를 해방시켰다. 또한 범죄자가 아니라면 그 어떤 비자발적 인신예속이나 강제노역을 헌법으로 금지했다. 여기서 주목할 부분은 '범죄자가 아니라면'이라는 단서였다. 해방된 노예들을 범죄자로 만든다면 얘기는 달라진다. 이제 흑인의 입에서 나오는 영어는 상스럽고 저급한 노예의 엉터리 영어를 넘어 범죄자의 영어, 버려야 할 나쁜 영어가 되었고 그렇게 일상에 스며들었다.

흑인들은 수백 년간 주인의 언어에서 완벽하게 제외되거나 분리되어 스스로 자신의 언어를 만들고 성장시키며 지배언어의 틈 속에서 자신의 존재를 확인해왔다. 수많은 다양한 방언을 포함해서 모든 언어는 그 자체로 가치가 있다. 누구도 특정한 잣대로 다른 언어를 평가하고 판단할 권리는 없다. 거기에 인종적 편견이 개입돼있다면 더욱 그러하다. 물론 부인할 수 없는 사실은 표준어 습득의 중요성이다. 그러나 오로지 표준영어의 존재 가치만이 옳은 것이고 다름의 다양성을 인정하지 않는 언어맹목주의는 이제 버려야 할 구시대의 유물에 불과하다.

존 보는 인종주의를 사람들을 분열시키는 몸의 정치학으로 정의한다. 인종주의는 존재한다고 믿는 몸의 차이를 (재)강조하며 사람들 사이에서 끊임없이 끈질기게 퍼져나가는 백신 없는 바이러스와 다를 바 없다는 것이다. 에보닉스에 대한 언어인종주의적 폄하는 미국의 인종 역사 속에서 수백 년간 차곡차곡 쌓여온 수많은 오해와 편견의 결정체이다. 따라서 역사를 비롯하여 더 많은 학문분야에서 흑인토착영어의 가치와 그 역사성을 지속적으로 들춰내야 하고, 이는 흑인에 대한 고질적인 인종편견을 조금이나마 걷어내는 과정이 될 것이다. 이것이 아직도 동면 중인 마틴 루터 킹Martin Ruther King의 꿈을 일깨워 실현시키는 하나의 길일 수 있다.

참고문헌

- 박진숙, 「『전 세계 살아남은 마지막 흑인의 죽음』에 나타난 언어의 탈영토화와 영원회귀의 반복」, 『현대영어영문학』 57:1, 2013, pp. 97-113.
- 오영인, 「미국의 언어정책과 정체성 문제: 21세기 전환기 이중언어 교육을 둘러싼 담론적 각축」, 『미국사연구』 41, 2015, pp. 151-190.
- 오영인, 「미국 인종 이데올로기의 역사적 투영: 영화 〈갱스 오브 뉴욕(Gangs of New York)〉」, 『서양사론』 123호, 2014, pp. 260-280.
- Baugh, John. *Beyond Ebonics: Linguistic Pride and Racial Prejudice*. Oxford, New York: Oxford University Press, 2000.
- Franklin, John H. & Everlyn B. Higginbotham, *From Slavery to Freedom: A History of African Americans*. Pennsylvania: McGraw-Hill, 2011.
- Labov, William. *Language in the Inner City: Studies in the Black English Vernacular*. Philadelphia: University of Pennsylvania Press, 1973.
- Rickford, John R. *African American Vernacular English: Feature, Evolution, Educational Implications*. Malden, MA: Blackwell, 1999.
- Williams, Robert. *Ebonics: The True Language of Black Folks*. St. Louis: Robert Williams and Associates, 1975.

디지털 노마드 시대, 디지털 영상 이미지의 존재론적 위치 정립을 위한 네 가지 재고再考[1]

홍 상 현 | 한성대학교

디지털 노마드의 등장과 새로운 기술적 영상의 시대

> 디지털 노마드적인 삶은 단지 공간적인 이동만을 의미하는 것이 아니라, 버려진 불모의 땅을 새로운 생성지로 전환하는 것, 동일한 자리에 앉아서 특정한 가치와 삶의 방식에 매달리는 것이 아니라 끊임없이 자신을 바꾸어가는 창조적인 행위를 지칭한다. 이처럼 현대인은 땅에 뿌리박고 정착하여 사는 농경문화의 삶보다는 한곳에 정착하지 않고 자신에게 좀 더 유리한 환경을 찾아 늘 이동하는 유목민적 삶을 선호하면서, 노마드적 삶의 형태를 전 세계적으로, 그리고 경제적 계층을 초월하여 확장시킨다.(김세서리아, 2019, 453쪽)

디지털 노마드는 프랑스 사회학자 자크 아탈리가 1997년 '21세기 사전'에서 처음 소개한 용어로, 21세기를 '디지털 장비를 갖고 지구를 떠도는 디지털 노마드의 시대'로 규정하면서 널리 알려지게 되었고, 현대는 디지털 시대의 대표적인 인간 유형으로 인식되고 있을 정도로 보편화된 개념이다.(김세서리아, 같은 곳. 자크 아탈리, 이효숙 옮김, 『호모 노마드, 유목하는 인간』(서울: 웅진닷컴, 2005) 참고)

'디지털 노마드Digital Nomad'는 21세기 현대인의 생활방식을 설명하는 표현으로, 유목민을 의미하는 '노마드'와 '디지털'을 합친 용어이다. "자신에게 좀 더 유리한 환경을 찾아 늘 이동하는" 것은 효율성을 우선시하는 현대 사회의 일반적인 삶의 모습이다. 한 공간에 머무르지 않고 -나에게 유리한 곳으로- 늘 이동한다는 점에서 그것은 노마드nomad로서의 삶이라고 이야기할 수 있다. 그런데 '디지털 노마드'라는 특수한 유목생활을 설명하기 위해서는 추가적인 논의가 더 필요해 보인다. 효율성을 우선시하면서 유리한 상황을 찾아 떠돌아다니는, 현대 사회에서의 유목민적 삶은 디지털 환경이 갖추어지기 이전에도 이미 진행되고 있었다. 따라서 이러한 유목민적 삶의 특징은 '현대적 노마드'[2]라는 보다 넓은 범주에서 다루는 것이 효과적일 수도 있다. 그리고 '디지털 노마드'는 현대적 노마드의 삶의 변화 과정에서 디지털이라는 새로운 환경을 만나서 생긴, 보다 좁은 범주에서의 특수성을 중심으로 살펴볼 필요가 있다.

디지털 노마드에 대한 이해는 그들이 사용하는 '디지털 장비'에서부터 시작할 수 있다. 왜냐하면 디지털 노마드의 시대가 "디지털 장비를 갖고 세계를 떠도는" 것이라면 디지털 장비는 디지털 노마드의 삶을 가능하게 하는 근거가 되기 때문이다. 아탈리Jacques Attali는 "최초의 인간인 '호모 에스가르테르'는 여행에 더욱더 적응을 잘했는데, 그들은 유목생활에 맞는 연장들을 만든 덕분이었다"고 말한다(자크 아탈리, 2005, 20쪽). 이와 마찬가지로, 현대인들의 '디지털 노마드' 생활의 배경에는 '디지털 장비'들이 있다. 결국, 디지털 노마드라는 하나의 사회적 현상의 배경에는 '과학 기술적인 변화가 근원적인 원인으로 작용'(돈 아이디, 1998, 29~30쪽)하고 있다고 생각할 수 있다. 그런데 이 디지털 장비들은 빠른 속도로 발달하며 계속 변화하고 있다. 그리고 디지털 장비의 변화는 곧바로 디지털 노마드의 삶에 영향을 미친다. 결국 디지털은 전혀 다른 유목의 환경을 만들었으며, 현대인들은 디지털 장비와 함께 그곳을 떠돌아다니는, 이전과는 다른 새로운 노마드의 삶을 사는 것이라고 디지털 노마드와 디지털 장비의 관계를 정리할 수 있다.

디지털 노마드가 떠도는 영역은 온라인on-line과 컴퓨터 기술이 만들어낸 디지털 전자통신의 세계이다. 그들은 디지털 장비를 사용해서 -디지털 장비와 함께- '국경 없이' 세계를 유목하고 있다. 그리고 새롭게 조성된 디지털 기반의 온라인 환경은 미디어media의 개념에도 변화를 가져왔다. 일반적으로 대중매체라는 뜻으로 사용하고 있는 미디어는 다수의 사람들이 동시에 정보를 공유할 수 있는 대표적인 커뮤니케이션 수단이다. 한 사회의 공동체 구성원들 사이에서, 그리고 다른 사회와 공동체 사이의 교류는 이러한 커뮤니케이션 수단을 기반으로 이루어진다. 디지털 노마드의 등장과 함께, 그들의 커뮤니케이션 수단으로, 뉴미디어new media라는 새로운 형태의 미디어가 등장했다. 20세기 후반부터 통용된 개념으로 사용하기 시작한 뉴미디어는 전통적인 정보전달 매체의 개념에 컴퓨터, 인터넷, 그리고 모바일이 갖는 상호작용이 더해진, 새로운 환경에서의 커뮤니케이션 도구이다. 현대사회에서는 다양한 뉴미디어 도구들이 커뮤니케이션 수단으로서의 기능을 수행하고 있다. 그리고 다양한 형태의 뉴미디어가 존재하고 있으며, 그것을 기반으로 새로운 커뮤니케이션의 방법이 복잡하게 등장하고 있다.

현재의 뉴미디어 커뮤니케이션 환경이 보이고 있는 특징으로서 살펴볼 수 있는 대표적인 것은 '텍스트 중심 커뮤니케이션'으로부터 '영상 중심의 커뮤니케이션'으로의 변화이다. 즉, 오늘날의 뉴미디어 커뮤니케이션 환경에서는 문자보다 영상이 더욱 중요하게 되었다는 말이다. 한 언론기사에서는 오늘날 "텍스트의 힘이 빠지고 이미지와 동영상으로 콘텐츠의 형태가 변해가는 모습"(박홍순, 2019)을 '제로텍스트 시대'라고 이야기하고 있다. 또 "기원전 300년경 메소포타미아 지역에서 시작된 글자의 역사는 활자가 발명되면서 일대 변혁을 맞았고 폭발적으로 성장했다", 하지만 "인류가 수천 년간 정보전달의 매개로 사용한 텍스트가 점차 사라진다."라고 이야기한다.

'영상의 시대' 이전에는 '문자의 시대'가 있었다. 즉 '문자의 시대'를 거쳐 '영상의 시대'에 이르렀다는 것이 커뮤니케이션 방법과 수단의 역사적 변천 과정에 대한 일반적인 설명이다. 영상이 주된 커뮤니케이션 수단으로 등장하기 이전에는 선형문자가 주된 커뮤니케이션 수단이었다. 그런데 빌렘 플루서Vilèm Flusser는 '문자의 시대' 앞에 또 하나의 '영상의 시대'를 위치시킨다. 그리고 문자의 시대에 앞서 존재한 것을 '전통적 그림'으로, 문자의 시대 이후의 것을 '기술적 영상'이라고 말한다. 플루서는 문자의 시대 이전에 있었던 전통적 그림의 특징에 대해서 '창문'이라는 표현을 사용(플루서, 1999, 17쪽)했는데, 이는 선사미술에는 "자연을 그대로 모사한 구상적 이미지와 나란히 추상적인 기호들을 병치"(김성도, 2007, 13쪽)시키는 특징이 있다는 설명으로 이해할 수 있다.

그런데 기술적 영상은 전통적인 그림과 다르다. 그 둘 모두는 동일하게 세계를 모사하는 것처럼 보이지만, 그들 사이에는 차이가 있다. 플루서는 전통적인 그림을 세계에 대한 '창문'으로 바라본다. 하지만 기술적 영상은 창문이 아니라 '그림'이라고 말하며 그 둘을 구분한다. 그 이유는 전통적 그림이 "저 바깥의 세계를 노리는 것"과는 달리, 기술적 영상은 "세계와 관련된 우리의 개념을 변화시키기를" 원하고 있기 때문이다.(플루서, 1999, 19~20쪽) 그리고 기술적 영상이 갖는 이러한 특징은 "과학적 텍스트의 간접적인 생산품"(플루서, 1999, 16쪽)이라는 존재론적 근거 때문이기도 하다.

> 역사적으로 볼 때 전통적인 그림은, 그것이 구체적인 세계를 추상화하고 있다는 점에서 제1단계의 추상물인 반면에, 기술적 영상은 제3단계의 추상물이다. 왜냐하면 그것은 일단 텍스트로부터 추상화되었고, 다시 이 텍스트는 전통적인 그림으로부터 추상화되었으며, 그 그림은 구체적인 세계로부터 추상화되었기 때문이다. 역사적으로 볼 때, 전통적인 그림은 전역사적이고, 기술적인 영상은 '탈역사적'이다. 존재론적으로 볼 때, 전통적인 그림은 현상을 의미하는 반면에, 기술적인 영상은 개념을 뜻한다. 기술적 영상을 해독하는 것은 결국 그 영상으로부터 개념의 위치를 간파해 내는 것이다.(플루서, 1999, 16~17쪽)

플루서에 따르면, 텍스트는 그림에 비해서 직접적인 세계 경험으로부터 한 단계 '소외'되어 있다. 왜냐하면 그것은 "현상으로부터 모든 차원을 직선[선형]의 형태로 추상시키기 때문이다."(플루서, 1999, 13쪽) 이렇게 현상으로서의 세계로부터 소외되는 단계로 보면, 기술적 영상은 한 단계 더 소외된다. 이것이 위에서 플루서가 기술적 영상이 '제3단계의 추상물'일 수 있다고 말하는 이유이다. 그가 이야기하는 기술적 영상의 탈역사적Nachgeschichte 특성이 "개념으로부터 그것의 이미지인 표상으로 되돌아가기"(플루서, 1999, 13쪽)를 뜻한다고 하지만, 기술적 영상은 텍스트 이전의 전통적 그림의 시대로의 회귀가 아니다. 그것은 텍스트로부터 파생된 새로운 차원의 추상물이다. 즉 전통적 그림이 세계에 대한 그림이었다면, 기술적 영상은 세계를 추상한 텍스트의 그림이라고 정리할 수 있다.

[그림 1] 플루서의 구분에 따른 '전통적 그림', '텍스트', '기술적 영상'의 위치

그런데 지금의 디지털-온라인 환경에서는 플루서의 기술적 영상에 대한 또 하나의 구분이 필요해 보인다. 디지털 노마드로서의 우리는

뉴미디어를 기반으로 하는 '새로운' 기술적 영상의 시대를 살고 있다. 그리고 그것은 '온라인'과 '디지털'이라는, 이전과는 다른 특수한 배경을 갖고 있다. 오늘날의 주된 영상 커뮤니케이션은 온라인이라는 새로운 디지털 환경을 기반으로, 디지털적 도구와 방법으로 이루어진다. 디지털 도구들은 하루가 다르게 빠른 속도로 큰 변화와 발달을 계속하고 있으며, 그에 따라서 커뮤니케이션 환경 또한 빠른 속도로 변화하고 있다. 즉, 기술적 영상의 시대는 디지털 기술을 만나서 또 하나의 새로운 기술적 영상의 시대를 이행되었다고 생각할 수도 있다. 따라서 온라인-디지털 이전과 이후의 '기술적 영상'을 다시 한 번 구분할 필요가 있다. 이는 디지털-온라인 환경에서 디지털 노마드의 새로운 커뮤니케이션 수단이 되는 영상 콘텐츠의 존재론적 위치 정립을 위한 근거가 된다.

디지털 사진술의 등장과 실상實像과 허상虛像의 문제

디지털 기술이 만들어내는 영상 이미지는 디지털 이전 시대의 기술적 영상과는 어떠한 차이를 가질까? 이 문제는 사진술의 등장과 디지털사진술의 등장을 비교하는 것에서부터 논의를 시작할 필요가 있다. 왜냐하면 디지털이미지가 등장한 이후 대표적인 비교대상으로서 존재의 위협을 받고 있는 것이 바로 사진술이기 때문이다. 최초의 기술적 영상으로서 이 세계에 등장한 사진술은 새로운 기술적 영상인 디지털 사진술이 등장함으로써 자신의 영역을 새로운 존재에게 넘겨주어야 할 상황에 처했다. 즉, 디지털 기술의 등장을 기점으로 그 위상에 가장 큰 변화를 갖게 된 것이 바로 사진술이다. 게다가 디지털사진술은 정적인 이미지를 만드는 사진술의 영역에 머무르지 않고, '디지털 영상'이라는 이름으로 사진과 영화영상의 영역을 모두 아우르면서 이미지와 영상의 영역을 모두 흡수한 포식자로 성장하고 있다. 그런데 아직 그들 사이에 존재론적인 차이를 설명할 수 있는 여지는 남아있다. 디지털 영상이 전통적 방식의 사진술과 필름 영상의 모습을 닮아있기는 하지만 디지털 기술 이전의 방법들이 아직까지 정당성을 확보하고 있는 영역이 존재하기 때문이다. 따라서 전통적인 사진술과 디지털사진술을 비교하는 것은 디지털 기술 이전과 이후의 기술적 영상이 갖는 차이를 비교하는 첫 번째 과정이 될 수 있다.

디지털 방식의 카메라는 미국의 코닥Kodak社에서 1975년에 처음 개발한 이후, 오늘날에는 대부분의 휴대용 전화기에도 내장되어 있을 정도로 보편화되었다. 최초의 디지털카메라는 촬영된 사진 이미지를 카세트 테이프Cassette Tape에 저장하는 방식을 사용했으며, 1만 화소 정도의 해상도를 갖고 있었다. 최근에는 기계적 기술의 비약적인 발달에 의해서 디지털카메라가 수천만 화소의 용량을 갖는 디지털 파일 형태의 고화질 이미지를 만들고, 그것을 CF카드Compact Flash Card와 SD카드Secure Digital Card 등 다양한 형태의 메모리카드에 저장할 수 있게 되었다. 심지어 휴대용 전화기에 내장된 카메라조차도 수백만 화소에서 천만 화소를 넘는 해상력을 갖고 있을 정도로 디지털 방식의 사진은 일상생활에 보편화되었다. 그렇기 때문에 오늘날 일반적인 사진적 행위는 디지털 방식으로 이루어지고 있다고 이야기해도 무리가 아니다. 그리고 이러한 시대적인 배경 안에서 아날로그 필름과 전통적 방식의 사진술은 점차 사라져가고 있는 추세이다. 즉, 오늘날에는 아날로그 방식으로부터 디지털 방식으로 사진적 기록의 방법이 변화하고 있으며, 디지털 메모리카드가 아날로그 방식의 필름을 대체하고 있다고 볼 수도 있다.

최초의 사진은 1826년 프랑스의 발명가 니엡스Joseph-Nicéphore Niéce에 의해서 촬영되었는데, 그는 1822년부터 그의 발명에 엘리오그라피Héliographie라는 이름을 사용했다. 엘리오그라피는 '태양'을 의미하는 고대 그리스어 헬리오스*Hēlios/Ἥλιος*에서 의미를 찾고 있다. 이는 엘리오그라피라는 이름이, '사진'을 지칭하기 위해서 오늘날까지 우리가 사용하는 포토그라피Photography와 같은 의미라고 생각할 수 있는 지점이다. '포토그라피'는 고대의 그리스어 phōtos와 graphé로 이루어진 합성어이다. 이 두 단어의 의미를 살펴보면 phōtos(φωτός)는 빛light을 뜻하는 phōs(φῶς)의 소유격이며, graphé(γραφή)는 그림drawing, writing이라는 뜻의 명사이다. 즉 포토그라피는 '빛으로 그리는 그림'이며, 이는 엘리오그라피와 같은 의미이다. 사진이미지를 제작하는 수많은 방법들은 모두 광학적인 현상을 이미지로 고착시키는 모습을 보이고 있다. 그렇기 때문에 아날로그와 디지털의 방법을 모두 포함하여, 광학적인 현상을 이미지로 기록하는 다양한 방법들을 '사진'이라는 동일한 범주 안에 묶을 수 있었던 것이다.

니엡스가 촬영한 최초의 사진

니엡스의 발명 이전에도 카메라 옵스큐라Camera Obscura의 원리를 사용한 기록은 등장한다. 최초로 사진적인 원리를 발견한 기록은 기원전 5세기 중국의 묵자墨子/Mo-Ti까지 거슬러 올라간다(Alma Devenport, 1991, p.4). 이후 고대 그리스인들과 아라비아인들, 그리고 르네상스 시대를 거쳐 오늘날까지 카메라 옵스큐라는 더욱 정교해지는 발달의 과정을 거쳤다. 즉, 니엡스의 발명 이전에도 카메라 옵스큐라의 원리는 존재했고, 니엡스의 발명 또한 그것을 기반으로 이루어졌으며, 이는 오늘날까지도 이어지는 기본적인 사진의 원리이다. 그런데 니엡스 이전에 이루어진 수많은 사진적 방법들이 아니라, 니엡스의 방법이 최초의 사진술이라고 이야기할 수 있는 이유는 무엇일까? 그것은 니엡스에 의해서 카메라 옵스큐라가 만들어내는 광학적 이미지가 처음으로 정착fix되었기 때문이다. 엘리오그라피 이전에도 카메라 옵스큐라의 원리에 의해서 이미지가 만들어지는 원리를 발견했지만, 그것은 허상虛像으로서의 이미지였을 뿐이다. 니엡스의 발명에 이르러서야 비로소 그 허상의 이미지를 은판 위에 정착한 실상實像으로 만들어 낼 수 있게 되었다.

최초의 사진이 만들어진 이후 사진적 도구들의 발달과 개량은 더욱 비약적으로 이루어졌고, 오늘날에는 전자적으로 이미지를 만들고 또 제어할 수 있는 디지털사진술이 등장했다. 디지털 방식의 사진이미지를 최초로 제작한 것은 1957년 미국의 엔지니어 러셀 키르슈Russell A. KIRSCH의 실험이다. 그는 태어난 지 3개월이 된 아들의 사진을 스캔하는 방식으로 이미지화하였다(미국 표준 기술 연구소 NIST, 2007). 키르슈가 실험한 디지털이미지는 카메라로 촬영된 사진이 아니라, 스캐너를 사용해서 복사한 것이었기 때문에 그가 고안한 장치를 최초의 디지털카메라라고 말하기는 어렵다. 디지털 이미지센서를 장착하여 촬영하는 방식으로 사진이미지를 만들 수 있는 최초의 디지털카메라는 1975년 미국 코닥의 기술자였던 스티브 새슨Steve Sasson이 개발했다. 그런데 이 장비 또한 이미지를 제작하는 데에는 23초가 소요되었기 때문에(New York Times, 2015), 프로토타입으로서의 기술적인 시도였을 뿐 상용화할 수는 없었다. 최초로 상용화할 수 있도록 만들어진 디지털카메라는 일본의 후지Fuji가 개발한 DS-1P이다. 후지는 이 디지털카메라를 1988년 독일의 포토키나Photokina trade fair에서 처음으로 발표했다. 이것은 메모리카드를 사용하여 이미지를 저장하는 방식을 사용하는, 크기와 기능이 기존의 소형 필름카메라의 작동과 유사한 최초의 보급형 디지털카메라이다.

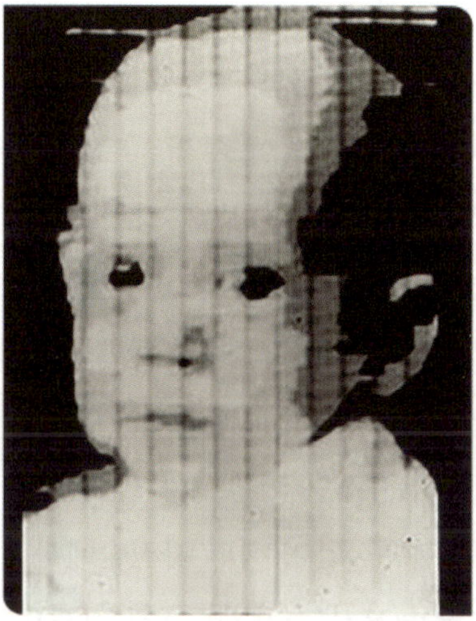

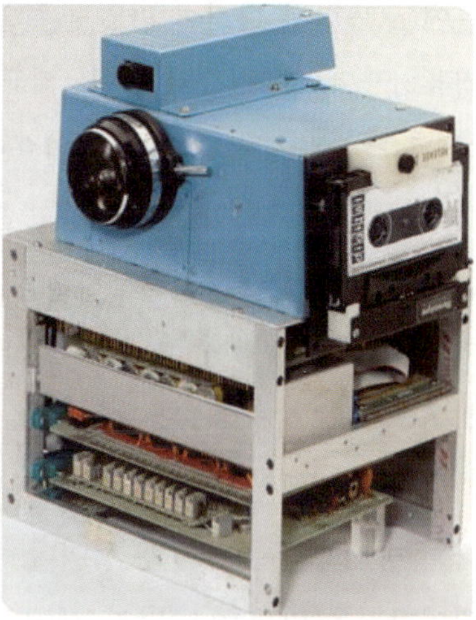

러셀 키르슈가 만든 최초의 디지털 사진 / 스티브 새슨이 고안한 최초의 디지털 카메라

Fuji DS-1P

디지털의 어원은 '손가락으로 숫자를 센다'는 의미를 가진 라틴어 디지투스digitus에서 유래한다. 따라서 디지털은 '계산'할 수 있도록 이진법으로 수치화한 디지털 코드 형태의 파일로서 존재한다. 그렇기 때

문에 코드화된 디지털 파일들은 그것을 계산할 수 있는 계산기로서의 컴퓨터computer를 필요로 한다. 컴퓨터는 '계산하다'라는 뜻의 고대 라틴어 콤푸타레*computāre*를 어원으로 하며, 오늘날에도 컴퓨트compute는 '계산하다'라는 의미로 사용하고 있다. 이러한 디지털의 방식으로 이미지를 제작하는 디지털사진술은 카메라에 촬상소자image pickup device인 CCDcharge coupled device 혹은 CMOScomplementary metal-oxide semiconductor를 장착하여 광학렌즈가 만드는 이미지를 디지털 코드로 변환하여 기록한다. 따라서 디지털사진술에서의 사진이미지는 전통적 방식의 사진술과는 다른 방법으로 존재하는 셈이다. 즉, 전통적인 방식의 사진술에서 사진이미지를 만드는 방법인 '**세계** → 필름(모사된 세계) → **사진(재모사된 세계)**'의 과정이 디지털사진술에서는 '**세계 → 디지털 파일(모사된 세계)** (→ 사진)'로 바뀌었다.

그리고 디지털사진술이 갖는 또 하나의 특징은 '인화' 과정을 생략할 수도 있다는 점이다. 디지털사진은 종이 위에 인화를 할 필요 없이, 디지털파일 자체로 배포와 감상이 가능하다. 이는 디지털파일이 그 자체로 사진적 이미지로서의 기능할 수 있다는, 디지털사진술이 갖는 존재론적인 특수성이 된다. 그리고 그것은 **이미지가 실상이 아닌 허상으로 되돌아가는 변화가 이루어지는 지점**이기도 하다. 과거 니엡스는 최초의 사진을 만들면서 허상으로 존재하던 광학적 이미지가 실상으로 존재할 수 있게 만들었으며, 그것이 그의 발명이 최초의 사진술로 인정받을 수 있는 근거가 되었다. 그런데 현대의 디지털사진술은 실상으로서 존재하던 사진이미지를 다시 허상으로 돌려놓았다.

하지만 디지털 기술이 만들어내는 이미지는 '실상을 가장假裝한 허상'이라는 점에서 사진술의 발명 이전에 카메라 옵스큐라가 만든 허상과는 존재론적인 지위가 다르다. 카메라 옵스큐라가 만드는 허상은 세계라는 실상과 '복제된 실상'으로서 인화된 사진(필름)의 사이에서 임시로 존재하는, 실상을 위한 '실상 의존적 허상'이었다. 즉, 전통적 방식의 사진술은 실상으로서의 세계를 광학렌즈에 의해서 허상의 이미지로 변환하고, 이것이 다시 실상으로서의 필름의 단계를 거쳐, 다시 실상으로서의 사진으로 복제하는 이미지 제작공정을 갖는다. 디지털사진술에서도 실재로서 존재하는 세계가 광학렌즈에 의해서 허상으로 만들어지는 과정은 동일하다. 그러나 그 허상을 실상으로서의 필름으로 변환하는 과정은 생략되었다. 필름을 대체하는 촬상소자가 그 허상을 디지털 파일로 코드화하여 이미지를 기록하는데, 그 디지털 파일이 존재하는 양태는 실상이 아닌 또 하나의 허상이다. 물론, 이 허상을 디지털 방식으로 인쇄하는 인화의 과정을 거쳐서 전통적 방식의 사진술과 유사한 결과물을 만들 수도 있다. 하지만 디지털이미지가 갖는 매체적 특수성은 '비물질적인 형태의 디지털 파일을 배포하고 소비할 수 있다'는 점이다. 이렇게 온라인 가상공간 안에서 소비되는 디지털이미지의 속성은 **실상적으로 존재하는(실상인 척하는) 허상**이라고 정리할 수 있다.

	세 계	광학적 이미지화 과정	모사된 세계		재모사된 세계
전통적 방식의 사진술	피사체 (실상)	→ (실상→허상)	필 름 (허상→실상)	→	사 진 (실상→실상) (허상→실상)
				↗	
디지털 방식의 사진술	피사체 (실상)	→ (실상→허상)	디지털 파일 (허상→허상)	→	디지털 파일 (허상→허상)

[그림 2] 전통적 방식의 사진술과 디지털 방식의 사진술에서의 이미지 형성 과정

이런 점에서 디지털사진술을 포함한 디지털이미지 제작기술은 기존에는 찾아볼 수 없었던 전혀 새로운 형태의 이미지 제작공정이다. 그리고 디지털이미지는 수정과 변형에 별다른 제약을 받지 않고 자유롭다. 그러므로 디지털이미지 제작기술은 사진술을 포함한 전통적인 방식의 이미지 제작기술과는 다른, 전례 없는 콘텐츠들을 만들어내고 있다. 이렇게, 기존의 방법들과는 전혀 다른 목적을 실현할 수 있다는 점에서, 디지털이미지 제작기술은 기존의 것들과는 전혀 다른 존재론적 위치와 목적을 갖는다.

디지털 이미지의 존재론적 위치

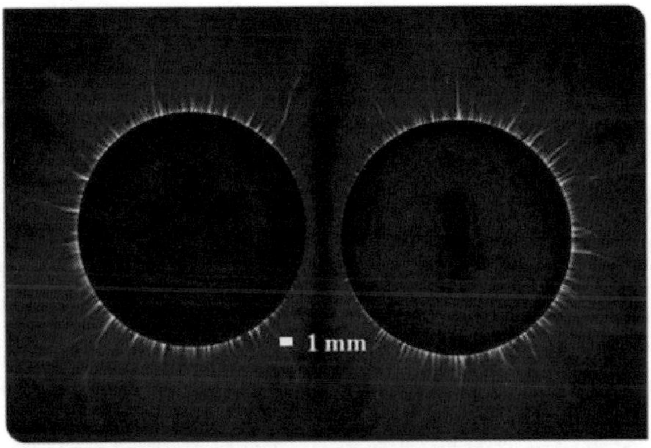

두 개의 동전을 촬영한 키를리안 사진

사진술이 처음 등장했을 때, 이미지 제작공정에서 빛의 작용을 활용하는 특성 때문에 '포토그라피'라는 이름을 사용했다. 그런데 디지털이미지 제작공정은 전통적인 사진술과 동일한 방법으로 그것의 존재론적 특징을 설명하기 힘들다. 따라서 디지털사진에 포토그라피라는 이름이 아직까지 유효한지에 대해서는 의문도 가질 수 있다. 디지털사진에는 일렉트로그라피electrography로부터 이어받은 특징들이 있다. 일렉트로그라피는 "전자방사電磁放射의 도움 없이 전하 잠상을 절연 매체에 만들어 넣고, 이것을 가시可視 기록하여 재생하는 것"(월간전자기술편집위원회, 2011, 342쪽)으로, 1939년 러시아의 전기공이었던 세묜 키를리안Semyon Kirlian이 우연히 발견한 '키를리안 사진Kirlian Photography'에서 비롯되었다. 키를리안 사진은 코로나corona 방전 현상[3]을 이용하여 비가시적인 빛과 파장 등을 기록한다. 이것을 응용한 일렉트로그라피는 의학 분야에서 비가시적 현상을 기록하는 장치들의 명칭들에 주로 사용되고 있다. 디지털사진술에서는 빛의 작용과 현상 못지않게 이진법의 디지털 수치로 코드화된 전자電子적인 형태로 존재하는 이미지라는 특성이 중요하다. 그리고 그렇기 때문에 디지털사진술은 '포토그라피'의 영역에만 머물지 않고, 더 큰 디지털영상의 영역으로 확장하여 논의할 필요가 있다.

기술의 발달에 의해 새로운 도구가 등장하게 되면, 동일한 도구를 사용하는 예술의 영역에도 큰 변화가 생긴다. 사진의 시대가 시작되던 시기에는 '과학기술적 기계장치의 사용'이 중요한 화두였다. 따라서 과학기술적 기계장치를 사용해서 극사실적인 이미지를 만들고, 이미지를 기술적mechanical으로 무한히 복제reproduction할 수 있게 된 것이 가장 큰 변화였다. 이것이 사진이라는 과학기술적 도구가 기존의 예술적 패러다임에 가져온 큰 변화이다. 그런데 오늘날의 디지털 기술은 사진이 했던 것보다 훨씬 더 큰 패러다임의 변화를 가져오고 있다. 그것은 기존의 모든 조형적 방법을 포괄하는 아날로그적인 방법으로부터 디지털적인 방법으로의 전환이라는 전반적인 시스템의 변화를 가져왔다는 점이다. 그렇기 때문에 디지털이미지 제작기술의 등장은 사진술이 기존의 예술체계에 가했던 것보다 더 큰 패러다임의 변화를 불러왔다고 생각할 수 있다.[4]

이러한 변화에서 가장 먼저 생각할 수 있는 것은 판화와 사진에 의해 만들어진 '복제'의 개념을 디지털 기술이 다시 한 번 변화시키고 있다는 점이다. 발터 벤야민Walter Benjamin이 사진의 등장으로 현대인의 지각작용이 원본개념을 상실했다는 의미에서 아우라Aura의 붕괴를 이야기했지만(발터 벤야민, 2012, 203쪽), 디지털 기술이 생산하는 이미지들과 비교하면 필름을 사용하는 사진의 시대까지만 해도 원본개념은 어느 정도 존재했었다고 생각할 수 있다. 전통적 방식의 사진은 무언가로부터의 복제이며, 그 무언가는 복제 이미지를 만들어내는 원판으로서의 필름이다. "사진은 원판으로부터 여러 개의 -원문 그대로- 인화가 가능하다. 어느 것이 진짜 인화냐고 묻는 것은 아무런 의미가 없다."(발터 벤야민, 2012, 206~207쪽)라고 벤야민이 이야기한 것처럼, 사진술은 필름이라는 '원판으로부터' 만들어지는 이미지이다. 하지만 디지털사진은, '원판으로부터' 복제물들을 생산한다는 기존의 복제라는 개념과 복제물의 지위 또한 바꾸어 놓고 있다. 왜냐하면 디지털사진은 원본으로서 생산한 코드화된 파일이 그 자체로 복제되고 배포되기 때문에, '원판'이라는 개념 자체가 무의미하기 때문이다.

사진술이 만들어내는 복제물은 필름이라는 원판과 동일하지 않으며, 다른 복제물들과의 관계에서도 '원본유사성'을 공유하고 있을 뿐, 그것들은 엄밀하게 말하면 동일한 것이라고 말할 수 없다. 하지만 디지털사진은 원본 파일과 그 복제물들 사이에 동일성을 유지하고 있는 점에서 복제물들이 그 자체로 또 다른 원판이 될 수 있다. 게다가 전통적 사진술에서는 원판으로부터 복제된 사진들이 또 다른 복제물을 생산해낼 수 없는 반면에, 디지털사진의 복제물들은 그 스스로가 또 다른 복제물들은 생산할 수 있는 '원본의 무한재생산'의 모습을 보이고 있다. 따라서 판화와 사진의 시대의 복제가 원판으로부터 복제물이 생산되는 수직적인 구조에서의 일회적인 복제였다면, 디지털의 복제는 수평적 구조에서의 핵분열적 무한복제로 보인다. 어쩌면 벤야민이 이야기하는 기술적 복제에 의한 아우라의 붕괴는 디지털기술에 이르러서야 비로소 완성되었다고 생각할 수 있다.

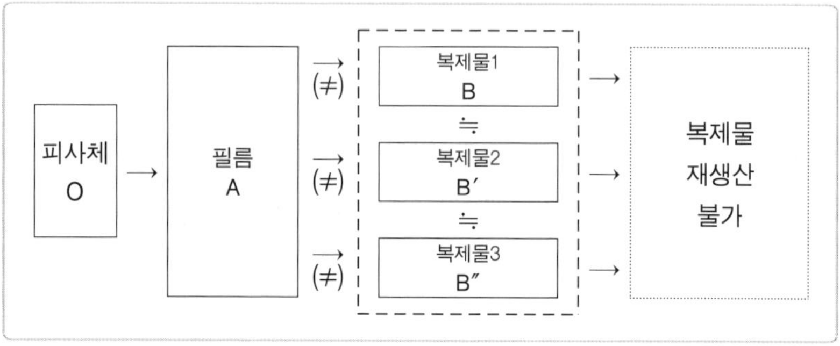

[그림 3] 전통적 사진술의 이미지 제작과 복제의 과정

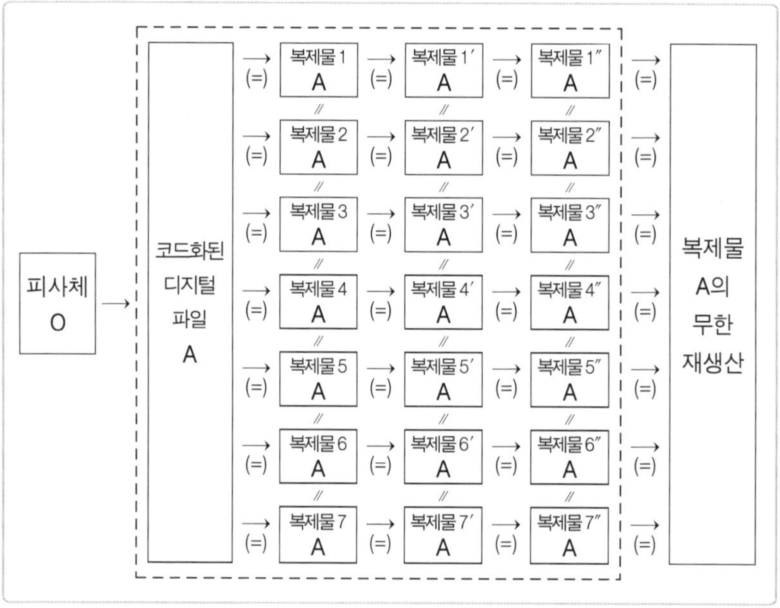

[그림 4] 전통적 사진술의 이미지 제작과 복제의 과정

디지털사진이 보이고 있는 이러한 존재론적 양상은 벤야민의 '복제'보다는 장 보드리야르Jean Baudrillard의 '시뮬라시옹*simulation*'으로 설명하는 것이 적절할 수 있다. 보드리야르는 "시뮬라시옹의 작용은 핵분열적이고 발생론적"(장 보드리야르, 2001, 15~16쪽)이라고 이야기하는데, 이 책을 번역한 하태환은 이 '핵분열적이고 발생론적인 작업'에 대해서 하나의 세포 안에 증식세포가 코드화되어 있기 때문에 그 세포로부터 동일한 세포가 무한히 복제된다고 설명한다(장 보드리야르, 2001, 16쪽).

벤야민의 복제가 전통적 예술에서의 원본개념을 무너뜨리고 있다면, 보드리야르의 시뮬라시옹에서는 그 자신이 원본개념을 부여받는다. 벤야민의 이야기는 사진술이 복제의 방법을 사용하여 이미지의 제작, 배포, 소비가 이루어지기 때문에 그 과정에서 '아우라의 붕괴'를 야기하는 구조이다. 이러한 구조가 전통적인 예술작품이 갖는 원본개념을 무너뜨리는 패러다임의 변화를 가져왔다는 것이 벤야민의 설명이다. 하지만 그가 이야기한 복제에 의한 아우라의 붕괴는 디지털이미지에 이르러서야 보다 충분히 설명될 수 있으며, 그것은 오히려 보드리야르의 시뮬라크르과 같이 원본개념의 지위를 완전히 뒤흔들어 놓고 있다. 이미지가 배포되고 소비되는 새로운 양상인 디지털-온라인 환경이 조성된 현대사회에서는 복제와 배포를 위해서 더 이상 인쇄기술에만 의존하지 않는다. 그리고 그것은 실재實在가 아닌 허상으로 존재하기 때문에 가상의 공간 안에서 일시적이고 일회적으로 존재하기도 한다. 또, 디지털 코드로 이루어진 파일로서 존재하는 디지털이미지는 그러한 환경에서 스스로를 무한복제하면서 새로운 예술적 표현과 예술적 경험을 가능하게 한다.

디지털이미지가 갖고 있는 위와 같은 특수성들을 기반으로 생각하면, 사진과 디지털이미지의 의미가 혼재되어있는 '디지털사진'이라는 이름은 그것을 사진술의 의미 안에 가두어 놓는 결과를 가져올 수도 있다는 우려를 낳을 수 있다. 그런 점에서 디지털 이미지와 사진의 의미가 명확하게 각자의 영역을 구분하지 않고 있는 오늘날의 모습은 사진이 처음 등장했을 때의 상황과 크게 다르지 않아 보인다. 디지털 파일을 종이 위에 인쇄하여 최종 결과물을 만들고자 하는 것은, 과거 '회화주의pictorialism 사진'[5]이 그랬었던 것처럼, 디지털에 의해 만들어질 수 있는 또 다른 예술적 표현방법이 탄생하는 것을 방해하는 일이 될 수도 있을 것이다. 디지털이미지는 전통적인 방식의 사진술로부터 이어받은 특성뿐만 아니라 이전의 다른 매체들이 하지 못했던 일들을 할 수 있는 가능성을 갖고 있다. 그러므로 우리는 디지털이미지에게 '사진'이라는 이름을 넘어서서, 기존에는 불가능했던 새로운 표현방법을 실현할 수 있는 가능성을 열어둘 필요가 있다. 디지털 이미지가 갖고 있는 존재론적 특성들, 즉 '원본 개념 상실', '실상적으로 기능하는 허상', '무한복제의 가능성', '일시성과 일회성' 등은 그 가능성에 대해 기대를 할 수 있는 근거들이다.

디지털-온라인 환경에서의 송-수신자 관계의 재설정[6]

디지털 영상의 등장은 새로운 커뮤니케이션 환경을 조성하는 계기가 되었다. 그리고 그 새로운 환경은 디지털 노마드들이 이동해 올 근거를 제공하기 위해 전에 없던 새로운 콘텐츠들을 만들어내기 시작했다. 디지털 영상을 사용하는 새로운 커뮤니케이션의 사례의 하나로 '먹방' 콘텐츠를 생각할 수 있다. 영국 BBC의 스티븐 에반스Stephen Evans는 다른 사람이 음식을 먹는 모습을 보면서, 마치 저녁 식사 파티에서의 '동지애companionship'와도 같은, 웹캠webcam 기반의 '장거리 동지애*remote companionship*'가 이루어지는 한국사회의 모습을 신기하게 바라보고 있다.(Stephen Evans, BBC, 2015)

그는 또 인터넷에서 '먹방'[7]을 비롯한 개인방송을 진행하는 BJBroadcasting Jockey들의 행위를 "퍼포먼스라고 부르는 게 옳은 표현이다"라고 이야기한다. 퍼포먼스 아트의 정의가 '관객 앞에서 행위를 통해 이루어지는 미술 형식으로, 계획된 각본에 따르기도 하고 즉흥적으로 실행되기도 하는 것'(이은기, 정연심, 홍상현 등, 2015, 825쪽)이라면, 시청자라는 관객 앞에서 먹는 행위를 하는 '먹방'을 퍼포먼스로 생각하는 것은 무리가 아니다. 그리고 관람객이 퍼포머performer의 퍼포먼스에 참여한다는 점에서, 먹방은 "1950년대 말과 1960년대 뉴욕을 중심으로 연극과 복합매체를 결합한 미술 경향"(이은기, 정연심, 홍상현 등, 2015, 893쪽)인 '해프닝Happening'과 유사한 모습을 보인다. 오늘날 웹캠 기반의 인터넷 환경 안에서 이루어지는 해프닝적 퍼포먼스는 '관객'의 범위를 재설정하고 있다. 그리고 "시청자들은 그의 컴퓨터에 끊임없이 이어지는 메시지를 보내며, 그는 말로 -이야기하면서-, 입으로 -먹으면서, 시청각적으로 요란하게- 화답을 한다."(Stephen Evans, BBC, 2015)라는 말처럼 시청자의 관람 행위 또한 변화시키고 있다. 이러한 새로운 변화는 스티븐 에반스가 말하는 것처럼, "먹방 공연 퍼포먼스는 사회가 변하고 있는 모습, 그리고 텔레비전이 변하는 모습에 대해 어떤 것을 말해주는 현상이다."

디지털 노마드 시대와 새로운 커뮤니케이션 환경은 디지털 영상이 사용되는 양상에 대한 논의로 이어진다. 새로운 도구의 등장은 새로운 커뮤니케이션 환경을 만든다. 그리고 새로운 커뮤니케이션 환경의 조성은 커뮤니케이션 콘텐츠에 두 가지 변화를 가져온다. 하나는 콘텐츠 자체의 존재론적인 양태이고, 다른 하나는 그 콘텐츠가 활용되는 양상이다. 콘텐츠의 존재론적 양태는 새로운 도구의 사용 목적이 그 도구에 의해 제작되는 콘텐츠와 영향을 주고받은 결과로 나타난 새로운 표현의 결과물이다. 그리고 콘텐츠의 활용 양상은 새로운 도구의 등장에 의해서 기존의 도구들과 사용의 목적과 범위를 재정립하는 과정에서 새롭게 확장된 결과물이다.

'먹방'은 새로운 환경에서, '해프닝적인 퍼포먼스'라고 특징지을 수 있는, 디지털 영상을 사용하는 새로운 커뮤니케이션의 사례이다. 거기에서는 디지털 노마드 시대의 중요한 특징을 하나 더 발견할 수 있다. 그것은 바로 송신자와 수신자 사이의 관계 재설정이다. 기존의 레거시 미디어legacy media는 선형linear 방식의 정보 전달 구조를 특징으로 했다. 즉, 송신자로부터 수신자에게 일방적으로 정보를 전달하는 '송신자 → 수신자' 형태의 관계를 보였다. 그러한 관계에서는 수신자가 송신자의 송신 내용에 아무런 영향도 미칠 수 없다. 따라서 수신자의 반응은, 송신자로부터 전달받은 '이후에', '소극적으로' 가능했을 뿐이다. 하지만 디지털-온라인 환경을 기반으로 하는 새로운 기술적 영상은 '수요가 있으면 콘텐츠가 제공되는' 온 디맨드on demand 방식으로 전환되었다. 그 결과, 디지털-온라인 기반의 미디어 환경에서는 송신자가 제공하는 콘텐츠의 공유 과정에서 수신자가 적극적으로 참여할 수 있게 되었다. 이는 '송신자 ⇆ 수신자' 형태의 새로운 실시간 소통의 관계를 만들었다. 그리고 수신자는 송신자가 보내는 정보 내용에 '실시간으로', 그리고 '적극적으로' 관계할 수 있게 되었다.

마셜 맥루언Marshall McLuhan은 제공하는 정보의 양이 많은 뜨거운 미디어와 적은 양의 정보를 전달하는 차가운 미디어를 비교하면서 "뜨거운 미디어는 이용자의 참여도가 낮고, 차가운 미디어는 참여도가 높다"[8]라고 이야기했다. 그런 구분에서라면 디지털-온라인이라는 환경에서의 미디어는 제공하는 정보가 워낙 방대하기 때문에 정보의 내용이해 과정에 “이용자 스스로 채워 넣어야 할”(마셜 맥루언, 2012, 57쪽) 것이 많지 않을 수도 있다. 따라서 맥루언의 분류에 따르면 인터넷은 ‘뜨거운 미디어’가 된다. 하지만 온라인에서 이루어지는 ‘송신자 ⇆ 수신자’ 형태의 관계를 살펴보면, 송신자가 보내는 정보의 내용에 수신자(맥루언에게서는 미디어 이용자)가 적극적으로 개입하여 그 정보의 내용에 영향을 행사할 수 있다. 결국, 디지털-온라인이라는 미디어의 환경은 ‘이용자의 참여도가(정보 이해와 정보 생산의 과정에서 각각 다르게) 가변적인 뜨거운 미디어’라는 특이한 현상을 만들어낸 점을 발견할 수 있다.

디지털 노마드는 디지털-온라인이라는 새로운 커뮤니케이션 환경 안에서 뉴미디어를 활용한 새로운 과학기술적 영상언어를 사용하고 있다. 이는 과학기술의 발달이 가져온 또 다른 형태의 현대적 유목생활의 모습이다. 이 새로운 유목민들은 과거의 노마드가 추구한 이동 목적과는 다른 또 하나의 목적을 더 갖고 있다. 그것은 바로 ‘재미’이다. 앞서 살펴본 ‘먹방’ 콘텐츠가 그들에게 호응을 얻을 수 있었던 이유는 아마도 ‘재미’가 있었기 때문일 것이다. 즉, 디지털 노마드에게 이동의 목적이 되는 ‘유리한 환경’은 ‘재미’라고 볼 수도 있으며, 디지털 노마드는 재미있는 콘텐츠를 찾아서 사이버 세계를 돌아다니는 모습도 보이고 있다.

그런데 그들이 추구하는 새로운 이동 목적으로서의 ‘재미’는 과거와는 다른 모습을 보이기도 한다. 그것은 ‘일시적이고, 일회적인 유희’로서의 특징이다. 과거의 미디어들(문자와 영상)과 비교하면 디지털 영상의 콘텐츠들은 그 수명이 상당히 짧다. 디지털-온라인 기반의 커뮤니케이션 환경에서, 가상의 세계에 허상으로 존재하는 디지털의 존재론적인 특수성 때문인지, 디지털 노마드가 생산하고 소비하는 콘텐츠와 재미는 일시적이고 일회적인 모습을 보이고 있다. 얼마 전, '먹방'이라는 새로운 디지털 영상 콘텐츠로 몰려들었던 디지털 노마드들은 이제 그것을 떠나 다른 곳[9]으로의 이주를 준비하고 있다. 왜냐하면 '더 유리한 곳'을 찾아서, '또 다른 재미'가 있는 곳으로 디지털 노마드는 늘 이동을 하기 때문이다. 물론, 디지털 영상 시대에 이르러서 새로운 창작 콘텐츠들이 많이 생겨나고 있는 것은 '창의적 인간'으로서의 모습을 실현하는 것으로, 무척 반가운 일이기는 하다. 하지만 그 무수히 많은 콘텐츠들의 수명이 짧다는 것은 생각의 여지를 남기는 지점이기도 하다. 디지털 영상 콘텐츠는 앞으로도 끊임없이 자기분열을 하면서 변화를 이어갈 것이다. 그러한 변화는 디지털 노마드가 계속 이주를 할 수밖에 없는 이유를 만들게 될 것이고, 우리는 계속해서 그 뒤를 추적하며 새로운 커뮤니케이션 환경 안에서 영상언어의 변화를 살펴보아야 할 것이다.

참고문헌

- 돈 아이디, 김성동 옮김, 『기술철학』, 서울: 철학과 현실사, 1998.
- 마셜 맥루언, 김성기·이한우 옮김, 『미디어의 이해』, 민음사, 2012.
- 발터 벤야민, 반성완 편역, 『발터 벤야민의 문예이론』, 민음사, 2012.
- 빌렘 플루서, 『사진의 철학을 위하여』, 커뮤니케이션북스, 1999.
- 월간전자기술 편집위원회, 『E+전자용어사전』, 파주: 성안당, 2011.
- 이은기, 고종희, 김미정, 김정은, 손수연, 윤희경, 이종우, 임성훈, 전한호, 정연심, 조은정, 최범, 하지은, 홍상현, 강영주, 『서양미술사전』, 미진사, 2015.
- 자크 아탈리, 이효숙 옮김, 『호모 노마드, 유목하는 인간』, 웅진 지식하우스, 2005.
- 장 보드리야르, 하태환 옮김, 『시뮬라시옹』, 민음사, 2001.
- 홍상현, 『사진도 예술입니까?』, 한양대학교출판부, 2016.
- Devenport, Alma. *The History of Photography: An Overview.* Stoneham: Butterworth-Heinemann, 1991.
- 김세서리아, 「디지털 노마드(Digital Nomad)시대, '포용(inclusion)의 정치학'을 위한 유교적 시론(試論)」, 『儒學硏究』 제46집, 2019.
- 김성도, 「이미지의 시원」, 『영상문화』제12호, 2007.
- 홍상현, 「'쿡방', 조형예술로서의 퍼포먼스」, 『한국기초조형학회 2015 추계 국제학술대회 발표논문집』, 2015.
- 박홍순, 글자가 사라진다… '이미지'로 읽고 쓰는 Z세대', 『머니S』, 2019년 7월 1일.
- https://moneys.mt.co.kr/news/mwView.php?no=2019062513198020854(검색일: 2020년 3월 27일).

- https://www.nist.gov/news-events/news/2007/05/fiftieth-anniversary-first-digital-image-marked (검색일: 2020년 5월 17일).
- James Estrin, Kodak's First Digital Moment, The New York Times, 12 August 2015.
https://lens.blogs.nytimes.com/2015/08/12/kodaks-first-digital-moment/?smid=pl-share# (검색일: 2020년 5월 17일).
- Stephen Evans, The Koreans who televises eating dinner, BBC, 5 February 2015. http://www.bbc.com/news/magazine-31130947 (검색일: 2020년 4월 8일).

이주와 인문학적 상상력

Migration and Humanistic Imagination

3장

글로벌 이주와 지역사회

미국 맨티카 한인사회의 형성과 민족정체성 1916~1925

조 규 태 | 한성대학교

맨티카의 지리적 위치와 자연적 특징

1903~1920년 농업·노동·장사, 유학, 독립운동 등의 이유로 미국 본토로 이주한 1,000~2,000명의 한인들은 각지에서 한인공동체를 형성하고 정치·경제·사회적 공동체 생활을 영위하였다. 특히 캘리포니아의 샌프란시스코, 로스앤젤레스, 윌로우즈, 리들리, 다뉴바, 오클랜드, 스탁튼, 맨티카 등지에서는 한인들이 공립협회·대한인국민회 등의 자치기관과 교회, 한글학교 등을 세우고 민족[Ethnic] 공동체 생활을 하였다.

캘리포니아 거주 한인들은 공립협회(1905), 대동보국회(1907), 대한국민회(1909), 대한인국민회(1910) 등의 단체를 조직하고 한인의 권익 옹호와 국권의 수호 및 회복을 위하여 활동하였다. 경작권의 확보와 일자리 제공, 한인 자제의 교육뿐만 아니라 일제의 보호정치와 국권침탈에 항거하고, 국권이 상실된 후에는 임시정부격인 '대한인국민회'를 통해 민족의식을 고취하고 파리강화회의에 대표 파견, 대한민국 임시정부 지원 등을 통한 민족운동을 전개하였다.

이런 민족운동사적 위상을 지녔기에, 지금까지 공립협회, 대동교육회와 대동보국회, 대한국민회, 대한인국민회 및 그 구성원의 활동에 대한 연구가 이루어져 대체적인 사실을 이해하게 되었다. 그리고 캘리포니아지역의 한인의 생활과 샌프란시스코 한인감리교회, 오클랜드 한인감리교회 및 그 주도인물의 생활과 활동에 대해서도 어느 정도 알게 되었다.[1] 그렇지만 캘리포니아의 맨티카, 스탁톤, 새크라멘토 등 개별 지역의 한인사회의 형성과 그 구성원의 정치·사회·경제적 특징, 그리고 그 변화 등에 대해서는 아직 검토의 여지가 있다.

따라서 지금까지 제대로 연구된 바가 없는 캘리포니아 북부 맨티카 한인사회의 형성과 민족Ethnic 공동체 생활에 대해서 검토하려고 한다. 1910년대 중반 사탕무 경작을 배경으로 형성된 맨티카 한인사회는 60여명의 한인으로 이루어졌고, 10년 남짓의 기간 동안 대한인국민회 맨티카지방회와 감리교회를 배경으로 활발한 활동을 전개하였으므로 사례연구에 적당하다고 판단했기 때문이다.

이 글에서는 먼저 사탕무 경작과 한인의 맨티카 이주에 대해서 알아보도록 하겠다. 여기에서는 먼저 한인이 맨티카에 온 배경으로 미국의 설탕 산업과 맨티카 설탕공장의 설립 및 맨티카 이주 한인의 선주지와 농업 경력에 대해서 살펴본 후, 1916년도부터 1918년까지의 한인의 사탕무 경작 규모와 수익 상황에 대해서 고찰하려 한다. 다음으로 맨티카 한인의 대한인국민회 맨티카지방회 설립과 운영, 그리고 맨티카지방회를 통한 자치활동과 민족운동에 대해서 밝혀보겠다. 이어 맨티카 한인의 맨티카한인감리교회의 설립과 신앙공동체 활동에 대하여 추적해보고, 마지막으로는 임차료의 상승과 캘리포니아 토지법의 반포로 맨티카 한인이 재이주하여 한인사회가 약화되는 과정에 대하여 검토해보겠다.

사탕무 경작과 한인의 맨티카 이주

맨티카Manteca는 미국 캘리포니아주 북동부에 위치하였다. 샌호아킨San Joaquin 카운티에 속한 맨티카는 샌프란시스코에서 동쪽으로 120㎞, 새크라멘토에서 남으로 95㎞, 그리고 로스앤젤레스에서는 북으로 약 500㎞ 떨어져 있다. 지중해성 기후로 여름은 덥고, 겨울은 온화하다. 1861년에 마을이 형성되어 1918년 시티City로 승격한 맨티카의 인구는 1920년 1,286명, 1930년에는 1,614명이었다.[2] 캘리포니아의 중앙 계곡Central Valley에 위치한 맨티카는 1900년대에 철도와 수로가 정비되고, 토지의 가격도 싸서 아몬드, 알팔파Alfalfa, 포도, 호박, 호두 등이 재배되었다.[3]

맨티카에 한인이 거주한 것은 1916년 경부터였는데, 이는 설탕공장의 건립 및 설탕 원료가 되는 사탕무의 재배와 관련이 깊었다. 1896년 창립되어 사세를 확장하던 스프렉클 슈거Spreckels Sugar 회사는 1900년대 초 사탕무를 재배하면 1에이커 당 10달러로 토지를 빌려주었고, 집과 도구도 무료로 제공하였다. 그런데 1906년 샌프란시스코 대지진으로 샌프란시스코 설탕공장이 붕괴된 후, 스프렉클 슈거 회사는 1916년에 맨티카에 설탕공장을 지었고, 설탕의 원료를 공급받기 위해 토지를 저가로 임대 해주었다.[4]

이에 1916년부터 1917년까지 60여명의 한인들이 사탕무 농사를 위해 맨티카로 이주하였다. 이주자들은 대체로 캘리포니아 북부의 새크라멘토와 남부의 다뉴바, 레드랜즈 등지에서 벼농사 등의 농업 경력을 갖고 있던 사람들이었다. 그러나 철도노동자, 식당업, 여관업 종사자들도 적지 않았다. 먼저 캘리포니아 남부의 다뉴바Dinuba, 레드랜즈Redlands, 리버사이드Riverside, 하변, 클로비스Clovis, 골누새, 롬폭Lompoc, 헤이워드Hayward 등지에서 농사를 짓거나 식당업 등에 종사하다가 이주한 사람들은 강국보, 강원서, 김성원, 김원택, 김춘식, 신경환, 염만석, 이두형, 이성노, 이순기, 이재성, 장원국, 최준옥, 한치홍 등이었다. 캘리포니아 남부 이주자 중 특별히 주목되는 사람은 1917년에 이주한 김원택이다. 1874년 평북 선천에서 출생한 김원택은 1907년경 미국에 와서 솔트레이크시티에서 생활하다가 1908년 캘리포니아의 프레즈노에서 여관업을 하였고, 1911년 말 캘리포니아의 써니 베일Sunny Vale 지방에서 에이커당 27달러에 225에이커의 토지를 빌려 이창호, 김성일, 정국선, 정국서, 임선봉, 이정규, 양국환, 박준화, 박춘근, 허섭 등과 1912년 토마토 농사를 지어 전에 없는 풍작을 이뤘다. 그리고 1915년에는 써니 베일 바로 서쪽의 마운틴 뷰Mountain View에서 김채환과 250에이커의 땅에 목초 헤이를 심었고, 50에이커의 땅에 사탕무를 경작하였다.[5] 이런 경력은 그가 맨티카에서 정착하는 데 큰 도움이 되었다.

다음으로 새크라멘토와 윌로우즈, 샌프란시스코, 스탁톤 등지에서 농업과 식당업, 여관업 등에 종사하다가 이주한 사람들은 김경보, 김준화, 마영준, 문양목, 신영철, 이경흔, 이국서, 하영숙, 한준상, 한시대, 황사용 등이었다. 캘리포니아 북부 이주자 중 문양목은 1869년 충남 서산군 남면 출신으로 1894년 동학농민운동에 참여하였고, 1905년 하와이에 건너와 사탕수수밭에서 일하다가 1906년 샌프란시스코에 건너와 이후 하와이와 샌프란시스코에서 생활하면서 대동보국회 회장 등으로 박용만의 활동을 후원하였다.[6] 황해도 해주 출신인 한준상(1859~?)은 1903년 하와이에 이주하였고, 1910년 이후 새크라멘토에서 생활하면서 새크라멘토지방회 총무로 활동하였다. 그리고 한준상의 아들 한시대(1889~1981)는 1903년 아버지와 함께 하와이로 와 호놀룰루기숙학교를 졸업한 후 1913년 샌프란시스코에서 고등학교를 졸업하고 생활하였다. 황사용(1882~1964)은 평북 의주 출신으로 1905년 미국 샌프란시스코로 와서 샌프란시스코 한인감리교회의 교인으로서 활동하면서 1907~1909년 멕시코 한인의 실정을 조사하였고, 1911년 대한인국민회 북미지방총회장, 오클랜드 한인감리교회의 초대 목사(순행전도사)로 활동하였다.[7]

마지막으로 캘리포니아 이외의 시애틀 등지에서 생활하다가 이주한 사람은 백화경, 전명운이 있다. 백화경은 1909년경 샌프란시스코에서 거주하다가 시애틀로 이주하여 여관업을 운영하였다. 1908년 3월 23일 샌프란시스코에서 스티븐스를 처단하는 데 관계한 전명운은 살인미수혐의로 기소되었으나 6월 27일 2차 예심에서 증거불충분으로 보석 석방된 후 1908년 연해주에 가서 활동하다가 1909년 10월 시베리아를 횡단하여 미국으로 돌아왔다. 그는 뉴욕에서 노동을 하다가 1917년 스탁톤으로 이거 맨티카지방회에서 활동하였다.

1916년 2월 약 30명의 한인들은 사탕무 등 경작지 1,300에이커를 빌렸다. 당시 임차한 사람과 경작지의 규모는 신경환·하영숙·김수만·이성호·최준옥·이국시·김춘식 320에이커, 이응선·한치홍 100에이커, 염천택·염만석·황사용 130에이커, 이두형과 그 아들 60에이커, 김성태·이경흔 40에이커, 강원서·김경보·김준화·조동호·문양목 300에이커, 백화경·신영철 70에이커, 조동호와 김준화(따로) 35에이커, 이윤옥·김성극 60에이커, 한시대 150에이커, 이귀성 25에이커, 마영준 10에이커였다.

『신한민보』 1916년 2월 2일자에 소개된 맨티카의 사탕무 밭의 정경은 다음과 같다.

> 맨티카는 서로는 샌프란시스코, 북으로는 스탁톤과 새크라멘토가 위치하고 있다. 서던 퍼시픽(Southern Pacific) 철도가 시가 중심을 횡단하고, 샌 다피우렐우롯 연락선이 등 뒤를 끼고 돌아 교통이 편리하였다. 그리고 1~2마일, 혹은 5~6마일 떨어진 촌락에 한인농작지를 제공하였다. 새크라멘토 밸리를 연한 평원이 펼쳐져 있다. 사람의 자취가 희소하고 강과 하천이 얼어 쓸쓸하기가 짝이 없다. 따라서 울창한 수풀이 광막한 벌판을 단장하였다. 아침에는 안개가 끼고, 저녁 노을이 멋있지만 처량적막하다. 그러나 땅이 기름져서 봄철을 당하면 헤이풀과 사탕무가 온 벌판을 덮어 장천일색의 바닷물 같으며 방초를 배불리 먹은 우마들은 풀 속에 묻혀 등만 보이니 만경창파를 희롱하는 오리와 비슷하니 세상풍진을 잊고 이곳에 들어와 호미를 잡은 사람들은 전사생활에 담담한 풍미가 무르녹을 지라[8]

위의 내용에 따르면, 맨티카의 사탕무밭은 맨티카에서 1~2마일, 혹은 5~6마일 떨어진 새크라멘토 밸리에 연한 농촌에 위치해 있었다. 이 밭은 검은 흙에 모래가 섞이어 공기를 잘 흡수하여 사탕무 경작에 적당하였다.

사탕무 농사는 본래 한인이 롬폭Lompoc 등지에서 행한 바가 있었고, 논농사 다음으로 많이 경작하였으며, 봄에 심어 가을에 거두기만 하여 큰 노동력이 들지 않았다. 다만 경작비가 적지 않았다. 경작비는 에이커당 지세가 8~15달러, 밭가는 것과 임종과 김매는 것 등을 다 합하면 에이커 당 40~45원의 비용이 들었다. 또한 매 에이커 당 40원 가량의 비료가 들어갔다.

1916년 봄 사탕무 농사철에 비가 오지 않아 가뭄이 들었다. 그 결과 1,265에이커 중 200~300에이커는 바람과 가뭄으로 임종을 못하고, 15곳 1,000여 에이커에 임종하였다. 1916년 7월경 경력이 많은 백인들은 작년에는 에이커 당 9톤~18·9톤의 수확을 얻었지만 올해에는 몇 곳은 에이커 당 10톤 이상, 몇 곳은 에이커 당 8톤 정도를 거둘 것인데, 8톤이면 본전이고 10톤이면 이익을 거둘 것이라고 예상하였다.

그런데 1916년 가을 흉년을 걱정하였지만 다행히 무의 중량이 좋아 손해가 없었다. 1916년 8월 13일부터 사탕무를 추수할 당시 임금이 5달러 이상이었으나 일손을 구하기가 쉽지 않을 정도였다. 1916년 말 맨티카지방회 실업부원 염만석의 사탕무 경작 보고서에 따르면, 12곳 농원 중 이익을 거둔 곳이 5곳, 손해가 6곳, 본전이 1곳이었다. 사람으로 보면 수익을 150~200달러의 수익을 거둔 사람이 많았다. 그러나 감자, 양파, 콩 농사를 지은 사람에 비해 수익이 나은 편이 아니었다. 그러나 콩 농사와 양파 농사는 수천에서 수만 달러를 투자하여야 하였으므로, 사탕무 농사는 자본과 농업기술이 없는 한인이 농사짓기에 적당한 것이었다.

이에 따라 맨티카 지역의 한인들은 1917년도에도 스탁톤까지 농사지를 확장하여 3,920에이커에 사탕무 농사를 하였다. 1917년 맨티카에서는 김원택이 600에이커, 문양목 등 3인 160에이커, 신경환 등 4인 300에이커, 신영철 70에이커, 한치홍 50에이커, 김필권 40에이커 등 총 1,320에이커를 경작하였다. 그리고 스탁톤섬에서는 양주은 등 10인이 800에이커, 염만석 등 6인이 700에이커, 이순기 등 2인 400에이커, 이두형 400에이커, 마영준 300에이커, 안중권 등 3인 300에이커 총 2,600에이커의 경지에 사탕무를 재배하였다.

맨티카의 사탕무 농장 중에서 김원택의 농장이 주목된다. 사탕무 재배의 경험이 있던 김원택은 1916년 9월 경 맨티카에 와서 땅을 빌려 1917년부터 사탕무 농사를 지었다. 600에이커에 이르는 김원택의 농장은 상당히 규모가 커서 말 60여 필과 농구를 갖추고 있었다. 그는 필리핀인 등 외국인을 고용하여 농사를 지었으며 한인 유학생에게 아르바이트를 주기도 하였다. 한 예로 그는 1917년 4월 600에이커 중 320에이커를 필리핀 사람에게 일을 맡기기로 하였다가 한인 유학생 20명에게 보통보다 1달러를 많은 임금을 주고 경작하게 하였다.

1917년도 사탕무 경작상황은 크게 나쁘지 않았다. 3월경 총 1,320에이커에 파종하였는데, 신경환의 농지 300~320에이커가 풍해를 입고, 수인이 몇 에이커씩 손해를 보고, 이순기와 이두형도 1917년 6월 이전 사탕무 농작을 중지하였다. 그렇지만 1917년 8월 미국의 설탕회사가 사탕무 경작지의 임대료를 올렸던 것으로 보면 사탕무 경작의 경제적 수익은 크게 나쁘지는 않았던 것 같다.

1918년에는 사탕무의 경작지가 전해의 1,320에이커에서 821에이커로 축소되었고, 사탕무 재배자도 감소했다. 대신 식당 종업원, 세탁업, 노동 주선, 여관업 종사자가 늘어났다. 1918년 3월 맨티카지방회 실업부원 염만석이 파악한 한인의 사탕무 경작과 직업 사항은 다음과 같다. 농업 종사자와 그 규모는 김원택·한치홍이 320에이커, 허섭 320에이커, 김필권·강원서 90에이커, 염만석 71에이커, 이원석의 어머니 박부인 20에이커, 총 821에이커에서 사탕무와 헤이 농사를 지었다. 서양식당 경영자는 김경보와 양주은으로, 이들은 맨티카호텔에서 양찬관업(서양식당)을 운영하였다. 전명운은 세탁업에 종사하였고, 한영렬은 한인여관을 운영하였다. 다만 김원택은 설탕회사와 계약하여 수천에이커를 얻어 노동을 주선하고, 한치홍과 한인 43명을 포함한 일꾼 150명을 거느리고 320에이커에 사탕무 농사를 지었다.[9]

대한인국민회 맨티카지방회 조직과 민족운동

맨티카에 이주한 한인들은 망국인으로서 강한 민족의식을 갖고 민족운동을 전개하였다. 이들은 미주 한인 자치기관 겸 독립운동의 구심점인 대한인국민회의 맨티카지방회를 조직하여 운영하였다. 1916년 맨티카의 한인 30여 명이 대한인국민회 맨티카지방회의 설립을 북미지방총회에 청원하여 4월 20일 인준을 얻어 맨티카지방회가 창립되었다. 맨티카지방회의 사무소는 캘리포니아 맨티카 P.O. Box 177에 위치하였다.[10]

창립 당시 맨티카지방회의 임원은 회장 한준상, 부회장 한치홍, 총무 김준화, 서기 하도원, 재무 강원서, 학무원 이윤옥, 법무원 한시대, 구제원 김성대였다. 회장 한준상은 새크라멘토에서 대한인국민회 새크라멘토지방회의 임원으로 활동한 경력이 있었고, 국민의무금과 감하의연금, 서간도 기황구휼금 등을 낼 정도의 재력과 열정이 있었기에 맨티카지방회의 회장에 선임될 수 있었다. 맨티카지방회의 임원들은 매월 통상회를 통하여 중요 사항을 결정하였다. 그 내용은 회원자격, 자치규정과 한인원호, 노동임금, 학교운영, 의연금 모집, 기념식 거행, 임원규정 등에 관한 것이었다.

맨티카지방회는 1916년 5월 통상회에서 ① 본지 노동고가는 시세를 따라 본 지방회에서 주관할 것. ② 동포 중 억울한 일을 당하여 자신할 힘이 없는 자는 본 지방회에서 보호할 것. ③ 동포 중 패려한 행위로 불리한 영향을 끼치는 자는 본지방회로서 처판할 것. ④ 임원으로 회일에 출석치 않은 자는 50전 벌금에 처할 것. ⑤ 매월 정기통상회는 집회의 편의를 따라 매월 제1 일요일 오후 1시로 정한 것. ⑥ 의무에 따라 한 회원에게 위원을 파송하여 권유케 할 것 등의 내용을 결정하였다.

그리고 6월 통상회에서 ① 월 연금은 10전으로 정할 것, ② 대의원은 문양목씨로 정할 것, ③ 각종 회금 수봉을 편의케 하기 위하여 상, 중, 하 3처에 수봉위원을 선처할 것 등을 결정하였다. 7월 통상회에서는 ① 본지 국경명일에 의연금을 모집하여 기부할 것, ② 의연금을 국경

경축회에 가지고 갈 의원을 택선할 것 등을 결정하였다.

맨티카지방회에서는 1916년 8월 6일 한인부락의 자치권을 얻고, 한인 경찰 1인을 두는 것을 경무청에 요청하기로 하였다. 그리고 교섭위원 문양목, 황사용, 한장호, 최능익으로 하여금 그 일을 담당하게 하였다.

맨티카지방회는 1916년 11월 맨티카지방회 자치규정을 마련하였다. 경무청으로부터 자치권을 획득하는 데 필요한 조건이었던 것 같다. 이 자치규정은 한인 간의 화목과 우애를 유지하고, 노름과 과음 등의 풍기문란을 방지하고, 청결과 신용 등으로 외국인에게 멸시를 당하지 않고, 학생들의 교육 장려에 초점이 맞추어져 있었다.

맨티카지방회에서는 한인자치경찰권을 얻은 직후인 1917년 2월 3일 통상회에서 '순검봉직표'를 얻기로 결정하였다. 이는 한인마을에 순찰점검표를 설치하여 미국 경찰의 정식 순찰구역에 들게 하려는 것이었다. 맨티카지방회는 순검봉직표에 대한 교섭을 계속하였고, 입안 3조를 마련하여 한인부락에 출몰하는 패류를 금하여 안녕질서를 유지하려고 하였다.

맨티카지방회에서는 한인 자제의 교육에 깊은 관심을 갖고, 인적·물적 지원을 하였다. 맨티카지방회에서는 1916년 4월 맨티카 한인교회에 어린 동포 10여 명을 위하여 국어학교인 '한흥학교'를 설립하고, 사용할 교과서를 북미총회에 청구하였다. 교사 최능익은 오전에는 호미를 잡고 거친 풀을 매면서 농사를 짓고, 오후에는 학생들에게 국어를 가르쳤다. 1916년 10월 31일 그동안 정지되었던 맨티카 한흥학교가 개학하였다. 강원서의 부인이 가정을 다스리는 여가에 남녀학생에게 국어를 가르쳤다.

맨티카지방회에서는 1917년 4월 6일 통상회에서 어려운 여건이지만 한흥학교를 유지하기로 하고, 그 방안을 김원택·문양목·조극·이성휘·나진곤 등 5인의 연구위원에게 마련해보도록 하였다. 당시 한흥학교를 유지하는 데는 교장과 재무의 월급으로 15달러가 지출되는 등 158달러가 소요되었다. 그래서 연구위원들은 기부금 150달러를 모금하여 제공하였다.

이러한 지원에도 불구하고, 한흥학교의 학생 수는 늘지 않았고, 출석자도 10명 이내였다. 1917년 6월 2일 통상회 시 학무 최능익의 보고에 의하면, 한흥학교 학생은 8명이고, 매일 출석한 사람은 6~7명이었다. 그렇지만 맨티카지방회의 지속적 교육지원 등에 힘입어, 맨티카 한인 자제의 미국 학교 학생 수는 증가하고 있었다. 1917년 봄 미국의 학교에 다니던 맨티카의 한인 학생은 공립소학교 전선호(졸업), 허순복(7년), 허순덕(5년), 허보라(2년), 전인호(1년), 김마리아(예비), 전영덕(예비), 총 남학생 3인에 여학생이 4인이었다.

1918년 3월 2일 맨티카지방회에서는 국어학교의 임원을 교장 김원택, 교감 한치홍, 재무 김필권으로 정하였다. 재무보고에 따르면 시재금은 5달러 27센트였다. 김원택은 맨티카지방회의 대의원, 한치홍은 총무였을 정도로 맨티카지방회는 한흥학교에 각별한 관심을 가졌다. 맨티카지방회에서는 새로 양씨 부인 양재현을 교사로 고용하고 3월 8일 오후 8시에 1918년도 1학기 개학식을 행하였다.

맨티카지방회는 1919년 2월 21일 한흥학교의 임원을 교장 문양목, 교감 김경보, 재무 박정하, 교사 강앨리쓰부인, 김필권, 정홍록, 강원서로 정하였다. 1919년 3월 1일 한흥학교의 개학식을 행하였는데 순서는 다음과 같다. ① 취지 설명 교장 문양목, ② 기도 강천명, ③ 노래 여학생 김보필 강성애, ④ 연설「교육의 본의」전명운회장, ⑤ 노래 강앨리스부인교사, ⑥ 연설「학부형의 선무」강유선, ⑦ 국가 학생들, ⑧ 연설「교사의 책임」김원택, ⑨ 연설「권학」김필권, ⑩ 다과와 폐식. 이 개학식의 내용으로 판단하면, 맨티카지방회는 한흥학교의 교육을 통해 한인 자제의 교육 장려와 민족의식 고취에 각별한 관심을 가졌음을 알 수 있다.

맨티카지방회와 그 소속 한인들은 자치기관이며 일종의 독립운동 단체인 대한인국민회 활동에 적극적으로 참여하였을 뿐만 아니라, 국치기념식과 추도식, 창립식 등 거행함으로써 민족의식과 독립의식을 고취하였다. 맨티카지방회는 1916년 8월 29일 국치기념일 예식을 거행하였다. 예식은 ① 무궁화가, ② 기도, ③ 정신가, ④ 연설, ⑤ 애국가, ⑥ 연설, ⑦ 음악: 헌영대 김승현, ⑧ 기악기 3인, ⑨ 폐식의 순으로 행해졌다. 이날 국치기념식에서 허순복은 〈대한국의 용병 나가자〉라는 노래를 불러 대한건아의 혈전과 한국의 참상을 노래하였다. 50여 방청객은 일시에 옷깃을 적셨고, 특히 미국 보통학교 8학년인 허섭의 딸은 기념식 후 강개한 눈물을 흘렸다. 1917년 8월 29일에 맨티카지방회에서는 국치기념식을 행하였고, 캘리포니아 남부 다뉴바에서 개최된 국치기념식에 참석하기도 하였다. 이 기념식은 대한인국민회 중앙총회장 안창호 등 200명의 한인이 참석할 정도로 의미 있는 것이었다. 이 기념식에서 맨티카의 한 어린이가 〈성애〉라는 찬송가를 불렀다. 맨티카의 한인들은 1917년 8월 5일 오후 8시 맨티카교회에서 연해주에서 대한인국민회 시베리아지방총회 등에서 독립운동을 전개하던 이갑의 추도회를 개최하여 위국진충하던 이갑의 영혼을 위로하였다. 1918년 2월 1일 대한인국민회 창립 기념식에서는 애국가와 혈성가를 부르고, 대한인국민회의 창립 취지와 희망 등에 관한 연설을 행하고, 독립 만세를 제창하였다.

1917년 미국이 제1차 세계대전에 참전하자, 맨티카의 한인들은 미군으로 참전하거나 적십자 등에 의연을 하기도 하였다. 김원택의 아들 김용성은 군인에 지원하였고, "전장은 남자의 신무대니 마땅히 한번 올라가 볼 것이라."하며 전투현장에 참전을 청원하였다. 그의 부친은 지원을 가상히 여겨 어려움 없이 허락하였다. 문양목, 김경보, 한치홍 등은 적십자 등에 성금을 기연하였다.

맨티카지방회와 그 소속 한인들은 1919년 3·1운동 후 독립만세운동을 전개하고, 독립운동자금을 모집하고, 단체를 조직하거나 참여하였다. 1919년 3월 맨티카지방회와 이 지역 한인들은 스탁톤, 트레이시의 한인들과 한 곳에 모여 독립축하회를 개최하였다. 이 축하회에서 전명운은 회장으로서 취지를 설명하고, 김원택과 문양목, 임정구목사는 연설을 행하였다. 그리고 1919년 4월 대한인국민회 북미지방총회 산하 각 지방회에서 독립의연금을 모집하자 수전위원 강천명이 중심이 되어 모금을 하였다. 맨티카의 한인 여성들은 1919년 3·1운동 후 대한인부인애국단을 조직하였으며, 이를 1919년 8월 5일 캘리포니아의 다뉴바에서 대한여자애국단으로 발전시키고 그 구성원으로 활동하였다.

맨티카의 한인들은 3·1운동 후인 1921년 비행사 양성 후원, 독립운동자금 제공, 일본의 식민통치 비판 등의 활동을 하였다. 김원택은 1921년 8월 비행사 양성을 위해 2불 50센트를 기연하였고, 조극은 1921년

8월 대한인국민회 북미지방총회 『초등독습』 편찬을 위해 15달러를 기연하였다. 신경환은 1921년 2월 22일 샌프란시스코에 온 L. Win 카킨 목사와 함께 일본의 식민통치를 비판하였다. 카킨은 "한국인이 일본의 보호를 요청하였다는 일본인의 말은 거짓이며, 일본이 한국을 병합한 후에 각종 무리한 법을 제정하여 각 학교 교과 시간에 종교에 관한 것을 교수하는 것을 다 금지하였고, 그 나머지는 다 알 수 있을 것"이라는 주장을 하였다. 이에 신경환은 "그것들은 학교라기보다 일본 천황을 숭배하는 신당이라 하는 것이 좋다. 지금 그 수단으로 일본은 한국사람들의 마음에 천황숭배화 조상숭배사상을 어렸을 때부터 넣어주려 한다."고 말하였다.

한편 미국의 독립기념일에 기연을 함으로써 한국의 독립에 대한 후원을 기대하기도 하였다. 1916년 7월 4일 맨티카에 재류하는 한인들은 미국의 법률보호를 받는 빈주의 의리로 동경상하의 정을 표하여 20원을 모아 국경일경축설비회로 보내었다.

맨티카한인감리교회 설립과 신앙공동체 활동

맨티카에 이주해온 60여명의 한인들은 거의 다 교회의 계명을 받은 교인이었는데, 이들은 맨티카에 온 1916년 2월 12일 맨티카 지방교회를 설립하였다. 목사의 역할은 순행전도사인 황사용이 행하였다. 황사용은 샌프란시스코감리교회의 순행전도사로 스탁톤, 새크라멘토 등지에 선교 활동을 하다가 1915년 새크라멘토에 거주하였는데, 스탁톤, 새크라멘토 등지에 거주하던 한인들이 대거 맨티카에 이주하였으므로 이들을 위하여 파견되었던 것이다. 2월 12일 맨티카 지방교회 설립 개막식에는 맨티카의 한인 외에 스탁톤 부근의 한인과 백인 목사와 그 가족, 샌프란시스코감리교회의 한인 목사 이대위와 대한인국민회 북미지방총회장 강영소 등 60여 명이 참석하였다. 맨티카 지방교회의 출범 당시에는 전용 교회가 없어 주일에 한인 가정집에서 예배를 보았을 것으로 짐작된다.

맨티카 지방교회 순행전도사인 황사용은 1916년 3월 25일 샌프란시스코 한인감리교회에서 열린 북캘리포니아 감리교회 지방연회에 참석하였다. 또 그는 1916년 10월 18일 산호세에서 개최된 남감리회 연환회에 참석하여 교회의 상황을 보고하였다. 이 회의에서 그는 안수목사에 선임되었다.[11] 당시 맨티카 교회의 교인 수는 약 60여 명이었는데, 이들은 10월 25일 목사 안수를 받고 돌아온 황사영을 열렬히 환영하였다.

황사용은 신학을 공부하기 위하여 1917년 9월 텍사스주 달라스로 갔다. 그러자 그 뒤를 이어 순행전도사 임정구가 오클랜드, 스탁톤과 아울러 맨티카 지방교회의 목회를 담당하였다. 1914년 U. C. 버클리 경제학과에 2학년으로 편입한 임정구는 1915년부터 지방전도사로 오클랜드교회의 시무를 보았는데, 1917년 순행전도사에 임명되어 맨티카교회의 시무도 보았던 것이다. 그는 샌프란시스코신학교를 마친 1921년 이후에는 장로안수목사Elder Pastor 겸 항만선교사Port Missionary에 선임되어 오클랜드교회의 담임목사로 활동하면서, 맨티카교회도 순행하며 시무를 보았다.[12]

1916년 출석 교인은 약 60여 명이었다. 1917년에는 교인 51명, 예비교인 11명 등 62명이었고, 한 곳의 주일학교에 교사 2명, 학생 40명이 있었으며, 26명의 엡웟청년회원이 있었다. 1918년에는 교인 56명, 예비교인 5명, 세례아동 4명, 한 곳의 주일학교에 교사 1명과 학생 15명, 30명의 엡웟청년회원이 있었다. 1919년에는 교인 수가 30명으로 크게 줄었고, 예비교인은 2명, 세례아동은 1명, 한 곳의 주일학교에 교사 1명과 학생 7명이 있었고, 엡웟청년회원은 20명이었다. 1922년에는 맨티카의 교인수는 22명으로 더욱 줄었다. 이는 사탕무를 경작하는 한인 수가 감소한 때문이었다.

한편 맨티카 지역의 한인들은 전용 교회를 건립하였다. 1917년 11월 25일 길이 30미터 넓이 8미터의 전용 예배당을 짓기로 결정하고, 김원택과 김필권을 회계로, 최능익을 수전위원으로 삼아 건축비를 모금하였다. 그리고 샌프란시스코 한인감리교회에서 75달러, 맨티카에서 240달러를 모금하여 제공하였다. 1,200원의 공사비로 1918년 4월 중에 완공하려던 공사가 계속 지연되자 샌프란시스코 한인감리교회의 교인 26명이 1918년 9월 70달러, 그리고 오클랜드 한인감리교회의 교인 16명과 스튜워트부인, 오클랜드한인감리교회에서 60달러를 모아 기연하였고, 맥스웰과 다뉴바의 교인 46명이 87달러를 모아 기연하였다. 각지의 성금에 힘입어 마침내 1918년 9월 22일 맨티카한인감리교회 교회당 헌당식이 50여명의 교인과 스튜워트 부인 등의 참석 하에 액튼 감리사의 주례로 거행되었다.

멘티카한인감리교회의 여신도들은 1917년 3월 5일 한신애, 김중생, 김원도, 강유선, 최돈신, 전순희 등이 중심이 되어 여자전도회를 발기하였다. 이 발기문에는 다음과 같이 되어 있다.

> "신성한 민족 2천만 동포의 반수를 차지한 우리 한국 여자들은 도장 방 적은 천지에 갇혀 들어앉아 다만 흥분을 일삼으로 머리를 숙여 인류사회의 한 부속물이 되었나뇨. 과연 가엽은 일이로다. 위로 하느님의 은혜를 저버려 신령한 사업의 열쇠가 되어본 적이 없으며, 더구나 국가사업에 이르러서는 장부가 같은 것을 생각지 아니하고 항상 남의 뒤에 서 있어 남자들처럼 육신생명을 버리는 일, 남자들처럼 용진분투를 시험하는 일이 없으니 천부한 의무를 저버리는 동시에 또한 천부한 인권을 빼앗길 것은 면할 수 없는 형세로다. … <중략> 남자가 교회를 설립하면 여자도 교회를 설립하고 남자가 학교를 세우면 여자도 학교를 세우고 남자가 전도회를 조직하면 여자도 전도회를 조직하고 남자가 학문을 배우면 여자도 학문을 배우고 남자가 자선사업을 하면 여자도 자선사업을 행하고 남자가 줌치를 기울이면 여자는 가락지를 뽑아내니. 이는 우리 한국 여자를 위하여 기운을 토할 때로다."[13]

위의 내용에 따르면, 맨티카의 여신도들은 단순히 전도만이 아니라 기독교의 사명과 한국의 장래를 위한 일에 남녀평등으로 실천하고자 여자전도회를 발기하고 전도 활동을 하였다.

맨티카한인여자전도회발기회는 3년 전에 조직된 새크라멘토 여자전도회의 장정과 회무 처리 방안 등에 대한 도움을 받아 체제를 정비하였다. 맨티카한인여자전도회발기회는 약 20명이 모집되었는데, 『신한민보』에 광고를 실어 4월 15일까지 가입을 촉구하였다. 이러한 준비 끝에 맨티카한인여자전도회는 1918년 4월 27일 창립되었다.

맨티카한인여자전도회는 1919년 3월 3·1운동 직후 사무를 확장하기 위하여 새로 임원을 정비하였다. 회장은 강유선, 부회장은 문찬성(문양목 부인), 서기는 강앨리스(강천명의 부인), 재무는 신선희, 간사는 한신애, 평의원은 김원모, 김중상, 강앨리쓰였다.

1919년 4월 27일 맨티카한인여자전도회는 맨티카 예배당에서 제2회 창립기념식을 가졌다. 기념식은 ① 개회, ② 기도(강유선 회장), ③ 취지 설명(강유선 회장), ④ 영어 연설(임정구목사), ⑤ 전도회의 역사(김원도 부인), ⑥ 창가(강앨리쓰부인), ⑦ 연설(김원택), ⑧ 노래(학생일동), ⑨ 연설(임정구목사), ⑩ 국가(문덕소), ⑪ 연설(미쎄스 액튼, 감리사 부인), ⑫ 독창(강신애부인), ⑬ 연설(액톤 목사, 감리사), ⑭ 폐식의 순으로 행해졌다.

맨티카한인감리교회에서는 1924년 폐쇄되었던 국어학교를 부활하여 운영하였다. 1924년 7월 임정구목사와 교인들은 7월 10일부터 국어학교를 열고 학생들을 교육시켰다. 교장은 김현구, 종무 겸 재무는 윤응호, 교사는 송필만이었다. 1924년 말 맨티카 국어학교의 지속을 위하여 김원택 등 다수의 한인들이 기부를 하였다. 그런데 1924년 9월부터 맨티카에서 중학교에 다니는 이한식이 국어교사로 활동하였으나 1925년 8~9월 다시 광고를 내어 “스쿨보이로 생활하는 것보다 자유롭고, 국민들에게 조국정신을 함양시키는 점에서 의미도 있다”고 하며, 월급은 거주할 침방 이외에 30불을 주는 조건을 제시하면서 국어교사를 모집한 것을 보면 국어교사의 모집이 쉽지만은 않았던 것 같다. 또 맨티카한인감리교회는 어린 아동들을 위하여 주일학당을 운영하였다. 윤도연과 송필만이 그 책임을 맡았고, 학생은 13명이었다.

맨티카 한인의 재이주와 한인사회의 약화

사탕무 경작의 어려움과 수익성의 낮음 등으로 맨티카에 왔다가 한 해 만에 다시 재이주한 사람이 발생하였다. 강국보는 1917년 캘리포니아 남부의 윌로우즈(Willows)로 돌아가 벼농사를 지었고, 1918년 4월 1일 춘양환편으로 귀국하였다. 맨티카에서 대한인국민회 맨티카지방회의 회장으로 활동하던 한준상은 한인이 많이 거주하던 캘리포니아 남부의 다뉴바로 이주하였다.

그런데 맨티카 한인들이 사탕무 농사를 그만두고 대거 재이주한 것은 1920년 이후였다. 이는 1920년과 1923년의 토지법 때문이었다. 1920년 캘리포니아의 외국인토지법Alien Land Act of 1920으로 인해, 동양인의 농장 임차가 금지되었다. 그리고 1923년 캘리포니아의 외국인토지법에서는 농장임차금지의 회피수단으로 활용되던 이윤·임대계약도 금지하였고, 불법으로 획득한 소작지를 몰수하였다. 이 법은 원래 일본인을 대상으로 한 것이었으나 한국인 등 동양인에게도 적용되었다.[14] 게다가 1924년 5월에 통과된 이민법Immigration Act of 1924으로 인해 '시민권에 부적격인 외국인'은 10가지의 예외조항을 제외하고 추방되어야만 하였다. 방사겸은 당시의 상황을 다음과 같이 서술하고 있다.

> 우리가 까덴씨티에 온 해는 1924년이다. 이 해에 가주(캘리포니아)에서 동양인에게 대한 신법령이 통과되어 동양인은 땅이나 집이나 살 수 없는 것은 이왕부터 그러하였으니 말할 필요도 없거니와 이러한 형편에서 지금은 병작 농사나 농토를 세를 주고도 얻을 수 없이 된 이때에 한인 가운데 농업을 경영하던 사람은 다 실패 도지하게 된 때에 마침 내가 까덴씨티에 와서 큰 땅 회사와 언약을

하고 내가 『신한민보』에 광고한 것을 본 한인들은 이곳에 농토를 아니 경영할 수 없었다. 그래서 사처에서 오겠다는 동포와 더 자세한 형편 물어보는 편지가 매일 수십 장씩 와 쌓인다. 나는 밤낮으로 이 숱한 편지를 한 장도 빼지 않고 일일이 다 답장을 쓰기에 과연 적지 않은 수고를 들였다.[15]

맨티카의 한인 중 신경환, 염만석, 김종학은 도시로 가서 여관업에 종사하였다. 신경환은 샌프란시스코로 가서 1920년 9월경 한인여관을 운영하였다. 신경환은 신성완과 샌프란시스코 커니 스트리트 와 워싱턴 스트리트 있는 백인이 경영하던 여관을 4,500달러에 사서 500달러의 경비를 들여 수리한 후 9월 6일부터 영업에 착수하였다. 방이 50칸이고, 위치가 상당히 좋고 설비가 완전하였다. 그런데 그는 펜테싸이드병으로 새크라멘토에 가서 수술을 받았고, 1923년 귀국하여 남대문 태평동 2정목에서 종남여관을 운영하였다. 염만석과 김종학은 1921년 5월 스탁톤에서 여관을 얻어 수리한 후 여관사업을 시작하였다.

1921년부터 1923년까지 캘리포니아의 농업지대로 이동하여 농사를 짓는 경우도 있었다. 김원택은 1921년 프레즈노Fresno 북쪽 37㎞ 떨어진 마데라Madera에서 140 에이커의 땅을 빌려 수박 농사를 지었다고 한다. 문양목은 1920년부터 캘리포니아의 썰리번에서 이윤·임대계약의 방식으로 2,700달러의 자본을 투여하여 120에이커에서 벼농사를 지었으나 1923년 1월까지 받지 못하여 곤란한 지경에 있었다.

1924년 이민법의 통과 이후 맨티카 거주 한인의 도시 이주는 더욱 증가하였다. 강천명과 그의 부인 강앨리스는 1924년 경 샌프란시스코로 이거하였다.[16] 신달윤은 1926년 3월경 새크라멘토로 이주하였다.

맨티카에 다년 거주하던 김경보, 윤응호, 김필권 3명과 새크라멘토에 거주하는 신달원은 일자리를 구하려고 1926년 12월 초 수일 전에 샌프란시스코로 이동하였다. 그런데 김경보는 맨티카에 본집을 두고 샌프란시스코에서 영업을 하였다. 또 윤응호의 부인 윤도윤과 그의 자녀들은 1927년 샌프란시스코로 이주하여 양주은의 사택에 거주하였다. 김경보는 로스앤젤레스 부근에서 사업을 하다 1930년 6월경 샌프란시스코로 이주하였다. 맨티카에 거주하며 스탁톤교회의 일을 보던 김필권은 1929년 11월 가족을 이끌고 맨티카에서 스탁튼으로 전 가족이 이거하였다. 김만수는 스탁톤에 거주하다가 1921년 귀국하였다.

이처럼 맨티카 한인의 재이주로 맨티카 거주 한인의 수가 감소함으로 인하여 대한인국민회 맨티카지방회의 활동도 약화되었다. 1919년 7월까지만 하여도 맨티카지방회는 맨티카 P.O. Box 94번지에 위치하였다. 그런데 1921년과 1923년에는 맨티카지방회 사무소는 맨티카에 없었다.

맨티카의 교회도 축소되었다. 1922년까지만 하여도 맨티카에는 독립된 교회가 있었고, 별도로 관리되었다. 그러나 1923년에 이르면 맨티카는 스탁톤·트레이시와 교회가 통합·관리되었다.

그리고 국어학교도 1920년부터 1923년까지 제대로 운영되지 못하였다. 그러다가 1924년 맨티카한인감리교회에서 국어학교를 부활하였다. 그러나 교사의 초빙과 학생의 모집이 어려워 제대로 유지되지 못하였다.

맺음말

캘리포니아 북동부에 위치한 맨티카에 60여 명의 한인이 이주한 것은 1916년 초였다. 스프렉클 슈거Spreckels Sugar 회사가 맨티카에 설탕공장을 짓고 원료를 확보하기 위하여 사탕무를 재배하면 1에이커 당 10달러로 토지를 빌려주고, 집과 도구도 무료로 제공하였기 때문에 캘리포니아의 남부와 북부 등지에서 농업을 비롯하여 노동 등을 하던 한인이 맨티카로 몰려들었다.

맨티카의 한인들은 맨티카에서 1~2, 5~6 마일 떨어진 농촌에 정착하였다. 이곳의 토지는 검은 흙에 모래가 섞이어 공기를 잘 흡수하여 사탕무의 재배에 적당하였다. 맨티카의 한인들은 1916년 1,265에이커, 1917년 1,320에이커, 1918년 821에이커에 사탕무를 재배하였다. 사탕무를 재배하여 손해를 본 사람들도 있으나 이익을 본 사람은 1916년의 경우, 인당 150~200달러의 이익을 보았다. 특히 김원택은 600에이커에 말 60여 필과 농구를 갖추고 100여 명의 일꾼을 고용하여 농사를 지었다.

이처럼 한인이 대거 몰려든 후, 맨티카 거주 한인들은 1916년 4월 20일 미주 한인의 자치기관 겸 독립운동단체인 대한인국민회의 맨티카지방회를 설립하였다. 1916년부터 1918년까지 회장으로는 한준상, 김원택, 김필권, 전명운 등이, 그리고 대의원으로는 문양목, 김원택, 한치홍 등이 주도적인 역할을 하였다.

맨티카지방회는 맨티카 거주 한인의 공동 이익을 지원하면서 민족운동을 전개하였다. 먼저 1916년 11월 자치규정을 만들어 한인의 언어·

행동·생활 태도를 바르게 함으로써 미국인의 무시와 멸시를 없애고, 경무청으로부터 자치권을 획득하였다. 그리고 한인 마을을 경찰의 순찰 구역에 포함시킴으로써 치안을 확보하였다. 그리고 어린아이들을 위하여 국어학교인 한흥학교를 설치하여 운영하였다.

맨티카지방회와 소속 한인들은 국치기념일, 대한인국민회 창립일, 추도식 등에 참석하여 망국민의 슬픔을 달래는 것과 아울러 애국가, 독립군가를 함께 부르면서 민족의식과 항일정신을 고취하였다. 그리고 제1차 세계대전 말기인 1917년 미군에 지원한 후 참전하여 향후 미국의 지원을 얻어 독립전쟁 참여를 꿈꾸기도 하였다. 1919년 3월 중순에는 스탁톤, 트레이시 거주 한인들과 독립축하회를 개최하였고, 이후 독립운동자금의 제공과 대한여자애국단의 조직 등의 활동을 하였다. 그리고 1921년에는 윌로우즈 항공학교의 비행사 양성 지원, 일제의 식민통치 비판, 국어학교의 교재인 『초등독습』의 편찬 지원 등의 활동을 하였다.

맨티카 거주 한인들은 1916년 2월 12일 지방교회인 맨티카한인감리교회를 설립하였다. 맨티카한인감리교회의 목회는 샌프란시스코한인감리교회와 오클랜드한인감리교회에서 목회와 선교를 한 황사용과 임정구가 담당하였다. 특히 임정구는 1917년 9월부터 맨티카한인감리교회의 교무를 담임하면서, 오클랜드·스탁톤·트레이시 지역의 교회 일도 처리하였다. 임정구와 교인들의 활동에 힘입어, 맨티카에는 1917년에 교인 51명, 예비교인 11명, 주일학교 교사 40명, 엡웟청년회원 26명이 있었다.

맨티카한인감리교회의 교인들은 어려운 여건이지만 2년 동안 기금을 모아 1918년 넓이 8미터, 길이 30미터의 맨티카한인감리교회를 1918년

9월 완공하였다. 이 사업의 완수에는 미국 감리교 본부와 샌프라시스코, 오클랜드, 다뉴바 등지에 거주하는 교인들의 헌신적인 지원도 큰 힘이 되었다. 맨티카의 교인들은 신앙 활동만 하는 것이 아니라 예배 시 항상 조국의 독립과 민족의 발전을 염원하였다. 그리고 여성교인들은 여성의 지위와 권위를 향상시키기 위하여 1918년 맨티카한인여자전도회를 창립하고 전도와 아울러 민족운동을 전개하였다. 그리고 어린 아동과 학생을 위해 주일 학당을 운영하기도 하였다.

맨티카 거주 한인은 1920년과 1923년 캘리포니아 외국인토지법으로 인해 토지의 임차가 금지되어 도시로 이동해야 하였다. 부유한 사람들은 샌프란시스코, 스탁톤 등지에 재이주하여 여관업 등 장사를 하였다. 그렇지만 가난한 사람들은 농촌이나 도시에서 노동을 하여 생계를 유지하였다.

맨티카 한인의 재이주로 맨티카 거주 한인이 격감하자, 대한인국민회 맨티카지방회는 1921년 해체되었다. 그리고 교인의 수도 줄어 맨티카한인감리교회는 스탁톤·트레이시의 교인들과 함께 통합 관리되었다. 그리고 국어학교도 1920년대 초 폐교되었으며, 1924년 교회에 의해 부활되었으나 존속이 어려웠다.

참고문헌

- 김원용, 『재미한인 50년사』(1959). 독립운동사편찬위원회, 『독립운동사자료집』 8, 1974.
- 노재연, 『재미한인사략상권(1902-1924)』, 독립운동사편찬위원회, 『독립운동사자료집』 8, 1974.
- 방선주, 『재미한인의 독립운동』, 한림대출판부, 1989.
- 국사편찬위원회, 『북미주 한인의 역사(상)』 재외동포사총서 4, 2007.
- 김지원, 「캘리포니아 한인사회의 변화와 특성 연구(1903-1945)」, 명지대학교대학원 석사학위논문, 2010.
- 김지원, 「1920-30년대 캘리포니아 한인사회 연구-변화와 특성」, 『정신문화연구』 31, 2008.
- 김지원, 「제1차 세계대전 이후 미국에서의 일본인 배척운동, 1919-1924」, 『전북사학』 41, 2012.
- 연세대 국학연구원, 『미주 한인의 민족운동』, 혜안, 2003.
- 유기식, 「1924년 미국이민법 제정에 있어서 일본인 배척조항의 성립에 관해」, 『대구사학』 28, 1985.
- 유의영, 「한인사회 공동체적 기반으로서의 미주한인교회」, 『신학논단』 35, 2004.
- 조규태, 「오클랜드한인감리교회의 종교활동과 민족운동」, 『한국민족운동사연구』 80, 2014.

중국 해외 유학생의 "귀국 붐归国潮"

김 혜 련 | 한성대학교

중국의 귀국 유학생: 하이구이海归

창의력 있는 고급인재를 필요로 하는 4차 산업혁명시대가 도래됨에 따라 그 어느 때보다 우수 인재 양성 및 유치에 대한 관심이 고조되고 있다. 그 중에서도 전문지식과 해외 경험을 보유하고 있는 우수 유학생은 세계 각국이 적극 유치하고자 하는 우수인재이다. 글로벌 시대가 도래되고 국제이주가 일반화되면서 해외로의 유학 기회가 점차 확대되었으며, 국가 간 유학생 이동은 자연스러운 현상이 되었다. 특히 2000년대부터 미국, 영국, 호주, 일본 등 선진국의 적극적인 유학생 유치 정책이 추진되면서 전 세계적으로 유학생 규모가 크게 증가하였다.

중국은 1978년 12월 미국으로 52명의 유학생을 파견하면서부터 그동안 주춤했던 해외 유학 붐이 재개되었으며, 2018년 12월 말까지 총

585만 명의 유학생이 해외로 떠나 중국은 세계 최대 유학생 송출국으로 부상하였다. 그러나 유학생을 비롯한 우수인재의 해외이주가 확대됨에 따라 중국은 심각한 두뇌유출을 경험하게 되었다. 1978년 개혁개방 이후 급속한 경제성장과 더불어 중국은 더욱 많은 우수인재를 필요로 하였으나, 유학인재의 해외 체류 비율이 높아지면서 고급인력에 대한 부족현상이 심화되었다. 국내의 이러한 인재유출 문제를 해결하고자 중국은 1980년대부터 적극적으로 유학인재 귀국 장려정책을 추진하기 시작하였다. "백인계획百人计划", "천인계획千人计划", "춘휘계획春晖计划" 등이 대표적 귀국 장려정책이다. 이와 동시에 중국의 급속한 경제성장과 유학인재에 대한 수요 증가, 현지 적응의 어려움으로 인한 주류사회 복귀 욕구 등 요인은 유학생으로 하여금 적극 모국으로 귀환하도록 하였다.

이렇듯 2000년대 이후 모국으로 귀환한 해외 유학생 규모는 해마다 증가하는 추세이며, "귀국 붐归国潮"으로 이어지고 있다. 2018년 12월 말 기준 세계 각국으로부터 중국으로 귀국한 유학생은 총 365만 명으로 집계되어, 귀국률이 78.44%에 이르렀다. 특히 2018년에는 총 519,400명의 유학생이 중국으로 귀국하였는데, 이는 2017년보다 8% 증가한 수치이다. 현재의 중국은 세계 최대 유학생 송출국인 동시에 최대 유학인재 귀환 국가이기도 하다. "하이구이海归"[1]로 불리는 귀국 유학인재는 중국 경제성장을 이끄는 원동력으로 주목받고 있으며, 학문 및 연구 수준을 향상시키는 동시에 다양한 혁신 창업을 주도하고 있다.

이러한 맥락에서 이 연구는 해외로 진출한 중국 유학생의 실태와 귀국 현황을 세부적으로 검토하고, 귀국 유학생의 특징을 구체적으로 파악하며, 모국으로의 "귀국 붐"이 일어나는 원인을 국내외 정세 변화, 정부 장려정책, 개인적 사회적응 차원에서 구체적으로 살펴보고자 한다.

중국 해외 유학생의 현황과 특징

1. 중국 해외 유학생 실태

중국 교육부의 통계에 따르면, 1978년 개혁개방 이후 모국을 떠나 해외로 진출한 중국 유학생은 해마다 증가하여 2018년까지 총 585만 7,100명에 이른 것으로 집계되있다. 그중 153만 3,900여 명은 여전히 유학생 신분으로 해외에서 학업 및 연구에 매진하고 있고, 432만 3,200여 명의 유학생이 학업을 마치고 졸업한 실정이며, 전체 유학생 중 365만 명이 졸업 후 모국으로 귀국한 것으로 집계되었다.

아래 〈표 1〉에서도 나타나듯이, 해외로 진출하는 중국 유학생은 해마다 증가하는 추세이며, 2017년에는 처음으로 60만 명을 돌파하였고, 2018년에는 8% 증가하여 662,100명에 이르렀다. 2018년 해외 진출 유학생 중 국비 유학생은 3만 200명, 기관 파견 유학생은 3만 5,600명, 자비 유학생이 59만 6,300명이다. 다시 말해 1970~1980년대 국가와 정부가 선발하고 주도하는 유학과 달리, 현재 중국을 떠나 해외로 진출한 유학생 대부분은 자비로 해외 유학을 선택하였다.

<표 1> 2008-2018년 중국 해외진출 유학생 및 귀국 유학생 변화추이

해당년도	해외진출 유학생 규모(명)	귀국 유학생 규모(명)	귀국률(%)
2008년	179,800	69,300	38.54
2009년	229,300	108,300	47.23
2010년	284,700	134,800	47.34
2011년	339,700	186,200	54.81
2012년	399,600	272,900	68.29
2013년	413,900	353,500	85.40
2014년	459,800	364,800	79.34
2015년	523,700	409,100	78.12
2016년	544,500	432,500	79.43
2017년	608,400	480,900	79.04
2018년	662,100	519,400	78.44

출처 : 중국 교육부 통계 자료(저자 정리),
http://www.moe.gov.cn/jyb_xwfb/s5147/201909/t20190924_400534.html
(검색일: 2019.12.20)

중국의 해외 유학생 급증, 특히 자비 유학생 확대에는 여러 가지 원인이 있다. 예컨대 해외 유학 경험을 통한 경쟁력 강화, 해외 수준 높은 교육 자원 추구, 중국 국내 교육체제 기피 등이 영향요인으로 작용하고 있다. 중국 국내 치열한 취업경쟁과 "하이구이海归" 및 해외 학력에 대한 우대는 많은 젊은 세대로 하여금 유학대열에 합류하도록 하였다. 또한 중국 국내 교육체제에 대한 기피와 수준 높은 교육 자원에 대한 추구는 중국 유학생 급증의 또 하나의 원인이다. 비록 1999년 중국 교육 개혁의 일환으로 실시한 대학생증원大学生扩招정책은 많은 젊은 세대가 대학교 교육을 받을 수 있도록 기반을 마련하였지만, 질 높은 교육을 받고자 해외 유학을 선택하는 청년들이 점차 확대되고 있다. 『2017 하이구이 인재 생태 보고2017海归人才生态报告』에 따르면, 유학생들이 해외 진출을 선택하게 된 원인은 "해외 질 높은 교육", "독립, 소통, 창의 능력 양성", "국제적 경험 및 안목 형성", "국내 교육체제 기피", "취업 준비", "해외 명문대 선호", "이민" 등이 영향요인으로 작용한다.

2. 중국 해외 유학생의 특징

중국의 개혁개방과 함께 급증한 해외 유학생은 아래와 같은 특징을 나타낸다. 첫째, 유학생 출신지역의 다원화이다. 1978년 해외 유학의 문호가 개방되면서 초기 해외로 진출한 중국 유학생 대부분은 베이징北京, 상하이上海, 광저우广州 등 대도시이거나 샤먼厦门, 항저우杭州 등 연해도시 출신이었다. 그러나 중국 국내 경제성장과 더불어 랴오닝辽宁, 지린吉林, 허룽쟝성黑龙江省을 비롯한 동북3성은 물론, 산시山西, 스촨四川, 후난湖南 등 내륙 지역에서도 대규모의 유학생이 해외로 진출하기 시작하면서 유학생 출신지역은 거의 전국 각 지역을 망라하게 되었다.

둘째, 유학국가의 다원화이다. 세계 최대 유학생 송출국으로서 중국의 유학생은 세계 각국에 분포되어 있으며, 일부 선진국에 집중되는 동시에 다양한 국가에 산재해 있는 특징을 나타낸다. 2018년 기준 미국은 연속 4년 동안 중국 유학생이 가장 많이 진출한 국가이며, 영국, 호주, 싱가포르, 프랑스 등 선진국이 그 뒤를 이었다. 다른 한편, 중국 유학생은 서구 선진국에 집중되었을 뿐만 아니라, 한국, 일본, 러시아를 비롯한 주변 국가에도 산재해 있다. 예컨대 한국으로 유입된 중국 유학생 규모는 해마다 증가하여 2019년 12월 기준 71,719명의 중국 유학생이 한국에 체류하고 있는 것으로 집계되었으며, 이는 전체 유학생의 39.81%를 차지한다. 더불어 중국의 "일대일로一帶一路" 국가전략의 시행 및 추진과 함께 관련 국가로의 유학생 진출도 증가하고 있는 추세이다. 관련 보도에 따르면, 2018년 기준 일대일로 연선국가沿线國家로 유학을 떠난 중국인은 6만 6,100명으로 전년 동기 대비 15.7% 급증했다.

셋째, 조기유학의 규모가 지속적으로 증가하고 있다. 세계화의 흐름 속에서 최근 중국 국내에는 초·중·고등학생의 유학이 급증하고 있는 추세이다. 예컨대 상하이시의 통계에 따르면, 2013년 기준 상하이 출신 해외 진출 유학생 중 19세 이하 유학생이 전체 규모의 27%를 차지하고 있으며, 이러한 비율은 꾸준히 증가하고 있다. 또한 중국교육온라인中国教育在线의 관련 통계에 따르면, 2018년 미국 체류 중국 유학생 중 석·박사 비율은 꾸준히 감소하여 10년 전 80%에서 42%로 하락하였다. 반면 미국 초·중·고등학교에 진학한 중국 유학생의 규모는 계속 증가하여 전체 유학생의 52%를 차지하고 있다. 이렇듯 조기유학은 중국 해외 유학생의 새로운 특징으로 나타나고 있다. 조기유학이 증가하는 원인은 중국 국내에서의 치열한 경쟁, 진학에 대한 부담, 어학능력 향상, 해외 선진국의 다양하고 수준 높은 교육환경 등으로 볼 수 있다.

중국 해외 유학생의 모국 귀환

1. 중국 해외 유학생 귀국 현황

중국은 세계 최대 유학생 송출국으로, 현재 중국 유학생은 세계 100여 개 국가에 분포되어 있다. 2000년대 이후 모국으로 귀환하는 중국 유학생은 꾸준히 증가하였는데, 아래 <그림 1>에서 나타나듯이 2011년에 처음으로 50%를 돌파하였으며, 2018년에는 귀국률이 78.44%에 이르렀다. 교육부의 통계에 따라면, 1978년부터 2018년까지 전체 유학생 중 모국으로 귀환한 비율은 84.46%로 나타났다. 이렇듯 중국 해외 유학생의 귀국 행보가 "귀국 붐"으로 이어지고 있다. 과거 북미, 유럽 등 선진국에서 유학한 후 현지에서 취직하는 것이 대세였지만, 최근 들어 모국으로 귀환하는 유학생이 대폭 늘어난 것이다. 2000년대 초반부터 2018년까지 졸업 후 해외 체류 대신 귀국한 유학생 비율은 14.36%에서 78.44%로 약 5배 증가하였다. 약 20년 사이에 해외 취업보다 모국 귀환을 선호하는 유학생이 늘어난 것이다.

중국 국내에서는 유학생의 이러한 "귀국 붐"을 3단계로 구분하고 있다. 제1차 "귀국 붐"은 2000년부터 2010년으로 중국 유학생의 귀국률이 최저 14.36%에서 47.38%로 대폭 상승하였고, 제2차 "귀국 붐"은 2011년부터 2013년으로 유학생 귀국률이 54.81%에서 85.40%로 폭발적으로 증가하였으며, 제3차 "귀국 붐"은 2014년부터 현재까지 유학생의 귀국률이 70%대를 유지하고 있다. 즉 현재 중국의 해외 유학생 귀국 열풍은 계속 이어지고 있으며, 해마다 다양한 우수 인재가 중국으로 귀환하고 있다.

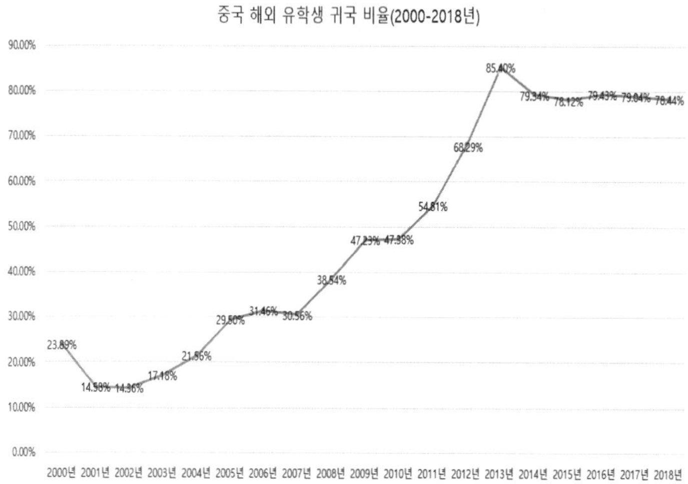

출처 : 중국 교육부 유학생 통계수치 저자 정리 분석

[그림 1] 중국 해외 유학생 귀국률(2000-2018년)

2. 귀국 유학생 특징

급속한 경제성장과 함께 심각한 인재 부족 현상을 경험한 중국 정부는 1980년대부터 꾸준히 유학생의 모국 귀환을 유도하였다. 중국 정부의 다양한 귀국 장려정책에 힘입어 현재 중국은 유학생 귀국 비율이 가장 높은 국가이기도 하다. 모국으로 귀환한 유학생은 아래와 같은 특징을 나타내고 있다.

첫째, 여성 비율이 증가하고 있으며, 다양한 연령대 유학생의 모국 귀환이 활발하게 이어지고 있다. 중국 교육부에서 발표한 『중국 유학생 귀국취업 보고서 2015*中国留学回国就业蓝皮书2015*』에 따르면, 귀국 유학생 중 여성 비율이 59.16%를 차지해 남성보다 높게 나타났다. 여성 귀국자가 늘어나고 있는 원인은 해외 취업 및 국적 취득 어려움 외에도 배우자를 찾는 어려움이 작용한 것으로 분석된다. 또한 귀국 유학생의 평균 연령은 27세로 나타났다. 귀국 유학생 중 석사의 평균 연령은 26.56세이고, 박사의 평균 연령은 32.09세이다. 귀국 유학생의 80.70%는 석사학위를 취득하였고, 9.49%가 박사학위를 취득하였으며, 9.81%가 학사학위를 취득하였다. 특히 2015년 이후에는 30~40대 유학인재의 귀국 비중이 가시적으로 증가한 것으로 나타났다. 이러한 연령대의 귀국 유학생은 해외에서 다년간 근무한 경력과 풍부한 경험을 누적하고 있어 귀국 후 기업의 고위임원이나 중책을 담당하는 경우가 대다수이다.

둘째, 유학생들의 다양한 출신지역과 달리, 귀국 유학생들은 베이징, 상하이, 광저우, 선전을 비롯한 일선도시一线城市[2]와 항저우杭州, 수저우苏州를 비롯한 신일선도시新一线城市[3]에 집중되었다. 『중국 유학생 귀국취업 보고서 2015』에 따르면, 귀국 유학생 중 49.34%가 베이징, 상하이, 광저우, 선전을 비롯한 일선도시에 집중되었으며, 최근에는 알리바바의 고향 항저우, 국가 주요 신흥 하이테크 산업 중점 도시 수저우, 중국 서남지역 요충지인 청두成都, 4대 직할시에 해당되는 충칭重庆·텐진天津 등 신일선도시도 각광받고 있다. 이러한 현상은 중국 국내 도시 발전이 점차 균형이 이루어지고 있어 취업기회와 생활수준 격차가 점차 축소되고 있는 상황에서 기인된다.

셋째, 귀국 유학생은 중국 창업시장의 신생 역량으로서 창업 문화를 선도하고 있다. 해외에서 공부하거나 전문직에 종사하다가 귀국한 "하이구이"는 중국을 창업국가로 이끌고 있다. 그들은 유학과 해외 기업 근무를 통해 쌓은 전문지식과 외국어 실력을 기반으로 중국 기업을 글로벌 기업으로 성장시키고 있다. 바이두百度의 공동창업자 리옌홍李彦宏, 화웨이华为 CTO 리싼치李三琦, 샤오미小米 공동창업자 린빈林斌 등이 대표적인 "하이구이"이다. 그들이 창업한 기업은 중국의 새로운 경제성장을 이끌고 있으며, 정보기술을 비롯한 기술기반 산업 영역에서 빛을 발하고 있다. 『2017 하이구이 인재 취업 및 창업 보고서』에 따르면 귀국 유학생들이 가장 선호하는 업종은 금융, 인터넷, 과학기술 산업으로 조사되었다. 또한 그들이 주로 창업에 뛰어든 분야는 교육, 전자상거래, 생활서비스 등에 집중되었으며, 귀국 유학생 창업은 저령화 추세를 보이면서 창업자 70%정도가 30세 이하인 것으로 나타났다.

넷째, '기회의 땅'이라고 불리는 중국에서 유학파에 해당되는 귀국 유학생은 취직이 상대적으로 용이하다. 『2018 중국 하이구이 취업 창업 조사 보고2018中国海归就业创业调查报告』에 의하면, 귀국한 유학생 중 72%는 이미 취직하였고, 16%가 취업 준비 중이며, 5%가 창업한 것으로 나타났다. 귀국 유학생의 가장 큰 경쟁력은 외국어 실력, 넓은 시야, 빠른 적응 능력으로 볼 수 있다. 따라서 중국의 경제성장과 더불어 취업기회가 늘어나면서 상대적으로 우수한 언어능력과 전문지식, 해외 경험을 가진 유학파가 보다 쉽게 취직할 수 있는 것으로 나타났다.

해외 유학생의 중국 귀환 영향요인

2000년대 이후 해외 진출 유학생의 모국 귀환 비율이 가시적으로 증가하여, 현재 중국은 제3차 유학생 "귀국 붐"을 경험하고 있다. 유학생의 모국 귀환은 다양한 영향요인이 종합적으로 작용한 결과물이다.

1. 국내외 정세 변화

1) 국제환경의 변화

최근 들어 중국은 새로운 "하이구이" 귀국 열풍을 맞이하고 있다. 과거 미국, 캐나다, 영국, 호주 등 선진국에서 유학한 이후 현지에서 취직하여 정착하는 것이 대부분 유학생의 선택이었다면, 현재는 모국으로 귀환하여 국내에서 취직하는 유학생이 대폭 증가하였다. 약 20년 사이 해외 취업보다 국내 취업을 선호하는 유학생이 늘어난 것이다. 이는 중국 경제의 고속성장과 밀접한 연관이 있다. 과거 유학생은 학업을 마친 후 해외에서 취업할 경우 중국에서 보다 높은 연봉을 약속받았다. 하지만 중국 경제와 일자리 시장이 성장하면서 국내에서도 좋은 대우를 받을 수 있게 되자 많은 유학생이 귀국을 결심하고 있다. 실제로 이 기간 동안 중국의 GDP는 8배나 성장했고, 경제 순위도 세계 7위에서 2위로 올라갔다.

또한 열악해진 서구의 경제환경도 중국 유학생들의 귀국에 큰 요인으로 작용하고 있다. 2008년 글로벌 금융위기와 미국·유럽 각국의 엄격한 이민정책 시행으로 인해 졸업 후 현지 취업이 어려워져 유학생들이 취업을 위해 귀국하고 있는 것이다. 예컨대 트럼프 정부 출범 이후 미국의 반反이민정서가 강화됨에 따라 유학생 비자 발급에 대한 심사가 더욱 까다로워졌을 뿐만 아니라, 졸업 후 취업하거나 전문직 취업 비자를 받기가 한층 더 어려워졌다. 아울러 미국인 우선 고용정책으로 인해 유학생들이 졸업하더라도 미국 내에서 취업하기가 어려워졌다. 구체적으로 2019년 미국의 전체 유학생 중 33.7%(36만 9,548명)가 중국 유학생으로 1위를 차지하였지만, 증가세는 1.7%에 그쳐 지난 10년간 연평균 20% 증가하는 수치에 비해 최저 수준이다. 이러한 상황 속에서 미국으로 진출하는 중국 유학생의 규모가 감소하는 동시에 졸업 후 현지 취업을 포기하고 중국으로 귀환하는 유학생 비율도 확대되고 있는 것이다.

2) 중국의 경제성장과 유학인재 내수 증가

1978년 개혁개방 이후 중국은 급속한 경제성장을 기록하였으며, 40여 년 간 끊임없는 시장개혁을 통해 다차원적으로 교역로를 개척하고, 해외 자본 투자를 유치하여 세계 제2위의 경제대국으로 성장하였다. 1978년 수출 총액이 전 세계 무역거래의 1%정도에 불과한 100억 달러였던 중국이 현재는 세계 최대 상품 수출국으로 급부상하였다. 최근 중국의 경제성장률이 6%대로 하락하면서 경제성장 둔화세를 보이고 있지만, 중국은 여전히 전 세계 경제 성장을 주도하는 가장 강력한 국가 중의 하나이다.

중국은 지속적인 경제성장을 이루기 위해 2013년 "일대일로一帶一路" 전략을 제시하여 주변 신흥시장으로 진출함으로써 경제영토를 확대하고 있으며, 2015년에는 성장에 한계에 다다른 제조업을 새롭게 발전시킬 "중국제조Made in China 2025"와 중국 인터넷 기업이 글로벌 시장에서 입지를 다질 수 있는 "인터넷플러스" 전략을 제시하였다. 이렇듯 중국은 다양한 신경제 정책을 통해 경제성장 동력을 확보하고 있으며, 중국의 산업구조도 노동집약형에서 점차 자본집약형 및 기술집약형 산업으로 과도하고 있다. 이러한 배경 속에서 중국은 더 많은 첨단 우수 인재를 필요로 하게 되었으며, 유학인재에 대한 수요가 점차 확대되고 있다. 또한 중국으로 진출한 다수의 다국적 기업들은 중국어에 능통하고 중국문화에 익숙한 글로벌 인재를 필요로 하고, 해외로 진출한 중국 기업은 글로벌 경험이 있는 중국 인재를 선호하면서 유학인재에 대한 중국의 수요는 갈수록 높아졌다.

요컨대 중국 유학생이 다수 진출한 미국과 유럽 각국의 경제 부진, 반이민정서는 중국 유학생이 현지 취직을 포기하고 모국으로 귀환하는 송출요인으로 작용하였고, 반면에 중국 국내의 꾸준한 경제성장과 유학인재에 대한 수요 증가는 유학생 모국 귀환의 흡수요인으로 작용하였다.

2. 중국정부의 유학생 귀국 장려 정책

전 세계 100여 개 국에 산재해 있는 중국 유학생이 현지 정착을 포기하고 모국으로 귀국하는 중요한 요인 중의 하나가 바로 중국의 적극적인 귀국 장려정책이다. 인재유출 규모가 세계 1위라는 오명을 받았던 중국은 국내 심각한 인재 부족 문제를 해결하기 위해 1980년대부터 인재강국전략을 추진하여 해외 인재를 유치하기 시작하였다. 중국에서 적극 유치하는 해외인재에는 외국인 인재와 해외 체류 유학인재가 포함된다. 중국은 교육부, 중국과학원, 공산당중앙판공청, 인력자원사회보장부를 비롯한 다양한 중앙부서 차원에서 해외 우수인재 유치 정책을 추진하였다. 그중에서 가장 대표적인 것이 "백인계획", "천인계획", "장강학자장려계획", "유학귀국인원 과학연구 착수기금", "춘휘계획" 등이다.

"백인계획"은 중국 중앙정부 차원에서 가장 일찍 가동한 해외 우수인재 유치 프로젝트로서, 1994년 중국과학원에서 국내 인재단층人才断层 문제를 해결하고자 추진한 인재 유치 계획이다. "백인계획"은 국내 학술 연구 발전을 이끌 수 있는 선도적 리더인재를 양성하는 것이 목적이다. "장강학자장려계획"은 1998년 교육부에서 홍콩의 사업가 리자청李嘉诚과 공동으로 추진한 민관 협력 인재육성 프로젝트로서, 우수한 학자를 양성하는 동시에 대학교 경쟁력을 확보하기 위한 계획이다. 2008년 공산당중앙판공청에서 시행한 "천인계획"은 가장 주목받는 우수인재 유치 프로젝트이다. 이는 대규모 예산을 투자하여 글로벌 수준의 교수 및 학자를 유치하는 전략으로, 첨단기술 발전, 신흥 학문 성장을 도모하는데 필요한 핵심 인재를 유치하여 중국의 경제성장 및 산업고도화를 실현하도록 하는 프로젝트이다.

"백인계획"과 "천인계획"을 비롯한 우수인재 프로젝트는 외국인 인재와 유학 인재를 모두 포함하는 전략이라면, "유학귀국인원 과학연수 착수기금", "춘휘계획", "고급 우수 유학인재 귀국지원계획" 등은 전문 유학인재를 대상으로 하는 프로젝트이다. "유학귀국인원 과학연구 착수

기금"은 1990년 교육부에서 추진한 첫 유학인재 귀국 장려 프로그램으로, 교육기관이나 연구단체에서 취직한 귀국 유학생에게 연구 착수 지원금을 지급하는 것이다. 지원금 신청 자격은 국내외에서 박사학위를 취득하고, 해외에서 1년 이상 유학한 45세 미만의 귀국 유학생이 교육기관이나 연구단체에 취직한 경우, 귀국 후 2년 이내에 신청할 수 있다. 1997년 교육부에서 추진한 "춘휘계획"은 해외 유학인재의 귀국 후 일자리 마련 프로그램으로, 귀국 유학생에게 자금과 플랫폼을 제공함으로써 그들이 단기적으로 국내에서 일을 할 수 있도록 지원하는 것이다.

해외 체류 유학생의 모국 귀환을 독려하기 위해 교육부뿐만 아니라, 인력자원사회보장부도 다양한 프로젝트를 추진하였다. 2002년에 실시한 "고급 우수 유학인재 귀국지원계획"은 해외 대학 및 연구소의 교수 및 과학자 유치를 위해 자금과 플랫폼을 제공하였다. 이 프로젝트에 선정된 유학인재는 1인당 60만 위안의 정착금 지원을 받을 수 있다. 2006년에는 "유학인원창업지원계획"을 시행하여 유학인재들이 중국으로 귀국한 후 창업시장에 진출할 수 있도록 자금과 플랫폼을 제공하였으며, 2010년에 추진한 "적자계획赤子计划"은 "국가를 위한 해외 적자의 행동계획海外赤子为国服务行动计划"의 약칭으로, 해외에 체류 중인 유학생이 모국을 위해 일을 할 수 있도록 자금을 지원하였다. 이렇듯 중국은 중앙정부 차원에서 다양한 유학생 귀국 장려 프로젝트를 추진해 해외 유학인재의 모국 귀환을 독려한 동시에 각 지방정부도 현지 실정에 맞는 유학생 귀국 장려 프로젝트를 실시하였다. 상하이의 "푸쟝인재계획", "만명해외유학인재집결프로젝트", 우시无锡의 "530계획" 등이 대표적 사례이다.

중국 정부는 상술한 프로젝트를 통해 유학인재에게 자금과 관련 플랫폼을 제공할 뿐만 아니라, 그들의 창업 적극성을 유도하기 위해 다양한 지원 프로그램을 추진하고 있다. 특히 이공계 박사급 위주의 귀국 유학생 창업을 장려하기 위해 전용단지 및 혜택을 지속적으로 제공하고 있다. 1994년 난징南京에 최초로 설립된 귀국 유학생 창업단지는 전국에 280개로 확장되었으며, 16,000여 개의 기업이 입주해 4만 명이 근무 중이다.

또한 2018년 리커창李克强총리는 국무원 상무회의에서 "해외 유학생은 중국의 중요한 인적자원으로서, 더욱 많은 우대정책을 통해 그들의 귀국을 독려해야 한다"고 밝혔다. 이에 따라 중앙부서는 물론 각 지방정부도 현지 실정에 따라 맞춤형 귀국 장려정책을 시행하였다. 따라서 현재 귀국 유학생들은 귀국 후 면세차량 구입, 창업 혜택, 귀국 후 자녀 입학 지원, 학술연구 지원 등 다양한 분야에서 우대를 받고 있다.

3. 현지적응 어려움

모국을 떠난 유학생들은 익숙했던 자신의 문화권을 이탈해 새로운 사회환경에 대한 스트레스에 노출되고 적응의 어려움을 경험하게 된다. 그들은 일반적으로 언어 문제, 등록금 및 재정문제, 사회적응, 고국에 대한 향수, 일상생활 어려움, 현지 주류사회 구성원의 배제와 차별, 정서적 불안정 등으로 인해 현지 적응의 어려움을 직면하게 된다. 유학생들은 현지 사회에 안정적으로 정착하기 위해 출신국과 거주국의 문화적 차이를 인식하고, 적극적으로 현지 언어와 문화를 습득함으로써 점차 현지 거주국의 정치·경제·사회·문화에 참여하고 적응해야만 한다. 그러나 유학생들은 해외에서 졸업한 이후 현지에 남아 경제적으로 안정적인 삶을 영위하고 있을지라도 주류사회로의 진출은 용이하지 않다.

전 세계 100여 개 국에 진출한 중국 유학생들도 마찬가지이다. 그들은 언어, 문화, 차별 등으로 인해 현지적응의 어려움을 경험하고 있으며, 강한 주류사회 회귀 욕구를 표출하고 있다. 일반적으로 유학생의 해외 체류기간은 3~5년 정도이다. 유학기간 그들의 언어능력은 어느 정도 향상되었으나, 원주민과 비교했을 경우 여전히 미흡하다. 또한 현지 전통문화 및 풍습에 대한 이해 부족으로, 원주민과의 원활한 의사소통이 이루이지 않을 뿐만 아니라, 자신감 결여로 이어져 직장생활에도 영향을 미치는 경우가 있다.

해외에서의 이러한 적응 어려움과 달리, 귀국한 유학생들은 언어능력과 해외 경험, 첨단기술 확보로 인해 국내 대기업 및 다국적 기업이 선호하는 대상이다. 특히 해외 대기업에서 근무한 경력이 있거나 전문지식을 보유한 유학인재, 연구 성과가 탁월한 우수인재는 중앙 및 지방정부로부터 다양한 지원과 혜택을 받을 수 있다.

이렇듯 중국의 경제성장과 유학인재에 대한 수요가 확대되고, 중국정부의 다양한 귀국 장려정책이 마련되자 현지 적응의 어려움으로 고충을 겪던 유학생들이 해외 취업의 기회를 포기하고 귀국 길을 선택하게 된다.

귀국 유학생의 모국사회 재적응

세계화가 급속하게 진전이 되고 이주의 시대가 도래됨에 따라 국가 간 물적 교류는 물론 인적교류도 일반화되고 있다. 특히 국가 간 유학생 이동이 활발하게 이루어져 2016년에는 약 500만 명의 유학생이 해외로 진출해 10년 전보다 67% 증가한 것으로 나타났다. 중국은 세계 최대 유학생 송출국으로 전 세계 유학생 규모의 1/4을 차지하고 있으며, 100여 개 국에 분포되어 있다. 중국은 또한 세계 최대 유학생 귀환 국가이기도 하다. 2018년 기준 이미 585만 명의 유학생이 중국으로 귀환해 제3차 “귀국 붐”을 이루고 있다. 이러한 맥락에서 이 연구는 중국의 해외 유학생 실태와 귀국 유학생 현황 및 특징을 세부적으로 검토하였고, 해외 유학생의 모국 귀환이 활발하게 이루어지는 원인을 규명하였다.

연구결과, 중국은 1978년 개혁개방 이후 해외 진출 유학생의 규모가 꾸준히 확대되었고, 2000년대 이후 모국으로의 귀국 비율이 가시적으로 증가하였으며, 2018년까지 중국 유학생의 귀국률은 84.46%로 집계되었다. 귀국 유학생들은 아래와 같은 몇 가지 특징이 있다. 즉, 귀국 유학생 중 여성 비율이 증가하고 있고, 다양한 연령대 유학생의 모국 귀환이 활발하게 이루어지고 있으며, 그들은 베이징, 상하이를 비롯한 일선도시와 항저우와 수저우를 비롯한 신일선도시에 집중되어 있다. 아울러 귀국 유학생은 중국 창업시장의 신생 역량으로 주목받고 있으며, 언어능력과 해외 경험을 기반으로 취직이 상대적으로 용이한 것으로 나타났다. 이 연구는 중국 해외 유학생의 귀국 요인을 국내외 정세 변화, 중국 정부의 귀국 장려 정책, 개인의 현지적응 어려움으로 인한 주류사회 복귀 욕구 3개 차원에서 분석하였다. 우선, 국내외 정세를 볼 때, 열악해진 서구의 경제환경과 엄격해진 이민정책으로 인해 유학생들의 현지 체류가 어려워졌으며, 중국의 경제성장과 유학인재에 대한 수요 증가도 그들의 모국 귀환을 촉진시켰다. 다음, "유학귀국인원 과학연수 착수기금", "춘휘계획"을 비롯한 중국 정부의 다양한 귀국 장려정책도 귀국 유학생이 확대된 중요한 요인 중의 하나이다. 마지막으로, 현지 거주국에서의 사회적응 어려움, 강렬한 주류사회 복귀 욕구는 중국 유학생 모국 귀환의 촉매 역할을 담당하였다.

요컨대, 국내외 정세의 변화와 중국 정부의 적극적 유학인재 귀국 장려정책에 힘입어 대규모 유학생이 중국으로 귀환하였다. 그러나 유학인재 유치는 모국으로의 귀환에만 치중할 것이 아니라, 모국사회 재적응 및 안정적 정착을 위해 다양한 정부 지원이 필요하다. 예를 들어 노동밀집형 산업에서 기술집약형 산업으로의 구조 전환을 추진해 귀국 유학생들에게 더욱 많고 안정적인 일자리를 제공해야 할 것이며, 인재평가시스템을 도입해 그들의 연령, 학위, 언어능력, 전문지식 등에 따라 일자리를 찾을 수 있도록 유도해야 할 것이다. 또한 귀국 유학생 창업 기금을 마련하거나, 그들에게 공평하고 안정적인 창업환경을 마련하는 등 귀국 유학생 창업에 대한 지원을 확대할 필요가 있다.

참고문헌

- 구자억·박승재·김한나, 『해외인재 유치를 위한 중국정부의 천인계획의 시사점』, 한국교육개발원, 2014.
- 김혜련, 「중국의 해외 우수인재 유치 정책 연구」, 『인문사회21』 제 10권 4호, 아시아문화학술원, 2019.
- 설성인, 『4차 산업혁명은 어떤 인재를 원하는가?』, 다산북스, 2017.
- 양미경, 「인재순환 관점의 해외 우수인재 유치정책 연구」, 동국대학교 대학원 박사학위논문, 2017.
- 丁雪峰, 「三大因素推动归国留学生人数攀升」, 『人力资源』 2019年第8期, 辽宁省社会科学院, 2019.
- 张留禄·姚小垠, 「新形势下我国归国留学生的就业问题」, 『当代青年研究』 第331期, 上海社会科学院青少年研究所, 2014.

이주와 경제 발전 :
17-18세기 위그노의 독일 이주

윤용선 | 한성대학교

위그노 이주의 역사적 의미

태양왕 루이 14세는 조부인 앙리 4세가 1598년 프랑스의 종교적 평화를 위해 자신의 개종을 감수하면서까지 마련한 낭트칙령을 1685년 10월 18일 퐁텐블로에서 무효로 만들었다. 무려 40년에 걸친 피비린내 나는 종교 갈등 끝에 어렵사리 실현한 관용의 원칙을 백지화한 퐁텐블로 칙령이 과연 타당했는지는 알 길이 없지만, 분명한 사실은 낭트칙령의 철회로 프랑스 신교도 위그노는 다시 엄청난 시련에 직면하게 되었다는 점이다.

7세기 말 루이 14세 치하 무소불위無所不爲의 절대 왕권 앞에서 위그노가 과거 16세기처럼 구교와 일전을 벌이기는 사실상 힘들었다. 이제 그들이 할 수 있는 것은 개종과 망명 둘 중 하나를 선택하는 것뿐이었다. 일부는 개종을 선택해 현실과 타협했지만, 일부는 새로운 삶의 터전을 찾아 조국을 떠나는 모험을 감수했다. 당시 프랑스를 떠난 위그노의 수는 20만 명을 넘었을 것으로 추산되며, 그들 중 상당수는 각 분야에서 주도적인 역할을 하던 엘리트였다.

종교적 관용의 철회로 찾아온 위그노의 위기가 이웃 나라들에는 기회가 되었다. 특히 경제 분야에서 두각을 나타내던 위그노의 망명은 주변 나라들의 시선을 끌었다. 무려 30년에 걸친 종교전쟁으로 막대한 피해를 안은 채 경제적으로 낙후를 면치 못하던 브란덴부르크-프로이센이 특히 그러한 경우였다. 브란덴부르크의 선제후 프리드리히 빌헬름은 마치 낭트칙령의 철회 선언을 기다리기라도 한 듯 불과 20일 후인 10월 29일(그레고리력 11월 8일) 포츠담 칙령을 공포해 위그노 유치에 발 벗고 나섰다. 포츠담 칙령은 상당한 세금 혜택, 초기 정착에 대한 과감한 지원, 종교의 자유를 포함한 위그노 정착촌의 자치권 인정 등을 제시해 망명을 원하는 위그노를 유혹했다. 위그노는 암스테르담, 프랑크푸르트, 함부르크 등지로 모여들었으며, 그곳에서 브란덴부르크 관리들이 지정해준 정착지로 향했다.

당시 브란덴부르크-프로이센이 처한 상황을 보면, 위그노는 종교적 난민이라기보다 초청 이주민에 가까웠다. 30년 전쟁은 국토를 황폐화하고 인구의 급감을 불러와 그곳의 인구밀도는 프랑스나 프랑스와 인접한 뷔르템베르크의 1/4 수준이었다. 중세에 번영을 구가하던 막데부르크는 전쟁으로 폐허의 도시가 되었다. 상비군과 거대한 관료제를 유지하고자 국부의 증대를 국가이성으로 간주하던 절대주의 시대에 브란덴부르크-프로이센이 처한 상황은 누가보다도 위기가 아닐 수 없었다. 이러한 상태에서 낭트칙령의 철회로 인한 위그노의 이주는 브란덴부르크-프로이센으로서는 예기치 못한 호재였다.

위그노는 자신을 받아준 나라의 기대를 저버리지 않았다. 여러 연구는 위그노가 브란덴부르크-프로이센의 경제 발전에 끼친 긍정적인 영향에 대해 견해를 같이한다. 19세기 독일의 경제학자 리스트Friedrich List는 "독일에서 매뉴팩처가 발전한 것은 낭트칙령의 철회 덕분이었으며, 철회로 수많은 난민이 독일 전역으로 이주했기 때문에 가능했다."[1] 고 보았다. 케임브리지 유럽 경제사는 "숙련되고 능력 있는 [...] 위그노의 이주로 북부 네덜란드, 잉글랜드, 프로이센이 엄청난 이득을 얻었다는 점을 부정할 사람은 없다"고 적고 있다.[2]

경제적으로 낙후된 브란덴부르크-프로이센은 위그노를 통해 당시 선진적인 생산방식이었던 매뉴팩처를 포함해 다양한 기술을 얻을 수 있었다. 물론 모든 위그노가 사업에 성공한 것은 아니어서 그들이 경제 발전에 단기적으로 끼친 영향을 긍정적으로 평가하기는 쉽지 않다. 그러나 사업의 성공 여부와 상관없이 그들이 독일 땅에서 선보인 새로운 기술들은 거시경제적이고 장기적인 관점에서 보면 브란덴부르크-프로이센과 프로이센의 경제성장에 지대한 영향을 끼쳤다고 볼 수 있다.

이처럼 17~18세기 위그노의 이주는 기술의 전파라는 측면에서 중요하다. 그들은 프랑스에서 금융, 상업, 산업 등에 종사하며 동시대 프랑스인들과 다른 경제관을 갖고 있었는데, 박해로 인해 이질적인 세계관을 외국에서 자유롭게 표현하고 발현할 수 있었다. 그들은 특수한 기계나 재산이 아니라 숙련된 인적 자원, 기술, 일부 유동자산 등을 새로운 정착지로 갖고 왔다. 이러한 이유에서 유럽의 여러 나라는 그들의 이주를 반겼으며, 상당한 특권을 부여해 그들의 경제활동을 적극적으로 지원했다.

유입국에 경제적으로 막대한 이익을 안겨준 17~18세기 위그노의 이주는 오늘날 대개 문화 갈등의 관점에서 이주를 바라보는 우리의 시각을 교정해준다. 이질적인 이주민의 문화를 선주민 사회가 이해하고 받아들이기는 여간 어려운 일이 아니다. 따라서 이주 문제를 문화적으로 해결하려는 시도는 일정한 한계를 가질 수밖에 없다. 이주 문제는 이주의 경제적 측면을 고려할 경우 전혀 다른 모습으로 다가온다. 위그노 이주는 이러한 의미를 지닌 주제이다.

이 글에서는 먼저 위그노의 이주와 동화 과정을 전반적으로 살펴보고자 한다. 여기에서는 박해에서 이주에 이르는 과정과 이주 이후 초기 정착과 후기의 동화 과정을 고찰할 것이다. 이어서 위그노의 경제활동에 초점을 맞출 것이다. 여기에서는 그들이 종사했던 업종을 살펴보고 각 분야에서 어떠한 변화가 나타났는지를 추적해볼 것이다. 특히 위그노의 이주를 통해 이루어진 기술과 매뉴팩처 생산방식의 유입이 브란덴부르크-프로이센의 경제 발전에 끼친 영향에 주목하고자 한다. 이와 함께 위그노의 경제적 역할과 그들의 문화적 통합의 상관관계를 들여다볼 것이다. 이를 통해 이주가 문화적 측면에서 다루어지지 않고 경제적 현상으로 인식되기를 기대해본다.

이주와 동화

프랑스에서 개신교도에 대한 탄압이 시작된 것은 대략 1530년경으로, 1572년에 일어난 성 바르톨로뮤 학살 사건으로 절정에 달했다. 이후로도 종교 갈등이 꼬리를 물고 발생했으며, 이러한 상황에서 앙리 4세가 낭트칙령을 공포하자 프랑스에서 신·구교도 간의 유혈사태와 신교도에 대한 박해는 마침내 끝나는 듯했다. 칙령에 따르면, 신교도에게는 종교의 자유가 주어지고 일정한 규정 하에 특정한 지역 내에서 신앙생활을 하는 것이 허용되었으며, 국가의 업무를 수행하는 것 역시 허락되었다. 그러나 칙령은 신·구교도의 동등한 관계를 인정하는 정도까지 나아가지 못했으며, 가톨릭은 국가 교회의 지위를 계속 유지할 수 있었다. 이러한 한계와 훗날 칙령이 다시 폐지된 점을 들어, 낭트칙령은 종교의 자유를 보장한 평화협정이 아니라 일종의 휴전협정으로 평가되기도 한다.

그러나 위그노에게 주어진 불완전한 자유는 앙리 4세의 죽음과 함께 종말을 고했다. 다시 유혈사태가 벌어졌고, 신교도의 아성인 프랑스 남서부의 항구 도시 라로셸은 1628년 루이 13세의 지휘 아래 구교도에 의해 점령되었으며, 남부의 주요 신교도 도시들 역시 가톨릭이 장악했다. 이어서 1681년에 신교도에게 직업금지령이 내려졌고, 루이 14세는 나치 독일의 친위대를 연상시키는 용기병龍騎兵, Dragonnades을 동원해 위그노에게 개종을 강요했다. 그는 1685년 10월 18일 퐁텐블로 칙령으로 신교의 흔적 지우기 작업에 종지부를 찍었다. 신교도 대부분이 구교로 돌아왔기에 낭트칙령이 존재해야 할 이유가 없다는 것이

철회의 명분이었다. 그러나 절대군주 루이 14세는 신교 문제를 종교가 아닌 절대적인 지배권의 확립이라는 관점에서 바라보았다. 종교적 관용과 자유란 그가 지닌 절대 권력에 걸맞지 않은 것으로, 그는 자신의 절대 왕권을 둘로 갈라진 교회를 다시 합치는 힘으로 이해했다.

위그노에게 허락된 유일한 선택은 개종이었으며, 이에 대한 대안으로 선택한 망명은 실패할 경우 끔찍한 처벌이 따르는 모험이었다. 개종을 거부하거나 망명에 실패한 위그노는 징역을 살거나 갤리선에서 끔찍한 노역을 감수해야 했다. 상류층 위그노에 대한 박해는 그들이 누리던 특권과 경제적 이권을 박탈하는 방식으로 가해졌다. 고위 관직을 차지하고 있던 위그노의 수를 점차 줄이다가 나중에는 아예 없애버렸다. 이러한 박해는 일부 지역에서 시작되어 전국으로 확대되었다. 박해는 위그노를 경제적으로 어렵게 만들어 개종을 강요하기 위한 것이었는데, 그러한 의미에서 위그노의 망명은 경제적인 동기에서 비롯된 것이기도 했다.

개종을 압박하는 수단 중에는 회유책도 있었다. 부채 상환의 유예나 관직 제공과 더불어 1776년에 마련된 개종 금고Caisse des Éonomats는 신교 목사, 장로, 부르주아에게 개종에 대한 대가로 보수를 제공하려는 목적으로 마련된 기금이었다. 개종 금고는 현실적인 회유책으로, 이를테면 신교 목사처럼 개종으로 직업 활동을 중단해야만 하는 사람에게 수입을 보전해주려는 제도였다. 귀족은 17세기를 지나며 대부분 가톨릭으로 돌아왔다. 재개종한 귀족은 파리와 베르사유에 구축한 루이 14세의 권력에 복종하거나, 파리를 떠나 농촌으로 낙향하여 지방 귀족으로 침잠하기도 했다. 박해와 회유에도 불구하고 신교도의 믿음을 굳건히 지킨 이들은 주로 남부 프랑스의 농민들이었으며, 몇몇 주요 도시들의 부르주아들이었다.

그러나 개종이란 궁극적으로 강요하는 것이지 회유하는 것이 아니었다. 신교 성직자는 조국을 떠나야 했고, 모든 신교 교회는 파괴되었다. 박해는 갈수록 강화되어 나중에는 외국으로 피난하는 것조차 금지되었다. 위그노의 해외 이주는 박해 초기부터 시작되었고, 퐁텐블로 칙령 이전인 1670년에 소수의 위그노가 최초로 베를린으로 이주했다. 초기의 이주 위그노는 대부분 재산이 있는 귀족 출신으로 이내 관료나 장교로 등용되었다. 그러나 해외 이주를 선택한 위그노는 소수에 불과했는데, 퐁텐블로 칙령 이후 박해의 위험에도 불구하고 신교도의 20%(약 20만 명) 정도만이 프랑스를 떠났다.[3]

퐁텐블로 칙령으로 망명길에 오른 위그노의 20% 정도가 독일로 향했다. 신성로마제국으로 이주한 약 43,000명의 위그노 중 3/4 이상이 중북부의 신교지역에 정착했다. 브란덴부르크-프로이센을 선택한 이들은 대략 16,000~20,000명 정도로 추산되며, 그들 중 약 40% 정도가 베를린과 인근 지역에 정착했는데, 17세기 말경 베를린 주민의 20% 정도가 프랑스인이었다. 위그노가 베를린 다음으로 많이 선택한 지역은 약 30%가 이주한 브란덴부르크 남서부에 위치한 도시 막데부르크/할버슈타트였다. 10%는 베를린 북부에 있는 우커마르크의 농촌 지역에 정착했다.

브란덴부르크-프로이센은 신성로마제국 내에서 위그노 유치에 가장 적극적인 나라였다. 선제후 프리드리히 빌헬름이 즉위한 1640년에는 30년 전쟁이 한창이었고 흑사병이 다시 창궐했다. 전쟁과 전염병으로 인구가 급감했고, 브란덴부르크, 포메른, 막데부르크 등은 신성로마제국의 다른 지역에 비해 피해가 더 컸다. 이러한 상황에서 프리드리히 빌헬름과 뒤이은 군주들은 인구를 늘리는 정책Peuplierungspolitik을 추진했고, 위그노 유치는 그러한 정책의 일환이었다. 헤센-카셀 제후 역시 1685년 4월에 위그노를 받아들이겠다는 의사를 밝혔고, 같은 해 12월 12일에 포츠담 칙령과 같은 내용의 특권과 허가를 위그노 이주민에게 부여했다. 이어서 브라운슈바이크와 뤼네부르크 역시 프랑스 이주민에게 광범위한 권리를 보장하면서 이주를 장려했다. 그러나 독일 남서부에 위치해 프랑스와 가까웠던 팔츠는 루이 14세를 의식한 나머지 위그노를 받아들이는데 소극적이었다. 루터파와 가톨릭교회의 힘이 강한 지역 역시 위그노 유치에 미온적이었다.

군주에게 인구 증가는 곧 세수稅收 증대를 의미했고, 전쟁에 동원할 수 있는 병력이 늘어나는 것을 의미했다. 따라서 일부 학자들은 위그노 유치를 박해받는 프랑스 칼뱅파를 구하기 위한 독일 칼뱅파 군주의 도움이 아니라 경제적 행위로 본다. 기술을 가진 위그노는 낙후된 경제를 발전시킬 수 있을 것으로 기대되어 특히 환영을 받았다. 이러한 기대는 농업과 상공업의 균형발전을 중시한 독일식 중상주의Kameralismus 사상에서 비롯되었다. 과거에 외국에서 수입해야만 했던 상품을 생산하는 위그노는 보호무역의 시대에 정말 유용한 존재가 아닐 수 없었다. 이러한 면에서 위그노의 수용은 현상적으로는 종교적 관용이었지만 실제로는 경제 정책에 가까웠다.

포츠담 칙령은 위그노에게 주어지는 특권과 정착 과정에서 주어지는 각종 지원에 관한 내용을 담고 있었다. 프랑스어로 진행하는 예배가 허락되었고, 위그노 공동체의 광범위한 사법적 독립이 허용되었으며, 한시적인 면세 특권, 회비가 면제되는 길드 가입, 시민권 부여, 창업 자금 지원, 부동산 및 건축자재 무료 지원 등 다양한 혜택이 주어졌다. 위그노의 애로사항을 전담해 처리하는 행정기구인 프랑스위원회 Kommissariat für französische Angelegenheiten가 설치되기도 했다. 위그노는 1720년까지 계속해서 특별 지위를 획득해 나갔는데, 자치행정 및 프랑스어의 공용어 인정, 프랑스의 삼심 재판 제도를 두었다. 법령은 독일어와 프랑스어로 출판되었지만, 위그노는 프랑스어 법령만을 사용했다.

당시 선제후가 위그노에게 부여한 특권이란 구체적으로 어떠한 것이었을까? 1686년 10월 9일 몽펠리에 출신 상인이었던 보넬Pierre Bonnel에게 부여한 특권은 다음과 같다.

> "막데부르크에서 직물 매뉴팩처를 운영하고자 하는 피에르 보넬에게 부여하는 특권에 대한 선제후의 결정. 그는 충성을 맹세해야 하며, 자신의 매뉴팩처에서 독일인 도제를 받아들이고 가르쳐야 한다. 이러한 조건으로 사업을 장려하기 위해 그에게는 다음과 같은 특권이 허락된다.
>
> 1. 800탈러 상당의 주택,
> 2. 모든 막데부르크 시민과 동등한 시민권,
> 3. 각종 기자재 구입과 노동자 고용에 필요한 600달러,
> 4. 1년간 50명의 소년/소녀에게 섬유제품 생산 교육을 할 것. 이에 대한 비용으로 1일 1그로셴을 책정하며, 매 분기 선지급함,
> 5. 필요한 상품과 부품을 국내외에서 매매할 경우 10년간 면세,
> 6. 그가 선제후의 나라에 자신의 제품을 충분히 공급하면, 외국 상품에 대한 관세는 인상됨,

7. 궁정에서 섬유제품이 필요할 경우, 그에게 판매 우선권을 부여,

8. 피에르 보넬이 요청한 4,000탈러의 대출은 지급되었음"[4]

보넬에게 부여된 특권은 말 그대로 파격적이었다. 의무라고는 비용이 별도로 지급되는 도제 양성이 전부였다. 선제후, 귀족, 지식인은 프랑스 이주민에게 호의적이었다. 1700년경 유럽의 상류 사회에서 프랑스어는 세련과 유식함을 과시하는 수단이었다. 왕자의 가정교사가 된 위그노도 있었는데, 드루꿀르Marthe de Roucoulle와 뒤앙 드장덩Jacques Égide Duhan de Jandun 등이 그들이었다. 같은 신앙은 상류층과 위그노 사이에 우호적인 관계가 형성되는데 일조했다. 브란덴부르크 선제후 지기스문트Johann Sigismund는 1613년 성탄절에 칼뱅주의로 개종했으며, 그의 뒤를 이어 궁정과 정부의 관리들 역시 칼뱅주의자가 되었다. 루터파 백성과 교회를 칼뱅파 제후와 지배층이 다스리는 브란덴부르크의 '궁정칼뱅주의Hofcalvinismus'는 1600년경에 칼뱅파를 중심으로 형성되기 시작한 프로테스탄트 국제주의 네트워크에 참여하려는 국제정치적 전략으로 탄생했다.

이와 반대로, 프랑스 이주민을 바라보는 베를린 시민의 시선은 따가웠다. 낯선 외모, 이해할 수 없는 언어, 납득하기 어려운 신앙 등이 이유였다. 게다가 그들로 인해 주택과 생필품이 부족해졌으며, 그 결과 물가가 앙등했다. 이보다 더 심각한 문제는 위그노의 대규모 이주로 일부 업종에서는 독일인이 실업의 위험에 노출되었다는 점이었다. 길드는 위그노에게 부여된 특권에 불만을 나타냈으며, 그들을 길드에 무작정 받아들이는 것을 거부했다.

문화적인 갈등도 나타났다. 1685년 성탄절 사흘째 되던 날 거의 무일푼으로 막데부르크에 도착한 50명의 프랑스인은 그곳 주민들의 미움을 살만한 행동을 했다. 알아들을 수 없는 말로 그곳의 거친 흑빵과 맥주를 물리고 흰 빵과 포도주를 요구하는 위그노의 첫인상은 결코 좋을 리 없었다. 게다가 선제후는 1686년 1월 22일 일회적이라는 점을 강조하며 프랑스 이주민을 지원하기 위한 연대세의 징수를 발표했다. 이처럼 위그노의 이주는 여러 이유에서 독일 주민 사이에서 원성을 샀다. 위그노에 대한 적대감은 주택 방화 같은 극단적인 형태로 나타나기도 했다. -독일 통일 직후인 1990년대 초에 동독지역 호이어스베르다와 로스톡 등에서 발생한 외국인 주거지 방화 사건은 이처럼 오랜 역사를 갖고 있었다.

베를린 주재 프랑스 대사인 르베낙Rebenac은 1686년과 1687년에 프랑스 난민들이 브란덴부르크에서 적응하지 못하고 있다고 본국에 보고했다. 그의 보고에 따르면, 많은 위그노가 주류 사회의 따가운 시선으로 불만에 차 있으며 프랑스로 돌아가기를 원했다. 그러나 프리드리히 빌헬름은 위그노의 정착을 원한 나머지 브란덴부르크로 온 위그노가 자신이 발행한 증명서를 소지하지 않았다 하더라도 떠나는 것을 금지하는 법을 1688년에 공포하기도 했다. 이 소식을 접한 루이 14세는 크게 분노해 1688년 2월 12일 르베낙에게 다음과 같이 편지를 썼다. "브란덴부르크 선제후에게 다음과 같이 전하기를 바라오. 그가 각종 칙령으로 내 백성 중 일부 개신교도가 나라를 떠나도록 부추기는 것을 문제 삼겠다고 전하시오. 자신의 잘못을 뉘우치고 내 나라로 돌아오기를 원하는 자들을 그가 강제로 막는 것을 수수방관하지 않을 것이라고 전하시오. 이러한 폭력이 계속될 경우, 그를 곤란하게 하는 조치를 할 것이라고 전하시오."[5] 루이 14세의 격앙된 편지는 당시 위그노 이주가 국제적인 문제였음을 보여준다.

부유한 위그노는 대개 해상무역으로 부유했던 잉글랜드와 네덜란드로 이주했다. 반면에 브란덴부르크-프로이센을 택한 위그노의 상당수는 도주에 가까운 이주로 무일푼이었다. 그러나 그들은 원래 빈곤한 하층민이 아니었다. 브란덴부르크-프로이센 이주 위그노를 신분별로 분류하면, 귀족 5%, 중산층 7%, 상공업에 종사하는 부르주아 8%, 노동자 및 도제 20%, 농부 15%, 수공업자 45%였다. 이러한 신분이나 직업으로 보아 위그노 대부분이 도시에 정착한 것은 자연스러운 현상이었다. 그들은 대부분 높은 교육 수준과 숙련된 기술을 갖고 있었다. 게다가 프리드리히 빌헬름은 1686년부터 비숙련 위그노 노동자의 이주를 제한하기 시작했다. 인구 부족에도 불구하고 이주민을 선별적으로 받아들인 것은 이주민을 바라보는 사회의 따가운 시선 때문이었을 것으로 추측된다. 위그노 중에는 농민도 일부 포함되어 있었으나, 이주민은 대부분 전문직종이거나 특수한 기술을 지님으로써 경제 이주민으로서 자격을 갖추었다. 따라서 위그노 이주는 오늘날 흔히 볼 수 있는 단순 노동력의 이주와 달랐다.

위그노 이주민이 극복해야 할 장애는 내부에도 존재했다. 낯선 환경에 대한 적응은 모든 위그노가 해결해야 할 문제였다. 독일어를 능숙하게 구사하기는 쉽지 않았고, 독일인 이웃과 가깝게 지내는 것 역시 쉬운 일이 아니었다. 이질적인 환경은 위그노의 결속을 가져왔다. 베를린과 브란덴부르크로 이주한 위그노는 문화와 환경이 많이 다른 프랑스 전역에서 왔기 때문에 원래 동질적인 집단이 아니었다. 그러나 그들은 종교, 난민의 처지, 언어 등에서 동질적이었으며, 친절하지 않은 낯선 환경과 망명객끼리 느끼는 동병상련의 상황에서 3세대를 거치며 하나의 정체성을 갖는 집단으로 발전해갔다. 이주 초기에 독일인과 통혼은 전무 하다시피 했다. 그럴수록 그들은 교회를 중심으로 그들만의 공동체를 구축했고, 친절하지 않은 독일 사회에 적대적으로 변해갔다. 이주 초기에 대부분의 프랑스 이주민은 머지않아 프랑스로 돌아갈 것으로 생각했다.

그러나 이러한 차별과 배척은 1세기 후쯤 되면 거의 찾아볼 수 없었다. 1785년 위그노 이주 100주년 기념행사는 사회적으로 성공한 위그노 가문들, 정부의 우대정책, 프랑스어와 프랑스 문화에 대한 동경 등이 함께 어우러진 분위기 속에서 성대하게 진행되었다. 축하예배와 축사에서 위그노 이주를 적극적으로 장려했던 호엔촐레른가에 심심한 사의가 표현되었고, 위그노가 이룩한 업적에 대한 찬사도 있었다. 위그노 후손들은 자신을 프랑스 문화의 계승자이자 프로이센에 무조건 충성하는 애국자라고 선언했다. 그런데 위그노의 애국심은 두 번 시험받은 적이 있었는데, 베를린이 1806~1808년과 1812~1813년 두 차례에 걸쳐 나폴레옹에 의해 점령되었을 때였다. 당시 프랑스 이주민의 정체성이 논란거리가 되었다. 게다가 1806년 패배의 영향으로 1809년 슈타인Karl Freiherr vom Stein과 하르덴베르크Karl August von Hardenberg가 주도한 개혁Stein-Hardenbergsche Reformen으로 새로운 신분제가 도입되면서 위그노가 100년 이상 누려온 특권이 폐지되기도 했다. 그러나 19세기에 접어들면 그동안 위그노 정체성의 근간이었던 교회가 문을 닫아야 할 정도로 프랑스 이주민은 이미 프로이센 사회에 깊이 뿌리를 내린 상태였다. 훗날 비스마르크Otto von Bismarck가 위그노를 '최고의 독일인die besten Deutschen'이라고 추켜세운 걸 보면, 위그노의 통합은 성공적이었다 할 수 있다.

브란덴부르크-프로이센으로 이주한 위그노는 동화Akkulturation된 것으로 평가된다. 동화란 새로운 문화에 적응하는 것이며, 이러한 적응은 당연히 문화적 접촉의 결과로 나타난다. 그런데 동화 과정은 일방적이지 않고 쌍방향으로 진행되며, 위그노가 보여준 경제적 문화적 업적과 그들의 종교 및 언어는 독일 사회에 영향을 끼쳤다. 그 결과 '새로운 독일 문명la nouvelle civilisation allemande'이 탄생했다. 물론 이 과정에서 이주민인 위그노는 독일인보다 더 큰 변화를 받아들여야 했다. 그들의 관습과 규범은 새로운 환경 속에서 점차 변화했다. 그러나 종교와 함께 집단 정체성을 유지하는 데 중요한 역할을 한 언어는 오래 사라지지 않았다. 당시 독일에서는 프랑스어가 고급 언어여서 위그노 상류층은 언어 문제를 거의 겪지 않았지만, 수공업자, 상인, 일용노동자, 하인 같은 중산층과 하층민은 직업상 독일어를 배워야 했다. 그들의 후손은 얼마 안 있어 독일어가 모국어가 되었다. 프랑스어가 가장 오래 남아있었던 곳은 교회였다. 예배는 19세기 초까지 프랑스어로만 진행되었고, 이후부터는 독일어와 프랑스어가 번갈아 사용되었다. 교회가 발행하는 책자는 1896년부터 비로소 독일어로 발행되었다.

결혼은 이주 초기인 1696~1705년에는 80% 정도가 프랑스인들 사이에서 이루어졌지만, 2세대와 3세대에 이르면 변화가 나타나기 시작했다. 중상류층은 통혼에 보수적이었지만, 노동자 계층의 경우 통혼이

흔해서 18세기 후반에 이르면 무려 70%에 달했다. 통혼은 이주민에 대한 독일 사회의 거부감을 불식시키는 역할을 했으며, 프랑스 이주민은 단점보다 장점이 더 많다는 인식을 확산시켰다. 그들이 오기 전에는 알지 못했던 바이스비어Weißbier, 아스파라거스, 다양한 샐러드 등이 독일인들 사이에서 인기를 끌었다. 오늘날 대표적인 독일 문화 중 하나인 비어가든은 1750년 브란덴부르크 문 인근에 위그노에 의해 탄생했다.

물론 동화에 대한 거부도 있었다. 1870년경 베를린에는 위그노 단체인 *레유니온*Réunion과 *위그노 수요회*Hugenottischen Mittwochsgesellschaft가 결성되어 점차 사라져가는 위그노의 정체성을 지키고자 했다. 콜로니(Die Kolonie)라는 잡지도 발간되었다. 그런데 흥미로운 점은 위그노 공동체는 정체성을 강조할 때면 항상 프로이센 국가에 대한 충성심과 애국심의 선언을 빼놓지 않았다. 그들은 자신을 '프로이센 시민preußische citoyens'으로 규정했다. 그들의 이주 자체가 국가가 주도한 것이었고 이후에도 국가의 전폭적인 지원이 있었다는 점을 감안하면, 국가에 대한 충성 선언은 이해할만하다. 국가는 위그노의 이러한 '프로이센애Borussophilie'에 다양한 지원으로 화답했다.

기술의 이전

프로이센 왕 프리드리히 1세는 1709년 12월 쾰른에서 공포한 칙령에서 위그노가 나라의 발전에 기여한 바를 다음과 같이 치하했다. "일반적으로 나라의 번영은 백성이 만든다. 그런데 우리나라는 종교적인 이유를 비롯해 여러 박해로 새로운 안식처를 찾기 위해 우리한테 온 이들이 많은 매뉴팩처를 세워 산업과 상업의 발전에 도움이 되었음을 알고 있다. 무엇보다도 프랑스에서 온 난민이 이러한 일에 적극적으로 참여했다."[6] 위그노가 프랑스를 떠나야 했던 17~18세기는 유럽 사회가 경제에 눈을 뜨던 시기였다. 절대왕정 시대를 맞은 유럽의 각 국가는 상비군과 관료제를 유지하는데 막대한 비용이 요구되자 하나같이 중상주의 정책을 통해 국가의 부를 증대하는 데 매진했고, 스미스Adam Smith가 국부론에서 중상주의를 비판하며 국가의 부를 증대하는 비법으로 자유무역을 역설한 것도 이즈음이었다. 이처럼 신神 대신 경제를 중시하는 시대의 분위기 덕분에 위그노는 조국에서 겪어야 했던 종교적 불행에서 쉽게 벗어날 수 있었다.

베버Max Weber가 지적했듯이, 근대 유럽 경제와 자본주의 발전의 견인차였던 위그노는 동시에 종교집단이었다는 점에서 전근대와 근대를 모두 아울렀다. 그들은 종교에 정체성을 두었다는 점에서 전근대적이었고, 다른 집단보다 일찍이 경제의 중요성을 이해했다는 점에서 근대적이었다. 위그노는 종교적인 이유로 조국에서 축출되어 유럽 각국에 기술을 포함해 여러 경제적 노하우를 전파하는 역할을 했다. 이를 일컬어 스코빌Warren C. Scoville은 '방출에 의한 전파diffusion by radiation'라 했다.[7] 따라서 위그노 이주의 역사는 그들의 이러한 경제적 역할을 빼놓고는 논할 수 없다. 게다가 유럽 대륙에서 산업혁명이 본격화하기 전인 18세기까지의 이주는 대부분 경제와 무관했다는 점에서 위그노의 디아스포라는 독특하다.

그렇다면 위그노는 어디서 기술을 습득한 것일까? 그들은 17~18세기에 해상무역을 주도한 잉글랜드와 네덜란드로부터 프랑스로 새로운 기술을 들여오는 데 주도적인 역할을 했다. 그들은 잦은 해외여행을 통해 대규모 매뉴팩처가 가져다주는 생산의 이점을 일찍 알았다. 위그노가 외국에서 배워 더욱 발전시킨 기술은 종교적 박해 덕분에 주변 국가로 퍼져나갔다. 위그노는 한때는 배웠던 잉글랜드에 한층 더 발전된 생산 기술을 되돌려 주었다. 고급 면직물 실크를 프랑스로부터 수입하던 영국은 위그노 덕분에 국내생산이 가능해짐에 따라 의회는 1697년 실크 수입을 금지하는 입법을 했다. 네덜란드에서도 유사한 상황이 벌어졌는데, 네덜란드산 실크와 태피터는 위그노 이주 이후 국제적인 명성을 얻었다. 아일랜드로 간 위그노는 리넨 생산을 매뉴팩처 방식으로 바꿨으며, 아마포 방적 및 방직 신기술을 전해주기도 했다.

이와 반대로 위그노 탄압은 프랑스에 막대한 경제적 손실을 가져왔으며, 정부도 이를 알고 있었다. 태피터에 광택을 넣는 기술을 가진 몽조르쥬Mongeorge라는 이름의 위그노 부자(父子)가 영국으로 도피하자, 프랑스 대사가 직접 나서 이들을 설득해 프랑스로 돌아오게 했다. 그러나 아들은 1688년 이탈리아인으로 가장해 영국으로 다시 갔다. 또 다른 사례를 보자. 위그노는 영국에 고급 백지白紙 생산 기술을 전수했으며, 영국 의회는 1685년 9건 이상의 특허를 인정했다. 이에 프랑스 대사는 1686년 7월 문을 연 화이트 제지회사White Papermaker's Company를 와해시키기 위해 위그노 기술자를 매수해 프랑스로 돌아오도록 하는 데 성공했으나, 회사는 얼마 안 있어 다른 위그노를 고용해 다시 문을 열었다. 위그노를 쫓아낸 프랑스는, 신대륙을 발견하고도 16세기에 종교 갈등에 에너지를 소진한 나머지 결국 영국과 네덜란드에 해상무역의 주도권을 빼앗긴 에스파냐를 떠올리게 한다.

선진국이었던 영국과 네덜란드에서도 귀중한 인적 자원이었던 위그노는 두 나라보다 훨씬 낙후된 브란덴부르크-프로이센에서는 더욱 소중한 존재였다. 특히 산업혁명 시대의 공장제 생산이 도입되기 전에 선진국에 널리 퍼져있던 생산방식인 매뉴팩처를 도입하는데 위그노의 역할이 결정적이었다. 17세기 잉글랜드에서 볼 수 있었던 선대제, 가내수공업, 중앙집중화된 매뉴팩처 등은 브란덴부르크-프로이센에서는 찾아볼 수 없었다. 프로이센 관리들에 의해 베를린에 매뉴팩처 몇 개가 처음으로 만들어진 때가 1670년대 말이었다. 그러나 이윤을 추구하는 시장이 아닌 국가에 의해 만들어진 매뉴팩처가 성공적으로 운영되기는 쉽지 않았다. 위그노는 문제를 단번에 해결해주었다. 무려 46개에 달하는 직업을 가진 집단이었던 그들은 여러 분야에서 다양한 기술을 전파했는데, 그중에서도 특히 섬유산업에 결정적인 도움을 주었다. 브란덴부르크-프로이센에서 매뉴팩처 생산이 본격적으로 궤도에 오른 것은 17세기 말 위그노의 이주 이후였다. 프로이센이 생산방식에서 선진국을 기술적으로 따라잡은 시기는 이로부터 100년 후였다.

앞서 언급한 바대로, 브란덴부르크-프로이센은 각종 특혜를 제공하면서 위그노 유치에 적극적으로 나섰다. 프랑스 신교도는 입국할 때 부과되는 세금을 면제받았고, 입국 후에도 폐가와 황무지의 무료 사용, 소비세를 제외한 모든 세금에 대해 무려 15년 동안 면세 혜택을 받았다.

사업을 시작하는데 필요한 초기 자금이나 물자 역시 지원받았다. 농민에게는 농지가 무상으로 제공되었으며, 수공업자는 10~15년 동안 길드의 규제로부터 자유로웠다. 금융지원은 대출 방식으로 이루어졌는데, 사업이 손익 분기점을 넘긴 후에 상환하는 좋은 조건이었다.

베를린과 브란덴부르크로 이주한 위그노 중에는 경험 많은 농부, 원예가, 수공업자 등이 포함되어 있었는데, 그들은 프랑스에서 자신의 업종에서 뛰어난 엘리트들이었다. 그들은 브란덴부르크에서 볼 수 없었던 훌륭한 지식과 최신 기술을 가져왔다. 특히 섬유산업에서 고급 인력이 많이 유입되었다. 대략 25.7%가 의류 생산에 종사했으며, 32% 정도가 섬유 생산 분야에서 일했다. 직업을 살펴보면, 제조업 분야에서는 가발공, 칼 대장장이, 시계공, 거울생산업자, 제빵 및 제과 업자, 서적 제본공, 법랑 제조공, 카페 주인 등이 있었고, 상인, 의사, 약사, 공무원, 법조인 등 전문직 종사자도 있었다. 브란덴부르크 군軍은 600명의 프랑스 장교와 1,000명의 프랑스 병사들로 보강되었다. 기대했던 바대로, 위그노는 독일보다 앞선 기술과 경영 노하우를 펼쳐 보였다.

물론 기술의 전파가 순조롭게 이루어진 것은 아니었다. 앞서 언급한 바대로, 초기에 위그노는 특정 지역에 거주해 독일 사회와 접촉이 뜸했다. 게다가 종교 박해는 독일에서도 있었는데, 가톨릭과 루터파 교회는 그들에게 적대적이었다. 위그노한테서도 문제가 발생했다. 그들은 훌륭한 경제인이었지만 주변과 친해지려 하지 않았다. 이러한 상황에서 독일 사회는 위그노의 경제적 성공을 곱지 않은 시선을 바라보았으며, 그 결과 위그노는 종종 불이익이나 차별을 당해야 했다. 그러나 프랑스와 독일의 기술 격차는 이러한 갈등을 잠재울 만큼 컸다.

한편 위그노의 기술은 단기간에 눈에 보이는 성과를 낳지는 않았던 것으로 보인다. 기술 전파는 이주민과 선주민 사이의 소통으로부터 영향을 받으며, 유출국과 유입국 간에 존재하는 기술의 격차 역시 영향을 준다. 이러한 점에서 브란덴부르크-프로이센의 경우에는 기술의 전파 속도가 빠르지 않았을 가능성이 크다. 앞서 언급한 바대로, 브란덴부르크-프로이센에서는 언어와 문화의 차이로 이주 초기에 그러한 소통을 기대하기는 어려웠다. 위그노가 독일 사회에 어느 정도 동화하고 독일 사회가 그들을 받아들이기까지는 수년이 필요했다. 브란덴부르크-프로이센과 프랑스 간의 기술 격차는 잉글랜드나 네덜란드의 경우보다 훨씬 컸다. 저발전의 상태에서는 신기술의 효과가 그렇지 않은 경우보다 더디게 나타날 수밖에 없다. 게다가 제후의 전폭적인 지원에도 적지 않은 위그노가 자본 조달에 어려움을 겪었다. 브란덴부르크-프로이센은 대규모 매뉴팩처 생산에 필요한 인프라를 전혀 갖추지 못했으며, 그로 인해 위그노의 정착에 필요한 초기 지원은 일회적으로 해결될 문제가 아니었다. 도시 중심이 아닌 변두리 지역에 정착한 위그노는 노동력을 확보하는 데에도 어려움을 겪어야 했다.

지원을 아끼지 않은 제후의 존재만으로 위그노의 성공이 보장되지는 않았다. 생산은 사업 성공의 필요조건이긴 하지만 충분조건은 아니었다. 제후의 지원과 위그노의 기술은 생산에만 국한된 것으로, 성공의 나머지 절반은 시장의 몫이었는데 빈곤한 브란덴부르크-프로이센은 위그노가 생산한 상품을 소비해주는 풍요로운 시장이 아니었다. 위그노가 생산하는 고급 천과 값비싼 도자기는 소수의 귀족이나 구매할 수 있는 것으로 가난한 농업 국가 국민에게는 그림의 떡일 뿐이었다.

유통에서도 문제가 있었다. 위그노를 곱지 않은 시선으로 바라보던 독일 상인은 그들이 생산한 상품의 판매를 가로막았다. 이윤을 추구하는 상인이 가격 대신 생산자의 종교를 의식했다는 것은 이례적이기는 했다.

이처럼 일부 학자들은 위그노가 주로 고급제품을 생산했기 때문에 경제적으로 성공하기는 어려웠다고 본다. 군주의 전폭적인 지원으로 많은 위그노가 매뉴팩처 생산과 여러 사업을 시작했으나, 이윤을 내는 경우는 그리 많지 않았다는 것이다. 그들은 실패의 원인을 위그노의 경영 방식이 아니라 사치품에 대한 독일 사회의 낮은 수요에서 찾는다. 군주와 국가가 적극적으로 지원한 사업은 대부분 고급제품을 생산했는데, 그것은 소수의 귀족이나 상류층만이 구매할 수 있는 제품들이었다. 물론 대중적인 수요로 호황을 구가한 스타킹 산업처럼 예외적인 경우도 있었다.

위그노의 경제적 역할을 긍정적으로 보지 않는 견해도 존재한다. 이러한 입장은 사료의 객관성을 의문시한다. 예를 들어, 30년 전쟁 이후 40년간 막데부르크 지역 경제가 침체를 면치 못했지만, 프랑스 난민이 오고 나서 18년 만에 경제가 다시 활기를 띠기 시작했다고 위그노를 치하한 프로이센 왕의 말이 사실에 근거한 것이라고 보기 어렵다는 것이다. 수많은 매뉴팩처가 설립되고, 외국의 자금이 도시로 유입되었으며, 고용상황이 크게 호전되고 그 덕분에 소비도 진작되었다는 정부 문서의 내용을 액면 그대로 받아들여서는 안 된다는 것이다. 정부의 공식 발표가 객관적 사료로서 갖는 한계를 지적한 것이다.

그러나 이에 대한 반론도 존재한다. 특히 거시경제학 이론은 장기적인 경제성장을 이끄는 주요 요인 중 하나로 주저 없이 기술의 발전을 꼽는다. 이러한 관점에서 위그노의 이주를 평가하면, 긍정적인 결론이 도출된다. 즉, 위그노가 도입한 매뉴팩처와 같은 생산방식이나 각종 기술은 단기적으로 성과가 없다 해도 장기적으로는 적지 않은 영향을 끼쳤다고 봐야 한다는 것이다. 위그노의 기술, 기업가적이고 혁신적인 경제활동, 경제 규모의 변화, 혁신적인 경쟁의 심화 등은 프로이센의 경제 구조를 변화시켰다는 것이다. 그러함에도 이주에 의한 기술의 전파에 관한 연구는 대부분 단기적인 효과에만 주목하며 장기적인 영향은 간과한다고 본다.

미텐츠바이Ingrid Mittenzwei는 위그노의 경제활동을 크게 네 시기로 구분한다. 1단계는 위그노의 이주가 시작된 1685년부터 17세기 말까지, 2단계는 소규모의 매뉴팩처가 붐을 이루던 시기로 18세기 초부터 1735/36년까지, 3단계는 쇠퇴기로 1767년까지, 마지막으로 19세기까지 이어지는 경제성장기로 구분한다. 이러한 시기 구분은 위그노의 경제활동에 부침이 있었음을 보여준다. 그러나 빌케Jürgen Wilke는 매뉴팩처의 도입을 힘주어 강조한다. 아직 자본주의적 매뉴팩처 생산 단계에 진입하지 못한 프로이센에 매뉴팩처를 도입한 것 자체가 이미 대단한 업적이라고 본다. 노르트Michael North는 매뉴팩처의 협업과 분업 시스템이 생산성 향상을 가져왔다고 주장한다. 필자가 보기에도, 위그노가 경영하는 사업의 상당수가 여러 가지 이유에서 성공하지 못했다 해도 매뉴팩처 생산방식을 보급한 것은 가벼이 평가할 수 없다. 생산방식의 발전과정에서 매뉴팩처란 가내수공업에서 공장제 생산으로 이

행하는 중간과정으로 본다면, 위그노는 프로이센에서 산업혁명의 토대를 마련했다고 볼 수 있다. 말하자면 프로이센은 위그노 덕분에 19세기에 본격적으로 시작된 산업혁명에 대한 준비를 마칠 수 있었던 것이다.

경제적 현상으로서 위그노 이주

유럽의 동북쪽 변방에 자리한 지리적 여건으로 특히 공업과 상업에서 낙후를 면치 못했던 프로이센은 프랑스의 종교적 난민이었던 위그노의 대규모 이주를 통해 서유럽과의 격차를 불과 1세기 만에 좁히는 데 성공했다. 위그노가 경제에서 보여준 업적과 긍정적 역할은 그들이 독일 사회에 동화하는 과정을 가속화 했다. 위그노의 성공적인 통합은 그들의 공동체와 정체성이 이주 후 불과 1세기 만에 크게 약화한 데서 잘 드러난다. 독일 사회는 위그노를 '최고의 독일인'으로 추켜세웠고, 위그노는 독일 국가에 충성을 맹세했다.

오늘날에도 17~18세기 브란덴부르크-프로이센의 경우와 같이 이주민을 적극적으로 유치해 급속한 경제 발전을 꾀하는 것이 과연 가능한지는 모르겠다. 오늘날의 경제 이주는 대개 빈국에서 부국으로 값싼 노동력의 수출이 대부분이기 때문에 이주민을 통해 기술과 자본의 유입이 이루어지기를 기대하기는 쉽지 않다. 고급 노동력과 자본은 모든 나라가 필요로 하는 것으로, 각국은 두 생산 요소의 유출을 막으려 애쓰기 때문이다.

위그노 이주는 종교적 박해가 동기였고, 오늘날의 노동 이주는 높은 임금과 물질적 풍요로움에 대한 기대가 계기라는 점에서 다르지만, 두 경우 모두 유입국의 경제적 필요성으로 이루어진다는 점에서는 같다. 따라서 유입국의 입장에서 17~18세기 위그노의 이주와 오늘날의 노동 이주는 경제적 행위이며, 이러한 이유에서 이주는 적지 않은 문화적 갈등과 사회 문제를 유발하지만 당분간 계속될 가능성이 크다. 더구나 한국을 포함해 여러 선진국에서 나타나는 인구 감소 현상은 빈국으로부터 이주를 더욱 촉진할 것으로 예측된다.

따라서 이주로 인한 갈등과 부작용은 항상 이주의 경제적 성격과 유입국의 경제적 필요성을 염두에 두고 평가해야 마땅하다. 브란덴부르크-프로이센으로 망명한 위그노는 후진국이었던 한 나라를 불과 1세기 만에 기술 선진국의 반열에 올려놓았다. 졸고에서 살펴본 위그노의 사례는 이주를 문화가 아닌 경제적 관점에서 바라보아야 하며, 이주의 부정적 측면을 논할 때는 반드시 긍정적 측면도 동시에 주목해야 한다는 점을 우리에게 새삼 일깨워준다. 17~18세기 브란덴부르크-프로이센은 인도주의적 난민 정책으로서 위그노를 받아들인 것이 아니고 애당초 경제적인 의도로 그들을 초청했으며, 그 계획은 성공했다.

참고문헌

- Wilson, C. H. "The Historical Study of Economic Growth and Decline in Early Modern History", in E. E. Rich and C. H. Wilson (ed.), *The Cambridge Economic History of Europe*, Vol. 5: "The Economic Organization of Early Modern Europe", Cambridge, UK: Cambridge University Press, 1977, pp. 1~41.
- Jersch-Wenzel, Stefi *Juden und 'Franzosen' in der Wirtschaft des Raumes Berlin/Brandenburg zur Zeit des Merkantilismus*, Berlin: Colloqiuim Verlag, 1978.
- Mittenzwei, Ingrid. "Die Hugenotten in der gewerblichen Wirtschaft Brandenburg-Preußens", in Ingrid Mittenzwei (ed.), *Hugenotten in Brandenburg-Preußen*, Leipzig: Akademie der Wissenschaften der DDR, 1987, pp. 112~168.
- Wilke, Jürgen. "Der Einfluß der Hugenotten auf die gewerbliche Entwicklung", in Gottfried Bregulla(ed.) *Hugenotten in Berlin*, Berlin: Union Verlag, 1988, pp. 227~280.
- North, Michael. "Von der Atlantischen Handelsexpansion bis zu den Agrarreformen (1450-1815)", in Michael North (ed.), *Deutsche Wirtschaftsgeschichte: Ein Jahrtausend im Überblick*, München, 2000, pp. 112~196.
- Thunich, Martin. "Sie kamen wie gerufen. Hugenotten in der Wirtschaft Brandenburg-Preussens", in *Praxis Geschichte* (1992) p. 3, pp. 23~28.
- Scoville, Warren C. "The Huguenots and the Diffusion of Technology. I", *Journal of Political Economy*, Vol. 60, No. 4 (Aug., 1952), pp. 294~311.

- Scoville, Warren C. "The Huguenots and the Diffusion of Technology. II", *Journal of Political Economy*, Vol. 60, No. 5 (Oct., 1952), pp. 392~411.

다문화주의와 미국적 정체성 사이의 긴장

권 은 혜 | 한성대학교

다문화국가 미국과 다문화주의 사이의 긴장

1990년대 뉴욕 등 일부 주에서는 다문화주의자들이 에스닉 및 인종 소수자 집단의 역사를 포함하는 방식으로 역사 교과과정을 개편했다. 다문화주의의 부상을 두고 미국 보수와 진보진영은 학계와 언론매체를 통해 첨예한 논쟁을 벌이며 소위 문화 전쟁을 전개했다. 다문화주의자들과 이들을 지지하는 좌파 진영은 역사교육이 미국의 다양성을 제대로 대표하고 유럽중심주의적 한계를 벗어나야 한다고 주장했다. 『문명의 충돌』로 잘 알려진 정치학자 사무엘 헌팅턴과 같은 보수 지식인은 전통적 동화이론과 미국의 앵글로색슨 프로테스탄트 기원론에 입각해 다문화주의를 비 미국적이라고 비판했다. 진보적 자유주의 언론인과 지식인은 동화주의를 비판하면서도 다문화주의의 분리주의 성향이 미국의 단합을 어렵게 만들 것이라고 우려했다. 보수진영이 내셔널리즘을 근거로 다문화주의를 반대하는 것은 이해하기 어렵지 않다. 그렇다면 진보 혹은 자유주의 지식인들은 왜 다양성의 실현을 주장하는 다문화주의를 미국의 국가와 민족적 통합을 위협하는 요소라고 보았는가? 이주를 통해 다양한 기원을 가진 인구와 문화로 구성되었다는 점에서 미국은 다문화주의의 등장 이전에도 이미 다문화국가의 형태를 갖추고 있었다. 다문화국가 미국의 지식인들이 왜 그토록 문화적 소수자의 권리를 주장하는 다문화주의를 반대했는가? 위 질문에 대한 답을 찾기 이 글은 90년대 다문화주의 논쟁의 주요 의제를 형성했던 역사가들 중 특히 아서 슐레진저와 데이빗 홀린저의 다문화주의에 대한 비판과 진단을 검토한다.[1]

이 글에서 가장 먼저 살펴볼 주제는 이 두 역사가들이 다문화주의를 미국의 정치적 이상과 단합을 방해하는 요소라고 진단한 이유, 그리고 이들이 추구하는 미국적 정체성의 정체이다. 『미국의 분열: 다문화사회에 관한 통찰들*The Disuniting of America : Reflections on a Multicultural Society*』에서 슐레진저는 미국이 다양성 속에 하나의 나라로서 통합을 유지하고 있었으나 다문화주의의 도전으로 분열의 위기를 맞았다고 개탄했다. 뉴딜 자유주의자이자 냉전시기 자유주의 지식인인 슐레진저에 따르면, 국가와 네이션으로서 미국은 개인의 자유와 권리를 보편적으로 보장하는 서구 민주주의에 근거해 건설되었고 다양한 인구와 문화 속에서 통합을 유지해 왔지만 다문화주의는 미국의 유럽적 기원을 반박하며 미국적 정체성을 부인하고 있다. 『포스트에스닉 미국: 다문화주의를 넘어서*Postethnic America: Beyond Multiculturalism*』

에서 데이빗 홀린저는 세계시민주의적이고 공민적인 내셔널리즘의 시각에서 다문화주의가 추구하는 개별 에스닉 집단의 정체성 정치를 비판하며 에스닉 집단들 사이의 "연대[solidarity]"를 추구하는 "포스트에스닉 미국[postethnic America]"을 지향하자고 주장한다. 슐레진저보다 한 세대 뒤인 홀린저는 유럽중심적이고 서구중심적인 미국 내셔널리즘을 완전히 수용하지는 않지만 보편적 시민권 및 공민적 내셔널리즘, 즉, 미국의 정치적 이상에 동의하는 모든 개인을 동등하게 시민으로 인정하는 이념을 승인한다. 이 두 역사가들이 다문화주의를 비판하는 지점은 다르지만 이들 모두 다문화주의를 개인의 자유와 권리를 중시하는 미국 내셔널리즘의 반대편에 있는 것으로 결론 내린다.

이 글에서 살펴볼 두 번째 주제는 이 두 역사가가 제기한 다문화주의의 자연적 소멸가설이다. 1990년대의 시점에서 이들은 1967년 인종간 결혼금지법의 위헌 선언 이후 인종이 다른 미국인 사이의 결혼과 다인종 미국인 인구의 증가로 인해 다문화주의가 자연스럽게 소멸될 것이라고 예견했다. 특히 홀린저는 2000년 이후 미국 인구센서스의 변화에 주목했다. 1790년 이래로 미국인들은 센서스 양식에 나오는 인종 범주들 중 하나만 선택할 수 있었다. 1990년대 다인종가족들은 다인종미국인에게 부모 중 어느 한 쪽의 인종을 선택하게 강요하는 센서스의 인종질문을 교정할 것을 촉구했다. 2000년 센서스부터 미국인들은 그들이 속한 모든 인종범주를 표시할 수 있게 되었다. 홀린저는 스스로를 다인종인으로 정의하는 미국인이 늘어날수록 단일한 인종 혹은 에스닉집단의 정체성을 근간으로 하는 다문화주의는 기반을 상실할 것이라고 예측했다. 그러나 2000년 이후 센서스 결과는 홀린저의 예측과 달리 모든 다인종미국인이 복수의 인종으로 스스로를 정의하지 않았음을 보여준다.

마지막 장에서 살펴 볼 질문은 과연 슐레진저와 홀린저의 비판처럼 다문화주의와 미국적 정체성이 필연적으로 대립하는가이다. 이 두 역사가보다 후속세대 미국 학자들은 90년대 다문화주의의 등장 과정과 맥락, 다문화주의 이론과 현실적 실천 혹은 수용 사이의 관계를 살펴봐야 한다고 주장한다. 이 글에서는 뉴욕대 사회문화분석과 역사 교수인 니킬 팰 싱, 그리고 캘리포니아주립대 정치학 교수 잭 시트린과 데이빗 시어스의 연구를 참고한다.[2] 싱은 냉전기 자유주의 이데올로기 속에서 1990년대 문화전쟁의 틀을 발견한다. 90년대 자유주의 지식인들은 시민국가 미국이 지향하는 보편주의의 이름으로 집단의 권리를 주장하는 다문화주의를 특수주의라고 비판했다. 이들 90년대 엘리트 지식인의 논리에는 냉전시기 자유진영을 대표하는 모범적이고 보편적인 민주국가로서 미국에 대한 신념이 반영되어 있다는 것이 싱의 논지이다. 시트린과 시어스는 1990년대부터 2010년대 초반까지 다문화주의와 연관된 정책들 및 미국의 정체성에 관한 여론조사를 분석한 후 다문화주의와 미국적 정체성에 대한 엘리트와 대중의 인식 격차를 보여주었다. 엘리트 지식인들과 달리, 인종과 에스니시티를 가로질러 일반 미국인들은 에스닉 축제 및 공휴일, 이중언어교육 등과 같은 다문화주의 관련 정책에 대해 대체로 긍정하면서도 동시에 스스로를 개별 인종 및 에스닉집단의 일원보다는 미국인이라고 정의했다. 1990년대 문화전쟁 이후 다문화주의와 미국인의 정체성 사이에 형성된 평행선은 점차 좁혀져 온 것이라고 볼 수 있다.

미국적 정체성과 다문화주의의 대립

다문화주의에 대한 자유주의적 비판에 따르면, 소수자 집단에 대한 문화적 인정을 강조하는 다문화주의는 국민국가의 정체성과 필연적으로 충돌한다. 국민들 사이의 '우리' 정서를 강조하는 근대국민국가가 원칙적으로 보편성을 추구한다면, 다문화주의는 인종, 에스니시티, 혹은 문화나 종교 집단의 특수한 이해관계를 중시하기 때문이다. 자유주의의 비판에 맞서 다문화주의는 자유주의 국민국가들의 모순을 지적한다. 이들 국가들은 보편성을 추구한다면서 사실상 지배집단의 이해관계와 문화에 대표성을 부여하고 소수자집단을 소외시켜왔다는 것이다.

전통적인 자유주의자인 슐레진저는 국가정체성과 다문화주의를 보편 대 특수의 대립으로 보는 시각을 견지한다. 그에 의하면 "민주주의와 인권의 이상에 대한 헌신"이 "공통적 민족기원이 부재한 미국인을 하나로 묶어 준" 요소였고 미국인의 의무는 이 이상의 추구라는 "원칙과 현실의 틈을 계속 좁혀"가는 것이다. 그는 미국이 "더 이상 앵글로색슨이 지배하는 나라가 아니"며 이미 "민족, 종교, 정치의 구분선을 초월하는 이상을 구현"하는 "실험"을 해왔다고 주장한다. "이 실험의 성공은 미국의 목표를 미국인들이 지속적으로 믿어야" 가능하지만 "공통의 이상에 대한 헌신을 공유한다는 생각을 지배집단의 논리라며 거부"하는 다문화주의자들은 "하나의 민족"으로서 미국인의 이상 대신 "그들만의 거주지"에 남으려 한다. 다문화주의가 강해질수록 미국에게 남겨진 미래는 "국가공동체의 분열, 아파르트헤이트, 발칸화, 부족화"

라고 그는 개탄했다.[3]

슐레진저는 다문화주의를 미국의 통일을 저해하는 요소이자 다양성 속에 하나의 나라와 민족을 만들어 온 미국의 이상에 대한 부인이라고 단언한다. 다문화주의자들은 비주류집단의 과거도 포함하는 방식으로 역사교과서를 개편하고 이민자 가정 아동을 위한 이중언어수업의 필요성을 주장한다. 슐레진저는 다문화주의자들의 요구를 미국의 근간에 대한 도전이라고 보며 모든 미국 아동은 공화국의 건립이상인 서구 민주주의와 서구문명, 그리고 영어를 먼저 배워야 하다고 주장한다. 다문화주의자들의 주장처럼 아프리카와 아메리카 인디언의 역사가 공립학교 교과과정에 포함된다면 이는 오히려 소수자 아동들이 미국사회로 동화하는 과정을 방해할 것이기 때문이다. 그는 20세기 초 이민자들의 동화를 추인하기 위해 사용되던 개념이던 도가니the melting pot와 미국화Americanization의 유효성을 승인하며 "공통의 이상과 통일된 사회의 개념을 반대하는" 다문화주의의 운동이 실패할 것이라고 확신한다.

홀린저는 다문화주의가 소수자 집단의 특수한 이해관계를 우선시하며 다양성 속에 통일을 지향하는 미국의 이상과 상충할 소지가 있다는 슐레진저의 가정에 기본적으로 동의한다. 그러나 홀린저가 보기에 다문화주의의 가장 큰 문제는 혈연이나 출생에 의해 결정되는 집단에의 소속감을 개인의 근본적 정체성으로 밀어붙이며 개인에게 다른 집단에의 소속을 선택할 권리를 차단한다는 점이다. 무엇보다 다문화주의는 피부색으로 결정되는 인종 및 에스니시티 집단들 사이의 갈등을 더욱 심화시킬 것이라고 홀린저는 우려했다.

홀린저는 90년대 다문화주의의 부상의 원인을 미국적 보편주의의 실패에서 찾는다. 미국정부와 헌법이 에스니시티를 구별하지 않는 보편적 시민권을 약속하고 있음에도 불구하고 비백인 집단에 속하는 사람들 사이에서 다문화주의가 수용되는 이유는 미국이 보편주의의 이상에 부합하는 정치를 실천하는 데 실패했기 때문이다. 근대 미국에서 교육의 혜택, 폭력으로부터의 보호, 직업, 주거의 선택 등의 시민적 삶에서 인종과 에스니시티의 구획을 따라 차별이 일어났다. 모든 인간의 평등을 전제로 하는 미국의 보편주의 이상은 피부색을 구별하지 않는다는 신념에 기초한 것이지만 실제로는 피부색과 인종에 따른 차별이 공공연히 일어났다. 보다 많은 미국인들이 진정한 평등의 실현을 위해서는 인종과 에스니시티에 따른 구별의 현실에 법이 더 민감해져야 한다고 주장하게 되었다. 이것이 바로 1960년대 민권운동의 요구였다.

홀린저는 90년대 다문화주의의 등장 배경 중 하나로 60년대 민권운동의 평등 요구에 대한 미국정부의 화답이었던 적극행동, 더 정확히 말하자면 적극행동의 대상자를 결정하는 방식이다. 인종소수자에 대한 차별을 개선하려면 인종소수자를 분류하는 기준이 필요했는데 이를 위해 동원된 것은 노예제와 인종분리시대에 채용되던 피부색과 혈통에 따른 인종구분방식이었다. 그것이 1977년에 연방정부가 채택한 4개의 인종 범주(백인, 흑인, 아메리카인디언, 아시아인) 와 1개 에스닉범주(히스패닉)로 홀린저는 이를 “에스닉-인종 오각형”이라고 부른다.[4] 홀린저는 이 “에스닉-인종 오각형”의 문제점으로 각 인종집단 내부의 문화적 차이의 소거와 인종 집단별 구별의 강화, 그리고 이 5개

범주와 인종분리시대의 인종범주 사이의 유사성을 든다. 인종범주는 유럽, 아시아, 아프리카, 남미의 다양한 민족들을 하나의 인종집단으로 환원시킨다. 인종 불평등을 교정한다는 의도로 인구를 분류하는 과정이 결국 전통적 인종 구분을 강화하는 아이러니를 낳은 것이다. 홀린저의 표현을 옮기자면 "계몽된 반인종주의가 낡은 인종주의적 재료를 가지고 오늘날 에스닉-인종 오각형을 제조"했던 것이다.[5]

홀린저의 입장을 요약하자면, 다문화주의가 소수자 집단의 자부심을 고양하고 인종불평등을 고발하는 장점도 있지만 혈통에 의해 결정되는 집단에 따라 개인의 정체성을 결정한다는 점에서 인종이 생물학적으로 결정된다고 보는 인종분리시대의 인식과 다를 바가 없다. 다문화주의의 구상 속에서 공동체들은 서로 분리되어 있으며 공동체들 사이의 관계나 이 공동체들과 미국과의 관계는 드러나지 않는다. 인종과 에스닉 소수자를 차별로부터 보호하기 위해 도입된 센서스의 인구와 에스니시티 스케줄은 다문화주의만큼이나 낡은 인종개념에 착안해 미국인들을 5개의 집단으로 분열시키고 있다.

유럽과 북미의 국가들에서 다문화주의 논쟁의 정점은 결국 국민국가와 다문화주의의 관계였다. 다문화주의는 특수한 이해관계를 추구하지만 국민국가는 보편적 이해관계를 추구하기 때문에 이 둘은 대립하며, 다문화주의가 강해질수록 국민국가는 약화될 것이었다. 슐레진저와 홀린저 역시 다문화주의와 국민 국가가 양립불가능하다고 본다. 이들은 다문화주의가 미국적 정체성에 무관심하기 때문에 한계가 명백하고 사라질 것이라고 예측하면서도 다문화주의의 도전에 맞서 미국의 다양한 구성원을 통합할 수 있는 방안을 제시하려 했다.

슐레진저는 "미국의 보편적 정체성the common American identity"의 존재를 확신하며 "개인의 자유, 정치적 민주주의, 인권이라는 서구를 통합한 위대한 사상"이 다민족국가 미국을 하나로 묶어주는 요소였다고 본다.[6] 개인의 권리를 강조하는 미국 헌법과 집단의 권리를 주장하는 다문화주의는 근본적으로 화해할 수 없다는 것이다. 취업과 진학, 주거 등에서 소수자에 대한 차별을 근절하기 위한 적극행동은 소수자 집단 단위로 집행되지만 이는 과거의 잘못을 시정하기 위한 예외이지 선례가 되어서는 안 된다는 것이 그의 입장이다. 미국적 정체성의 다른 요소는 언어이다. 슐레진저는 "미국처럼 비균질적인 나라 안에서 통합을 이루려면 공통의 언어가 필수적"이라고 주장한다.[7] 이민자와 히스패닉 아동을 위한 이중언어교육에 대해 그는 일시적 필요를 인정하기는 하지만 이중언어교육을 제도로 정착시킨다면 오히려 인종적 적대감만 커질 것이라며 강력히 반대한다. 그렇다고 해서 그가 영어를 공용어로 만드는 헌법수정조항을 도입하자는 우파의 제안에 찬성하는 것은 아니다. 그럼에도 불구하고 그는 미국과 같은 다민족국가의 단합을 위해서는 공통의 언어가 중요하다고 믿는다. 그는 민주주의와 개인적 자유라는 정치적 이상에 동의하고 영어를 사용할 의지가 있다면 모두 미국인이 될 수 있다고 말한다. 20세기 초의 동화주의가 유럽출신 이민자들에게만 동화의 기회를 열었다면 그는 동화의 가능성에 인종과 에스니시티의 경계를 설정하지 않는다. 그러나 그는 소수자집단에게 문화적 정체성을 버리고 미국의 이상과 문화로 동화해 포함되라고 한다. 이를 위해 미국인은 모두 "우리 자신의 역사를 먼저" 배워야 하는데 여기서 "우리 자신"이란 "유럽의 경험을 물려받은" 미국을 의미한다.[8]

다양성 속에 통일을 유지한 방법으로 슐레진저가 제시한 것은 건국기의 자유주의 정치이념에의 천착과 이민자 및 소수자의 동화였지만 홀린저는 다양성을 단일성으로 환원할 우려가 있는 동화주의를 반대한다. 슐레진저가 미국의 우월성과 독특성을 강조하는 것과 달리 홀린저는 미국의 예외성과 선민의식에서 벗어나 하나의 평범한 국민으로서 미국인이 되자고 제안한다. 저서 제목처럼 홀린저는 "다문화주의를 넘어서 포스트에스닉 미국"을 지향한다. 그에게 이상적인 국가는 "에스닉-인종별로 다양한 인구에 의해서 공민적 원칙에 따라 정의되는 민주국가이자 자체의 국민문화a national ethnos을 보유한 민주국가"이다.[9] 그가 "포스트에스닉 전망"이라고 부르는 시각에 따르면, 개인과 혈연공동체의 관계는 영원하지도 억압적이지도 않다. "개인이 혈연공동체에 소속되기를 동의하지만 이 동의를 취소할 수 있다는 원칙"을 포함하기 때문이다.[10] 즉, "포스트에스닉 미국"이란 혈연공동체와 그렇지 않은 공동체에의 소속을 개인이 자발적으로 선택할 수 있는 미국, 공동체들 사이의 교류와 상호작용이 존재하는 미국이다. 또한 "포스트에스닉 전망"이 제대로 실현되려면 다양한 구성원이 공유하는 "국민문화national culture"도 필요하다고 본다.[11] 국민문화의 내용에 대해서는 특정하지 않았지만 미국인을 대표하는 국민문화의 필요성을 지지한다는 점에서 홀린저의 이상적 미국이 현존하는 국민국가와 별다른 차이를 보이지 않는다.

홀린저의 "포스트에스닉 미국"은 1916년 랜돌프 본이 제안했던 미국의 세계시민주의적 전망에다 국민 문화를 보유한 시민국가의 이상을 더한 것이다.[12] 본은 20세기 초 미국을 지배했던 이민제한주의를 비판하면서 다양한 인구를 가진 미국이 지구상에서 유일하게 세계시민주의를 실천할 수 있는 조건을 가지고 있다고 주장했다. 본의 세계시민주의가 민족과 국가의 경계를 초월해 인류의 보편성을 추구했다면 홀린저의 포스트에스니시티는 에스닉 집단과 시민국가없이 세계시민의 이상을 추구하기란 현실적으로 불가능하다는 점을 인정한다. 세계시민주의를 지향하는 포스트에스닉 미국은 특정 에스닉집단이 지배하는 에스닉국가가 아닌 다양한 에스닉집단을 중재할 수 있는 시민국가가 될 것이었다.

다인종미국인의 증가와 다문화주의의 예정된 소멸?

다문화주의를 비판하면서 슐레진저와 홀린저는 다문화주의의 자연스러운 소멸을 예고했다. 다인종인구를 가시화하는 방향으로 센서스 인종분류 방식이 변경되고 다인종인의 증가로 인해 개인에게 하나의 인종 혹은 에스닉 집단을 할당하는 다문화주의는 점차 기반을 상실할 것으로 기대되었기 때문이다. 그렇다면 다인종인구를 환산하는 센서스의 변화가 다문화주의와 인종범주의 고정성을 약화시킬 것이라는 슐레진저와 홀린저의 예측은 과연 적중했는가? 2000년과 2010년 센서스의 분석 결과에 따르면 다인종 센서스를 이해하려면 센서스 자료의 해석, 그리고 센서스의 인종/에스니시티 선택 질문에 대한 사람들의 판단 등 다양한 변수를 고려해야 한다. 먼저 센서스에서 인종과 에스니시티 범주는 작성자가 직접 선택하는 것인데 동일한 사람이 늘 같은 선택을 하지 않는다는 점이다. 수백만 명의 미국인들이 센서스마다 인종을 바꾸는데 특히 히스패닉, 다인종미국인, 아메리카인디언과 태평양제도 출신자들이 그럴 확률이 높은 집단이라고 한다. 그 이유는 여러 가지가 있을 수 있지만 확정할 수는 없고 추정만 가능하다. 추정 가능한 이유 중 하나는 많은 미국인들이 왜 인종을 선택한 후 에스니시티를 또 선택해야 하는 지를 이해하기 어려워하기 때문이라고 한다. 스스로 정체성을 정의하는 방식이 바뀌어서 그럴 수도 있고 적극행동이나 기타 정부의 혜택을 받기 위해 인종과 에스니시티를 바꾸는 경우도 있을 수 있다고 한다.[13]

홀린저의 예측처럼 인종의 복수 선택이 가능해지면서 개인에게 정체성 선택의 폭이 넓어졌다고 볼 수 있다. 그렇다고 해서 다인종미국인이 꼭 복수의 인종범주를 선택하란 법은 없으며 오바마의 인종 자기 정의가 그 대표적 예라 할 수 있다. 2008년 당시 다인종운동집단은 오바마를 다인종미국인의 미국사회로의 통합을 입증하는 증거로 보기도 했다. 그러나 이들의 기대와 달리 2010년 센서스에서 오바마는 스스로를 "아프리카계 미국인"이라고 정의했다. 2010년 당시 미국에서 실시된 인터넷 설문조사에서 오바마가 어떤 방식으로 그의 인종을 정의해야 하는가라는 질문에 대해 흑인과 백인 둘 다 선택해야 한다는 답이 거의 3대 1의 비율로 압도적이었다. 시트린과 시어스는 오바마의 선택, 그리고 오바마의 인종 선택에 대한 미국인의 기대와 반응을 다음과 같이 해석한다. 먼저 미국인들이 "인종 규정의 '한 방울 법칙'에서 벗어"나고 있다. 그리고 센서스 상 인종의 자기 정의가 "개인적인 선호"의 문제라는 점도 고려해야 할 때 오바마의 개인적 선호를 반영

해야 한다. 마지막으로 "오바마를 흑인으로 분류하는 사회적 관행이 그의 생물학적 혼종성을 뒤덮고 있다"는 점을 보여준다. 인종의 자기 정의는 인종을 보는 사회적 시선과 인식으로부터 자유롭기 힘들다. 오바마는 생물학적으로 흑백 혼혈이지만 그의 삶은 그의 흑인성에 의해 결정되었고 무엇보다 그는 미국 최초의 "흑인" 대통령이었다.[14]

다인종인구의 자기 정의가 가능해졌다고 해서 인종 불평등이나 고정관념이 변화하거나 과학적 근거가 없는 현재의 인종 구분이 사라지는 것도 아니다. 역사가 매튜 프라이 제이콥슨에 따르면, "다인종" 범주의 공식화로 인해 "본질적으로 고정된 인종들이 있고 이들은 때로 섞인다"는 개념이 오히려 강화될 수도 있으며 미국의 "길고 긴 인종혼합의 역사를 소거"하는 역설적인 효과로 이어질 수도 있다고 지적한다. 중요한 것은 다인종인을 구별하는 이유와 이 범주의 해석이다. 미국과 브라질의 센서스 인종 스케줄 변화를 비교한 정치학자 멜리사 노블스는 "다인종 개념이나 다인종 데이터가 존재한다고 해서 차별이 부재하다거나 차별을 증명할 수 없다는 것을 의미하지 않으며 '다인종' 데이터는 '단일인종' 데이터와 마찬가지로 해석되어야 한다"고 지적한다. 내전 이후부터 1920년까지 미국 센서스는 흑인혈통을 기준으로 혼혈인을 분류해 흑백 혼혈의 생물학적 문제점을 밝히려 했다. 2000년부터 시작된 다인종 센서스가 다인종인의 복합적 정체성을 인정하려는 선의에 나온 것이라면 19세기 말 20세 초의 흑백 혼혈인 범주는 인종주의적인 차별을 정당화하기 위해 존재했던 것이다.[15]

센서스의 인종-에스닉 스케줄의 근본적 기능을 국가 자원의 분배로 보느냐, 아니면 자기 정체성의 표현수단으로 보느냐에 따라 다인종인

범주의 효과에 대한 해석도 달라진다. 센서스를 자원분배의 도구로 보는 90년대 당시 민권단체들은 다인종범주의 추가로 인해 민권법과 적극행동이 축소되고 소수자들의 정치적 단합이 위축될 것을 우려했다. 다인종운동세력은 센서스를 우선적으로 자기표현의 수단으로 본다. 다인종운동세력과 홀린저는 센서스를 자기표현의 수단으로 간주하며 보다 평등한 국가 자원 분배를 위한 데이터로서 센서스의 기능을 무시하는 한계를 보였다고 할 수 있다.

90년대 미국은 인종관계 면에서 새로운 국면에 들어가고 있었다. 다인종주의 운동과 센서스의 인종 계수 방식 변화는 민권운동 이후 시기의 사회 문제들 -로스앤젤레스와 뉴욕의 도심에서는 벌어지던 인종폭동, 흑인의 하위계층화, 우파의 반이민정서와 입법 노력 등- 에 새로운 종류의 논쟁을 추가했다. 슐레진저와 홀린저는 다인종인 개인들의 자기표현 요구가 강해질수록 집단 정체성에 기반한 다문화주의의 주장은 약화될 것이라고 예상했다. 20여년이 지난 현재 다인종센서스의 효과에 대해서 말할 수 있는 것은 이것이다. 인종이 서로 다른 부모를 둔 미국인들이 그들의 인종을 무엇이라고 정의할 지는 예측하기 어려우며 역사, 환경, 그리고 사회적 인식이 이들의 인종정체성에 여전히 영향을 준다. 다인종인을 통계적으로 가시화한다고 해서 인종에 대한 사회적 고정관념이 바뀌고 이에 기반해 형성된 다문화주의운동이 사라지길 바라는 것은 그들의 희망사항일 뿐이다.

다문화사회 미국과 다문화주의의 화해 가능성

슐레진저의 가정처럼 다문화주의는 다양성 속에 통일성을 추구하는 미국의 이상에 위협을 가하는가? 아니면 홀린저의 우려처럼 다문화주의로 인해 미국 내 인종 및 에스닉 집단 사이의 갈등은 오히려 더 악화되어 궁극적으로 미국인의 단합을 어렵게 만들 것인가? 슐레진저와 홀린저의 가정대로 다문화주의와 미국적 정체성이 노정하는 특수와 보편의 대립구도는 불가피한가?

역사가 니킬 팰 싱은 1990년대 다문화주의를 특수주의, 분리주의라고 보는 미국 지식인들의 비판 담론을 전후 미국의 역사적 맥락 안에 위치시킨다. 싱에 따르면, 90년대 자유주의 지식인들의 다문화주의 비판은 냉전기 미국 자유주의 지식인들 사이에서 형성된 미국의 보편성에 대한 신념을 참조한다. 전후 초강국으로 등극한 미국은 미국 내 인종주의에 대한 국제사회의 비판, 그리고 인종정의와 경제적 평등을 요구하는 민권운동의 국내적 압박에 직면했다. 냉전기 백인 자유주의 지식인들은 미국을 피부색을 구별하지 않는 보편주의의 이상을 추구하는 나라라고 선전했다. 하지만 이들은 미국적 보편주의의 이름으로 마틴 루터 킹 목사, 신좌파, 블랙내셔널리즘의 베트남전 반대를 비미국적이라고 비판하기도 했다. 이 글에서 소개한 슐레진저 역시 바로 냉전기 자유주의 역사가였다. 즉 냉전기 자유주의 지식인들은 보편주의 국가의 이상을 말하면서 미국 내셔널리즘을 이끄는 지배 민족과 문화를 가정했고 흑인 민권운동과 급진좌파가 보편주의의 이름으로 미국의 제국주의적·인종주의적 전쟁을 비판할 때는 이들을 비난했다는 것이다. 90년대 다문화주의의 선례로 60년대 말 민권운동의 급진화가 흔히 언급되는 데 싱은 이런 해석을 냉전기에 형성된 미국적 보편주의라는 역사적 맥락에서 나온 것으로 봐야한다고 주장한다. 싱의 평가에 의하면, 홀린저의 포스트에스닉 미국은 특정 에스닉집단이 지배하는 에스닉국가가 아닌 다양한 에스닉집단을 중재할 수 있는 공민적 내셔널리즘을 지향한다는 점에서 슐레진저의 미국보다는 보편주의적 이상에 좀 더 근접했다. 그럼에도 불구하고 홀린저는 미국적 국민문화를 강조함으로써 보편주의보다 내셔널리즘에 경도되었다고 싱은 비판한다. 싱의 통찰을 빌어 정리하자면 냉전기와 1990년대 자유주의 지식인들은 보편주의와 공민적 내셔널리즘의 미국적 이상을 말하면서 정작 소수자집단이 평등을 요구할 때는 이들의 요구를 특수주의라고 비난했던 것이다.[16]

정치학자 잭 시트린과 데이빗 시어스는 다문화주의의 이론적 주장과 현실적 실천, 그리고 다문화주의에 대한 엘리트와 대중 사이의 인식 격차를 연구한다. 90년대 문화전쟁에서 다문화주의를 공격했던 학자와 엘리트의 가설에 따르면, 다문화주의를 지지하는 미국인들은 미국인으로서의 정체성에 동화되기보다는 소속인종 혹은 에스닉 집단의 일원으로 남는 쪽을 선택할 것이었다. 학계의 가정과 달리 거의 모든 집단의 미국인들이 사회적인 다문화주의 정책 -문화적 소수자를 강제적 동화로부터 보호하고 이들의 문화적 정체성을 인정하는 정책- 을 지지하면서 동시에 강한 애국심을 보였고 이민자의 영어습득의 필요성도 수긍했다. 미국인들은 캐나다처럼 국가의 법으로 소수문화의 대표성을 보전하는 정도의 정치화된 다문화주의적 입장에는 대체로 반대했다.[17]

시트린과 시어스는 미국에 대한 애착, 에스닉 정체성 의식, 미국적 정체성과 에스닉 정체성의 관계, 그리고 다문화주의에 대한 여론, 이 4가지 항목으로 질문을 분류했다. 그리고 응답자의 세부 정보 지표로 에스닉 -인종집단, 연령, 학력, 지지정당- 을 포함해 응답의 성향을 분석했다. 첫째, 미국에 대한 애착관련 질문에서 모든 인종 -에스닉 집단의 응답자가 전반적으로 미국에 대해 긍정적인 태도를 보였다. 응답자들은 미국을 모든 사람을 평등하게 대접하고 열심히 노력하면 성공할 수 있는 나라라고 보았고 진정한 미국인이 되려면 미국의 법과 제도를 존중해야 한다고 답변했다. 흑인의 경우 백인보다는 미국에 대한 확신이 낮았지만 흑인 응답자의 다수가 애국적 감정을 표출했다. 둘째, 에스닉 정체성 의식 관련 질문에서 가장 차별받는 소수자집단인 흑인집단에서도 강한 수준의 에스닉 정체성은 드러나지 않았다. 다문화주의 정책 -이민 증가, 이중언어 등- 에 대해서 응답자가 해당 정책의 수혜자에 속하는 경우에는 긍정적으로 답변했지만 그렇지 않은 경우에는 부정적으로 답변하는 경향이 드러났다. 하지만 수혜집단 안에서도 차이가 있다. 이중언어정책에 대해서 라티노는 대체로 긍정적이지만 미국에서 태어난 라티노인 경우 영어교육의 중요성을 강조했다. 셋째, 미국적 정체성과 에스닉 정체성 사이의 관계를 물어보는 질문에서 소수자의 에스닉 정체성이 강할수록 애국심이 약화된다는 증거를 찾아보기 어렵다. 아주 소수의 흑인과 라티노 응답자만 스스로를 에스닉 정체성으로만 정의하길 선택했고 대다수는 스스로를 "그냥 미국인" 혹은 하이픈으로 에스닉 정체성과 미국인 정체성을 연결하기를 선택했다. 넷째, 어떤 종류의 다문화주의 정책을 지지하는가라는 질문에 대해 미국인들은 부드러운 다문화주의 정책 -이중언어 투표용지나 안내판, 에스닉 기념일 제정- 은 환영하지만 소수자 미국인들조차도 강경한 다문화주의 -연방정부의 기금으로 소수자문화를 보전하는 것, 이중언어의 공식적 인정- 에 대해서는 반대했다.[18]

시트린과 시어스의 여론조사 분석 결과는 인종 -에스닉 집단의 경계를 가로질러 미국인들이 온건한 다문화주의 정책을 지지하면서 미국에 대한 애착도 느낀다는 점, 그리고 에스닉 정체성과 미국인 정체성을 공평하게 수용하고 있음을 보여 준다. 다문화주의가 미국을 분열시킬 것이라는 슐레진저의 우려는 기우에 불과하고 시민국가 미국에 대한 미국인들의 확신은 홀린저와 슐레진저 모두를 안심시킬 만하다. 미국에서 태어난 라티노 이세가 강한 동화의지를 보인다는 점에서 사무엘 헌팅턴이 개탄했던 미국의 "히스패닉화"는 일어나지 않을 것이다. "헌팅턴, 슐레진저, 그리고 다른 이들이 상상했던 걱정스러운 시나리오와 달리 우리의 분석은 미국의 단합을 위해 보다 장밋빛 미래를 제시"했다고 시트린과 시어스는 결론내린다. "그렇다면 우리는 모두 다문화주의자인가, 혹은 동화주의자, 혹은 둘 다, 혹은 둘 다 아닌가?"라는 질문에 대해 시트린과 시어스는 다문화주의와 동화주의의 의미를 어떻게 정의하느냐에 따라 4가지 선택지가 모두 가능하다고 본다. 다문화주의가 "소수자 집단에 대한 차별의 적극적 폐지"를 의미한다면 많은 미국인들이 이에 동의하기 때문에 미국인은 대개 다문화주의자라고 볼 수 있을 것이다. "이민자들은 영어와 미국의 정치적 민주주의를 배워야 하는 생각을 동화"라고 본다면 많은 미국인들이 동화주의자에 들어갈 것이다. 다문화주의와 동화를 이런 식으로 정의하면 미국인들은 다문화주의자이면서 동시에 동화주의자일 수도 있다. 그러나 다문화주의가 "에스닉집단의 차이를 강조"하고 동화가 "문화적 차이의 강제적 중단"을 의미한다면 오늘날 미국인들은 다문화주의자들도 동화주의자도 아니다.[19]

시트린과 시어스는 미국인들의 인식 속에서 다문화주의와 동화주의는 다양한 층위를 가지고 변화하는 개념이라고 해석하며 마찬가지로 미국적 정체성의 개념도 변했다고 본다. 이들은 미국적 정체성이 약화되었다기보다는 어조의 변화에 주목한다. 다문화주의 교육을 받은 젊은 세대 미국인일수록 인종과 에스니시티를 막론하고 이전 세대보다는 애국심을 덜 열정적이다. 반면 라티노 이민자와 이들의 미국태생 자녀들은 20세기 전반기 유럽계 이민자들처럼 강력한 동화의지와 애국심을 피력했다. 시트린과 시어스의 연구는 다문화주의와 미국적 정체성을 대립적 관계에 있다고 보는 학계의 통설에 효과적으로 문제를 제기하며 대중적 인식 속에서 다문화주의에 대한 지지와 미국적 정체성은 공존가능한 개념이라고 확인한다.

다민족국가 미국에서 에스닉 집단의 이해관계와 국가의 이해관계는 역사적으로 긴장 관계에 있었다. 90년대 미국의 자유주의 학자와 논객은 다문화주의와 미국적 이상의 차이를 특수 대 보편의 틀로 보았다. 다문화주의의 대안으로 이들은 공통의 이상으로 다양한 인구를 통합하는 나라 미국을 제시한다. 슐레진저가 보편주의의 이상으로의 회귀와 공통의 언어라는 오래된 도구로 미국의 통합을 제안한다면, 홀린저는 에스닉정체성을 초월한 연대의 공동체이자 미국적 국민문화를 보유한 세계시민주의적 국민국가를 상상한다. 슐레진저와 홀린저 모두 미국의 정치적 자유주의와 내셔널리즘적 전통을 유지하자고 주장한다는 점에서 이들은 현대 정치이론 중 "자유주의적 내셔널리즘liberal nationalism"에 속한다고 볼 수 있다. 자유주의적 내셔널리즘은 자유주의 국가에 공통의 문화로 단결된 네이션이 필수적이라는 생각으로 다문화주의를 적극적으로 수용하려 하지 않는다고 할 수 있다.[20] 슐레진저의 대안은 여전히 유럽중심적이고 미국적 예외주의에 빠져 있다는 한계를 가지며 홀린저의 대안은 사회적 양극화과 인종 간 소득 불평등이라는 사회경제적 현실을 무시한 이상주의에 가깝다. 미국의 인종주의적 차별의 과거와 현재는 미국이 보편주의의 이상을 주장할 근거를 축소시킨다. 물론 이상적인 자유민주주의 국가를 구현한 예는 세계 어디에도 없으며 특정 에스닉 집단이 사실상 국가를 대표하는 예는 미국으로 국한되지도 않는다. 다양성 속에 미국이 국가적 단합을 어떻게 달성할 것인가라는 문제는 여전히 미완의 과제로 남았다.

다문화주의의 상승은 유럽과 북미 정치이론가들로 하여금 지구화 시대 자유주의 국가와 공동체주의의 접합 가능성에 대해 고찰하게 만들었다. 캐나다의 정치이론가 윌 킴리카로 대표되는 "자유주의적 다문화주의liberal multiculturalism"는 자유주의 국가가 자유주의 이론의 평등주의 원칙에 입각해 문화적으로 정의되는 "사회집단societal groups"을 포용할 수 있다고 주장한다.[21] 영국의 비쿠 파렉은 자유주의의 긍정적 가치를 인정하면서도 자유주의가 다문화주의를 수용할 정도로 보편적 가치인지에 대해 의문을 가진다.[22] 캐나다 철학자 찰스 테일러는 "깊은 다양성deep diversity" 개념으로 다문화주의와 국가의 결합을 모색했다. 미국 법학자 새라 송은 캐나다 철학자 찰스 테일러의 "깊은 다양성deep diversity" 개념을 다음과 같이 설명한다. 다양성 수용에는 두 가지 차원이 있는데 "집단 정체성과 시각의 다양성을 인정하는 1차적 수준"이 있고 이것이 현재 미국과 대부분의 나라에서 다문화주의를 수용하는 방식이다. 깊은 다양성이란 1차적 수준을 넘어 "정치공동체에 소속되는 방식이 다양할 수 있다는 것을 인정하는 2차적 수준의 다양성"을 의미한다. 정치공동체에 소속되기 위해 모든 구성원이 동일한 가치를 반드시 공유해야 하는 것이 아니라 "각자의 방식으로 정치공동체에 소속"될 수 있다는 것이다.[23]

다양한 기원을 가진 인구의 통합과 연대라는 과제를 추구하려면 미국은 다문화주의의 도전과 소수자의 인정 요구를 좀 더 적극적으로 고려할 필요가 있다. 즉, 다양성을 일시적이고 제한적으로만 수용하기보다는 다양성의 가치를 모든 미국인이 공유하는 국민문화의 일부로 받아들이는 것이다. 서구 연방제 국가들 중 캐나다가 1988년에 채택한 다문화주의법은 국가 제도와 기관에서 다문화주의 프로그램 및 활동을 실행하도록 장려함으로써 "깊은 다양성" 개념을 실천한 예로 볼 수 있다. 물론 슐레진저처럼 보편적 개인의 자유를 미국의 중심 가치로 보는 사람들은 캐나다의 다문화주의법처럼 소수자 집단의 대표성을 보장하고 집단적 권리를 인정하는 것을 불편해 할 것이다. 추상적인 개인 -사실상 백인 남성- 을 자유와 권리의 보편적 주체로 설정한 계몽주의 시대의 논리는 20세기 초까지 백인과 남성이 아닌 사람들의 자유를 해방시키기 보다는 제한하는 근거로 작동했다. 계몽주의의 보편적 인간관이 상정하는 추상적 개인이 아닌 다양한 공동체에 뿌리내린 살아있는 사람들의 복합적 정체성을 인정하고 실질적 평등을 실현하려면 민주국가들의 법과 제도의 가정이 바뀌어야 할 때이다.

참고문헌

- Bourne, Randolph. "Trans-national America," *The Atlantic*. July 1916.
- Citrin, Jack, and David O. Sears, *American Identity and the Politics of Multiculturalism*. New York: Cambridge University Press, 2014.
- Cohn, D'Vera. "Millions of Americans Changed Their Racial or Ethnic Identity from One Census to The Next," *Pew Research Center*, May 5, 2014, https://www.pewresearch.org/fact-tank/2014/05/05/millions-of-americans-changed-their-racial-or-ethnic-identity-from-one-census-to-the-next/[2020년 3월 24일 검색].
- Elam, Michelle. *The Soul of Mixed Folk: Race, Politics, and Aesthetics in the New Millennium*. Stanford, California: Stanford University Press, 2011.
- Gerstle, Gary. "The Limits of American Universalism," *American Quarterly*, 45:2 (1993), pp. 230-236.
- Glazer, Nathan. *We Are All Multiculturalists Now*. Cambridge, Massachusetts: Harvard University Press, 1997. 서종남, 최현미 역, 『우리는 이제 모두 다문화인이다』 서울: 미래를 소유한 사람들, 2009.
- Higham, John. "Multiculturalism and Universalism: A History and Critique," *American Quarterly*, 45:2 (1993), pp. 195-219.
- Hollinger, David A. *Postethnic America: Beyond Multiculturalism*. 10th anniversary ed. New York: Basic Books, 2005.
- Huntington, Samuel. *Who Are We?: The Challenges to America's National Identity*. New York: Simon & Schuster, 2004.
- Jacobson, Matthew Frye. "History, Historicity, and The Census Count

by Race," in *The New Race Question: How the Census Counts Multiracial Individuals*, ed. Joel Perlmann and Mary C. Waters. New York: Russell Sage Foundation, 2002, pp. 259-262.

- Kymlicka, Will. *Multicultural Citizenship: A Liberal Theory of Minority Rights*, Oxford: Oxford University Press, 1996. 황민호·송경호 역, 『다문화주의 시민권』 서울: 동명사, 2010.
- Nobles, Melissa. "Lessons from Brazil: The Ideational and Political Dimensions of Multiraciality," in *The New Race Question: How the Census Counts Multiracial Individuals*, ed. Joel Perlmann and Mary C. Waters. New York: Russell Sage Foundation, 2002, pp. 300-317.
- Parekh, Bhikhu. *Rethinking Multiculturalism: Cultural Diversity and Political Theory*. London: MacMillan, 2000.
- Schlesinger, Arthur M. Jr., *The Disuniting of America: Reflections on a Multicultural Society* Rev. ed. New York: W.W. Norton & Co., 1991; 1998.
- Singh, Nikhil Pal. "Culture/Wars: Recoding Empire in an Age of Democracy," *American Quarterly* 50:3 (1998), pp. 471-522.
- Song, Sarah. "What Does It Mean to Be an American?," *Dædalus* 138:2 (Spring 2009), p. 1, pp. 31-40.
- Taylor, Charles. M*ulticulturalism and "the Politics of Recognition": An Essay by Charles Taylor*. Princeton: Princeton University, 1992.

이주와 인문학적 상상력
Migration and Humanistic Imagination

4장

생생한 이주민 이야기

일 시 : 2019년 12월 14일(토)
행 사 명 : '이주의 인문학'사업단 1차 국내학술대회
발 표 자 : 신혜영(하나다문화센터 센터장)
임현숙(안산 러시아교육기관 '노아네' 교장)

1부 하나다문화센터 '다린'

사회자

제1부에서는 다양한 주제를 가지고 학술대회를 진행했다면, 제2부에서는 전문가를 모시고 생생한 현장 이야기를 듣는 귀한 시간을 갖도록 하겠습니다. 그래서 저희에게는 아주 소중한 의견을 주실 두 분을 모셨습니다. 한 분은 하나다문화센터 '다린'의 신혜영 센터장님이시고요. 다른 한 분은 안산 러시아교육기관 '노아네'의 임현숙 교장선생님 모셨습니다. 바쁘신 와중에 참석해주셔서 감사드리고요. 저희에게 주어진 시간은 1시간이기 때문에 한 20분 정도 전문가님께서 발표를 해주시고 저희가 나머지 시간에는 토론하는 시간을 갖도록 하겠습니다. 먼저 센터장님부터 모시겠습니다.

발표자 **신혜영 센터장**

안녕하세요. 저는 하나다문화센터 '다린'에서 일하는 신혜영입니다. 일단 제가 학장님께서 전화를 주셨을 때 현장 이야기를 해주면 좋겠다고 하셨는데, 제가 이제 한국어도 가르쳤고 이주민이랑 십 몇 년을 일하다 보니 말도 짧고 쉽게 얘기하고 간단합니다. 저희 센터의 이야기, 소소한 이야기 편하게 들어주시면 좋겠습니다.

하나다문화센터 '다린' 소개

하나다문화센터 '다린'은 함께 성장하며 행복을 나누는 하나 금융 그룹이 사회 공헌 사업으로 만든 센터입니다. 하나 금융 그룹이 센터를 만들고 그리고 모든 예산을 주고 있는데요. 기업들이 대체로 일시적이나 일회성 행사 지원을 많이 하는 데 비해서 좀 더 하나 금융은 좀 장기적으로 좀 제가 봤을 땐 진정성 있는 가치 실현을 위해서 센터를 만들고 다양하게 지원하고 있습니다. [이게] 제가 전에는 정부 지원하는 외국인 근로자 센터에서 일하다가 이쪽으로 와서 일하게 된 이유인데요. 여기 온 게 단지 많이들 오해하시는데 하나 금융이 돈을 엄청 주는 거 아니냐는 생각을 하실 수도 있는데, 정말 여러분 생각하신 만큼 많이 주지 않습니다. 어쨌든 단지 돈 때문에 온 게 아니라요. 여기는 정부 지원하는 데보다 조금 사업에 대한 자율성이 있습니다. 그걸 보고 온 거고요. 그리고 또 어쨌든 사업에 그렇다고 저희가 막 하는 게 아닙니다. 이주민 얘기도 충분히 듣고 또 뒤에 얘기하다보면 나올지 모르겠지만, 다문화 이주민들이 참여하는 다문화 교육이 빠르게 변화하고 있어요. 빠르게 변화하는 요구나 그런 것들을 저희가 좀 빠르게 대응할 수 있는 그런 부분에서 이주민들이 저희 센터를 좋아하시고 또 제가 즐겁게 일할 수 있는 이유가 아닐까 생각합니다. 저희 센터는 하나 금융 그룹이 만들고 해외 지원하는 '월드네이버스'의 위탁을 받아서 운영되고 있습니다.

다문화센터 하면 떠오르는 이미지들이 있으실 것 같아요. 그게 또 많이들 얘기 나오시는 만큼 고정관념이 아닐까 싶은데 어쨌든 제가 저희 센터를 얘기하는 데에 있어서 먼저 이 차이점을 이야기하고 가면 좋을 것 같아서 좀 구분을 했습니다. 이전에는 다문화가정 지원센터라고 하다가 최근에는 건강 가정 다문화가족 지원센터로 이름이 바뀌어 있는데요. 여성가족부와 지방자치단체가 만들어서 저희처럼 법인등록이 된 학교나 단체에다가 위탁을 주고 있고요. 기관을 이용하는 사람들을 저희는 제한을 두지 않습니다. 다문화가족 지원센터는 관련 법령에 근거가 있습니다. 저희가 늦게 시작했음에도 이주민들이 좋아하는 것은 운영시간 보시면 저희는 주말에 근무를 해요. 다문화가족 지원센터들이 평일에 일하는 분들, 그러니까 초기 입국자를 대상으로 사업을 진행하는데 반해 이제 장기 거주하신 분들은 우리도 아직도 멀었는데 왜 우리를 위한 프로그램들은 없냐, 평일에 일하는 우리도 뭐 좀 배웠으면 좋겠다. 저녁이나 주말에 이렇게 이용할 수 있는 게 있으면 좋겠다. 이래서 저희 센터가 주말을 열게 되었어요. 최근에 [다른] 다문화 가정 지원 센터는 행사나 요청이 있으면 주말에 문을 여신다고 하더라고요.

주요 사업방향

다문화가정지원센터의 주요 사업방향은 다문화 가족의 건강한 한국적응을 도와주는 것인데 저희는 좀 더 큰 의미로 그분들이 적응할 수 있는 사회 분위기를 만들자는 취지에서 다문화 인식 개선과 교류 부분을 조금 더 추진하고 있습니다. 저희가 이렇게 조금 [다른 다문화 가정지원센터와] 차별점을 두게 된 건…제가 예전에 외국인 근로자 센터에서 일했다고 말씀드렸잖아요. 거기 있어 보니까 일례가 이런 거예요. 주말에 한국어 교실을 등록하러 왔는데 이주 여성인 친구와 외국인 근로자가 손을 잡고 왔는데 '이주 여성은 외국인 근로자 센터의 대상이 아니니 너는 나가라. 그리고 외국인 근로자 너는 공부해도 돼.' 이것 또한 저희도 어쨌든 일하면서 인권에 대한 얘기를 되게 많이 배웠거든요. 근데 사람들의 인권을 생각한다면 '너는 돼. 너는 안 돼' 무슨 기준으로 그걸 잘라내느냐 이것에 대해서 좀 충격 아닌 그래서 계속 내부적으로도 얘기했었지만, 어쨌든 나랏돈을 받는다는 건 그런 부분이 있다는 생각이 들었습니다.

월드 네이버스와의 관계

다음으로 본격적으로 저희 센터 소개를 해드릴 텐데, 저희 센터 소개 할 때 법인 소개가 빠질 수가 없습니다. 저희 사단법인 월드 네이버스는 1992년에 모든 사람이 행복하게 사는 세상을 만들자는 설립목적을 가지고 외교통상부에 단체 등록을 했습니다. 주로 국내외 어려운 환경에 있는 주민들의 자립 노력을 돕는데요. TV에 보시면 월드비전 이런 여러 국제 NGO들이 그 아프리카 아기들 얼굴에 파리가 앉아 있는 거 봤죠. 직접적인 지원을 많이 얘기하는데, 저희는 사실 그렇게 크진 않습니다. 크진 않은데 주시는 후원금이나 모이는 돈들은 그 마을을 공동체들이 교육이든 돼지를 키우든 아니면 우물을 파든 이런 것들을 통해서 마을이 좀 자립할 수 있는 환경을 만들어주는 그런 활동을 하고 있습니다. 국내에서는 2001년부터 지금까지 서울시와 기업으로부터 센터를 위탁받아서 외국인 근로자 그리고 다문화 가족들, 이주민들이 어려움을 해결하는 다양한 사업을 펼쳐왔습니다. 보시면 이런 활동들을 다양하게 했습니다.

본격적으로 저희 센터 이야기를 해볼 텐데요. 많은 분들이 다문화센터하면 이미지들이 있잖아요. 동남아시아에서 온 여성들과 결혼한 가족들, 그런 데를 돕는 데 생각을 하는데, 저희도 물론 그 일이 중요하긴 합니다. 그렇지만 좀 더 넓은 관점에서 다음을 보시면 비전, 바람직한 다문화 사회를 실현하는 교류와 소통의 공간을 만들자는 취지로 설립이 됐고, 그리고 문화다양성 존중과 소통과 이해 그리고 공익적인 부분에서 사회에 기여하고자 센터를 운영하고 있습니다. 이런 저희 센터는 여기서 제일 가깝습니다. 한성대입구역 3번 출구에 있습니다. 아마도 가까워서 불러주시지 않았나 싶은데요. 보시면 이런 교실이 있고 강당이 있습니다. 저희가 원래는 조그마한 학원 같은 자리였는데, 저희가 열심히 하고 많은 분들에게 조금 더 도움이 되면 좋겠다 해서 하나은행 건물 한 층을 다 내주셨어요. 예쁘게 만들어 주셔서 지금 이런 식으로 사진에 보시는 것처럼 운영이 되고 있고요. 하루에도 여러 번 한성대 이름을 얘기합니다. 위치 때문에요. 그래서 한성대가 가족 같고 옆집 같은 그런 이름입니다.

센터 연혁

연혁을 보시면 저희는 2011년에 만들어졌어요. 그런데 2011년에는 세이브더칠드런이 하나금융으로부터 위탁받아서 운영을 하다가 저희 월드네이버스가 들어온 건 2012년 7월부터 들어왔습니다. 좀 전에 말씀드린 문화다양성, 소통과 이해, 공익성으로 모든 활동에 담아내려고 노력을 해왔고요. 이런 프로그램을 그동안 참여한 분들을 보시면 저희가 사실은 보고용이라서 찢어서 써놨는데 어떤 분들은 한국, 몽골 이런 걸 왜 이렇게 해놓았냐 불편하실 수 있는데 보고용이니까 다문화 가정 자녀가 얼마나 있고 이런 거 보고자 하는 거니까 봐주세요. 어쨌든 저희가 2012년에 들어와서 작년 말까지 95,000명 정도가 좀 안 되는 숫자인데요. 이건 제가 알기론 적지 않은 수입니다. 이 통계치를 본 많은 분들이 한국인들이 너무 많은 것 아니냐는 얘기를 하십니다. 그런데 저희가 말하는, 저희가 생각하는 진정한 다문화, 그리고 바람직한 다문화는 다양한 문화적 배경을 가진 사람들이 함께하는 공간이다. 근데 국적이나 종교, 인종 이런 것에 관계없이 같이 어울리는 것이고, 그리고 한국인이 물론 대한민국의 주류이긴 하지만, 또 한국은 다문화 사회라고 크게 보면 여기에는 국적이나 그런 거 상관없이 누구나 이용할 수 있는, 그래서 이용에 제한을 두지는 않고 있습니다. 그리고 이용자 국가가 2012년에 19개 나라에서 작년 말까지 70개국의 사람들이 센터를 다녀왔습니다.

주요 사업내용

[저희 센터는] 4개의 큰 사업 분류로 사업을 진행하고 있습니다. 세부적으로 보시면 먼저 다문화 가족생활 안정화 사업인데요. 바람직한 다문화 사회를 만들고 그리고 내외국인이 함께 행복하기 위해서는 어느 정도의 밸런스가 필요하다고 생각을 합니다. 그러기 위해서는 다

문화 가족이 한국사회를 이해하고 생활에 안정을 찾는 것도 필수라고 생각하고요. 그래서 외국인 주민이 원하는 것이 무엇인지 파악하고 이를 지속적인 교육으로 끌어가는 사업입니다. 저희가 오랫동안 있어서 이주민들에게 이야기를 들어보면 예를 들어 주말에 한국어 교실, 춤 교실 이런 것들을 같이 열어 보면 교육에 대한 욕구들이 되게 강하시더라고요. 우선순위 1, 2, 3이 같은 시간에 있으면 일단 한국어든 뭐 역량강화 교육이든 이런 거 먼저 하시고 시간이 남으면 춤이든 이런 걸 하겠다는 얘기하시는 분들이 많았어요. 이분들이 한국에서 행복하게 살기 위해서는 교육적인 부분이 빼놓을 수가 없는 부분이라서 이렇게 금융경제교육 그리고 한국어 교실, 하나 Kids of Asia는 이중언어 교육이에요. 그 외에 그들이 원하는 역량강화 프로그램들을 이 사업 안에서 진행하고 있습니다.

하나 글로벌 금융교육은 하나카드에서 연계해서 하고 있는데요. 아무래도 저희가 하나금융그룹에서 만든 센터이다 보니 금융 관련된 이런 것들을 뺄 수가 없더라고요. 다른 데는 그냥 있는 거 돌리는데 저희는 이주민 다문화 가정, 아니면 이주 여성 이런 다른 콘텐츠 개발을 했습니다. 소규모라도 그분들이 원하는 통역을 붙이고 교재를 그분들 언어로 만들어서 그분들이 어쨌든 얘기를 충분히 듣고 이해할 수 있게 통역까지 붙여가지고 진행을 하고 있어서 생각보다 반응도 좋고 몇 년 사신 분들도 되게 도움이 많이 된다고 많이 얘기하셨습니다.

다음은 맞춤 한국어 교실인데요. 많은 분들이 남들 다 아는 한국어 교실이 아니냐 근데 저희는 연령, 수준별 맞춤형으로 진행을 하고 있고요. 다양한 한국 문화 이해 수업을 학기 한 번씩 센터 밖으로 나가서 진행도 하는데 어쨌든 되게 많이들 이해하시는 건 다문화 센터에서 한국 이해하면 전통문화 많이 하고 한복 입고 송편 만들고 이런 거 되게 많이 하거든요. 저희는 그런 걸 잘 안 합니다. 어쨌든 이분들이 지금의 한국을 사는데 그렇게 전통을 물론 알아야 되지만…우리가 지금 익선동을 가고 삼청을 좋아하는 것, 이분들도 그런 것 알아야 되거든요. 그런 거 위주로 같이 가고 중간 중간 어디서…저렇게 도자기 만들러 갑니다.

그 다음 '하나 Kids of Asia'는 많이들 강조하는 다문화 가정 자녀들의 이중언어 교육입니다. 저희도 이제 이중언어 교육 + 부모 나라를 이해를 잘 했으면 좋겠다, 거기에 아이들이 엄마 나라, 아빠 나라의 언어, 문화, 그리고 클럽 활동도 좀 건강하고 재미있게 아이들이 할 수 있게끔 세팅하려고 많이 노력하는데요. 이거 관련해서 재미있는 에피소드가 하나 있는데, 사실 이중언어 교육이 되게 어렵습니다. 2년 전에 어느 라디오에서 인터뷰를 와서 아이들 인터뷰를 시켰는데, 인도네시아 반에 조금 많이 공부한 친구가 그러더라고요. 리포터가 이중언어 공부하니까 어때요? 그랬더니 우리아빠는 왜 외국 여자랑 결혼해가지고 나를 왜 피곤하게 하는지 모르겠다고 얘기하더라고요. 그래서 그 얘기를 지금 몇 년 째 써먹고 있는데 뭐냐면 너무 와 닿지 않으신가요? 왜냐면 자기는 지금 이거 말고도 공부해야 할 게 너무 많은데 사실 당장 이 언어, 인도네시아 말이 왜 필요한지도 모르는데 아빠가 자꾸 가라고 하니까. 그런데 결국 이 친구 몇 년 못 버티고 그냥 일반 학원 다니는데요. 지금 요즘 몇 년이 되니까 요즘 안타까운 거 하나가 한 4~5년 배운 아이들이 중고등학교로 가니까, 중학교에 올라가니까 아빠가 이제 그만해 영어 공부해야지. 이래서 저는 계속 얘기하거든요 아버님 최소한 외대 갑니다. 이중언어 하면. 어쩔 수가 없어요. 이렇게 얘기하는데도 일단 학교 성적이 나와야 되니까 독서 논술 가고 영어 학원 보내는 건 어쩔 수 없다고 그래서 아이들도 너무 토요일에 와서 놀고 싶은데 저희 맛있는 간식도 주니까 먹고 싶은데 어쨌든 아빠가 못 가게 하니까. 그래서 엄마들한테 얘기하고 너무 안타까운 현실이라고, 그렇게 4~5년 한 게 너무 아깝지 않냐고 했는데 아빠의 파워가 너무 세서 어쩔 수 없다고 얘기해서 저희도 안타까워하고 있습니다.

다음은 start up 교실인데, 저희가 이제 정한 것을 공지하기 보다는 이주민 분들이 역량강화를 위해서 필요한 교육 등을 요청해서 이렇게 개설하고 있습니다. 올해는 영어 교실, 바이올린, 벨리 댄스, 요가 교실 이런 것들을 진행했습니다. 이건 어쨌든 본인이 원하는 것을 세팅해서 되게 참여율도 높고 열심히 하시고 그리고 좋아하십니다. 다음은 다문화 플랫폼 사업인데요. 제가 한 13년 정도 이주 다문화 쪽에서 일하고 있는데, 해를 거듭할수록 느끼는 건 단순한 다문화 가족에 지원이 아니라 같이 어울리고 만들어가는 그런 공유와 상생의 중요성입니다. 최근에 이주민들이 기관 이용도 이용하지만, 커뮤니티를 구성해서 스스로들의 문제해결에 나섰습니다. 제가 십 몇 년 되니까 오래된 커뮤니티 대표님들은 사실은 기관 안 오세요. 왜냐면 이제 기업도 알아서 끌어오실 수 있고 전체적인 힘도 끌어다 하실 수가 있으세요. 그렇기 때문에 저희가 생각하게 된 건 미래 다문화 사회를 생각을 한다면, 미래 다문화 사회, 평화, 많이들 얘기하시잖아요. 그걸 생각한다면 저희가 더 이상 센터를 열어서 뭘 하는 게 아니라 우리가 그분들이 하는 것들을 도와주는 역할들로 좀 바뀌어야 되지 않겠나 해서 저희는 최근에는 이런 다문화 플랫폼, 이런 것들을 열어서 그분들이 할 수 있는 것들을 저희는 자립해서 할 수 있게끔 만들어드리고 있습니다.

그 대표적인 두 가지인데요. 다문화 커뮤니티 지원을 저희가 지금 연계한 팀이 한 47팀 정도 됩니다. 아시아, 아프리카에 이주민 커뮤니티들이 작게는 5, 6분, 크게는 100명, 200명 회원들이 있는 이런 단체들이 공간이 없거나 이런 걸 저희가 지원을 하는 거고요. 많이들 보면 뭔가를 하고 싶긴 한데 정보가 없으세요. 그래서 공간이 어디 무료로 있는 덴 없는지, 아니면 아이들이 산타클로스, 크리스마스 파티를 하고 싶은데 이런 것들이 없는지 그러면 저희가 정보를 연계하거나 아니면 저희 센터에서 공간을 내주거나, 아니면 너무 절박한 단체들은 저희가 좀 심사를 통해서 그런 활동비를 지원하고 있습니다.

다음은 다문화 발상인데요. 이건 커뮤니티 정기 모임을 통해서 관련 정보를 공유하고 다문화 사업에 대해 지속적인 모니터링을 합니다. 내외국인이 새로운 다문화 채널을 모색해서 미리 진행적 다문화 기관으로 나아가기 위한 꾸준한 모임과 활동을 만들어가기도 하고 플랫폼 활동은 어쨌든 다문화도 사람과 사람이 만드는 일이라서 저희가 품이 많이 드는 활동인데요. 이런 다문화 반상회를 정기적으로 한국인들끼리 따로 또는 내외국인 같이 하거나 아니면 이주여성 커뮤니티 대표들끼리 하거나 이런 식으로 다양한 활동으로 연계를 만들어가서 이분들이 뭔가를 만들어가고 스스로 갈 수 있는 걸 깔아드리는 중이에요. 그래서 이거는 사실 저희가 사업으로도 이런 건 보고에도 못 들어가고 저희가 사진도 못 올리거든요. 이건 그냥 보여드리려고 갔고 온[통] 먹는 것 밖에 없죠. 그런데도 어쨌든 보여드리고 싶었고, 이런 것들이 필요하지 않을까 얘기를 드린다는 거고요. 사실 그래서 저희는 하는 일보다는 더 많은 일들을 하고 있다는 것을 강조하고 싶었습니다.

다음은 문화교류 사업인데요. 이것도 우리 사회에서 외국인 다문화를 바라보는 편견이 여전하죠. 그래서 저희가 남녀노소 별 눈높이에 맞춰 세계문화를 이해하는 프로그램을 고민하고 있습니다. 가장 센터들이 많이 하는 세계문화 교실, 이주여성 선생님들이, 엄마들이 와서 한국 아이들에게 이걸 하는데, 이게 저희가 어떻게 보면 남들 다하는데 하는 이유는 필요성을 느꼈어요. 다문화 인식 개선에서 사실은 이거에 대한 부정적으로 얘기하시는 분들도 많으세요. 맨날 나가서 있게 하고, 애들 옷 입어보고, 먹는 거 먹고 그렇긴 하지만, 아까 어떤 교수님이 말씀하셨는데 흑인을 보고 뭐 이렇게 했다고 했잖아요. 근데 한 4, 5살짜리 아이들이 프로그램 할 때 보니까 흑인 선생님을 보고 흑인 선생님이라고 까맣다고 하지 않더라고요. 그게 뭐였냐면 아 이 다문화 교육은 어렸을 때부터 해야 하는구나. 왜냐면 선입견이 없고 누구한테 들은 게 없기 때문에 애들이 완전 깨끗해요. 그럴 때 이런 뭐가 없는 그런 것들을 심어주면 오히려 애들이 조금 더 글로벌하고 세계시민 많이 얘기하셨잖아요? 그런 거에 도움이 된다고 봐요. 그래서 조금 저학년일 때부터, 어렸을 때부터 이런 교육들을 먹는 거든 체험이든 간에 어쨌든 자꾸 전파하게 하는 것들이 필요하겠다 해서 꾸준히 하고 있는 프로그램입니다. 이거 외에도 아동청소년 대상으로는 이런 체험들을 하고 있고 같은 이름 아래 이주여성들에게는 한국 요리를 가르치고 있고요. 지역 주민, 지역 주부들한테는 세계요리를 가르치는 프로그램을 하고 있습니다.

그리고 지금 다린 언어교류와 토요미식회가 있는데요. 이거 언어 또는 음식을 주제로 다른 나라의 문화를 이해하는 프로그램입니다. 언어교류는 요즘 워낙 베트남이 핫하잖아요. 그래서 지금 관심들이 엄청 많으세요. 그래서 원래 시작은 언어를 주제로 세계를 이해하는 그런 시간이 됐으면 했는데 요즘 약간 학원 같은 분위기가 변화하고 있어서 저희도 좀 고민하고 있는 중입니다.

그 외의 활동

그 다음으로는 저희가 그밖에도 사각지대에 있는 다문화 가족을 찾아서 지원하는 사업을 하는데요. 사실 제가 느끼기에 저희 센터에 오는 다문화 가정분 소외계층 아닙니다. 그리고 자꾸 다문화 가족이 되게 어렵고 그런 얘기들 많이 하시는데 이게 조금 오해를 살 수 있지만 제가 느낀 거예요. 어쨌든 요즘 국제결혼을 통해서 온 가족은 무조건 소외계층이고 어려우니까 우리가 뭐라도 도와줘야 된다. 이런 인식이 많아서 저도 이쪽으로는 사실은 그런 지원이나 요청들이 올 때 내부적으로 되게 고민을 많이 합니다. 예를 들면, 김치가 100박스가 왔는데 이게 다 소외계층에 주는 것이 맞느냐? 그거에 대한 고민을 늘 하거든요. 이건 뒤에서 다시 말씀드리겠지만, 어쨌든 그렇기 때문에 저희는 네트워크화 된 단체나 커뮤니티들을 통해서 어쨌든 더 어려운 분들을 찾으려고 노력을 하고 있고, 그런 분들이 연락이 오면 도와드리려고 근데 무조건적인 게 아니라 저희가, 예를 들면, 몇 년 전에 난민 가정을 이제 지원을 하는데 애기 엄마가 혼자 애기를 낳았어요. 근데 이게 사실은 그 엄마도 특징이 좀 있고 아프리카에서 온 엄마들이 특징이 좀 있는데 말하기엔 조금 그렇고 어디 기록이 된다고 하시더라고요. 어쨌든 하는데 이 엄마를 매달 애기 육아 뭐 그런 생계지원비로 10만원씩 기저귀와 분유 값을 드린다고 하는데 중요한 건 마냥 줄 수는 없어요. 저희도 돈은 있지만. 그래서 엄마한테 '엄마 6개월까지만 드릴 테니 엄마도 애기를[육아를] 어느 정도 하고 일할 준비를 하셔야 돼요.' 이렇게 했거든요. 근데 그게 참 어렵긴 하더라고요. 어쨌든 저희가 마냥 지원하는 게 아니라 이게 인권적인 측면에서 어느 정도가 이 분들을 위한 것인지 고민을 하고 그 다음 지원을 하고 있습니다.

그리고 어쨌든 저희 하는 것들을 조금 알려야 되는데, 홍보 사업은 단순히 저희 센터를 알리는 게 아니라 지금 보시면 '다린 보이스' 있고요. 페이스북 있고 홈페이지, 블로그 이런 것들이 있는데요. 이런 걸 통해서 이주민의 정보 소외를 최소화 하고 시민들이 궁금해 하는 다문화 관련 정보들을 공유하고 다문화 인식 개선을 전개해나갑니다. 실제로 최근에 저희가 의료 관련돼서 올렸더니 저희 쪽으로 상담 올리시는 분들이 엄청 많더라고요. 저희는 정보를 공유하는 거지 디테일한 건 몰라요. 어디로 전화를 해야 하는지 이런 식으로 안내를 하고는 있는데, 어쨌든 정보라는 게 정부에서는 좋은 걸 내보내는데 그분들에게까지 깊숙하게 들어가는데 시간이 걸리기 때문에 저희도 그런 면에서 정보를 공유하는 활동들을 하고 있습니다.

그 외에 저희는 다문화 이주 관련해서 올바른 인식을 심어줄 수 있다면 기꺼이 외부와 연대를 하고 있습니다. 그리고 무엇보다 저희 센터의 가장 큰 힘이자 장점은 하나금융그룹의 아무래도 다양한 후원이 아닐 수 없는데요. 전체 예산이 모두가 생각하는 만큼 크지는 않지만, 이런 계열사에서 주시는 문화 활동 이런 기회들이 좀 있어요. 그것들을 이제 다양한 이웃, 어려운 이웃들에게 골고루 기회를 드리고자 노력하고 있습니다.

향후 과제

마지막으로 한 말씀만 드리면, 제가 십 몇 년 동안 이주민을 만난데서 경험과 고민에서 나와서 지금의 센터 모양을 갖추게 된 거고 그리고 여전히 저는 좀 변화해야 한다는 생각들을 많이 합니다. 예를 들면, 주말 프로그램 하지만 요즘은 옛날 같지 않아요. 왜냐하면 이제 교회들을 다니기 시작하셨거든요. 이런 이주민 사회 그리고 이주 여성들, 다문화 가족들 변화들을 저희가 빠르게 노력하려고 하고 아까 교수님께서 계속 말씀해주셨는데, 저희가 이 사업을 하는 핵심은 한국 사회 이미지, 다문화에 대한 고정된 이미지 이런 것들을 좀 변화시키고 하는 부분에 있어서 저도 이런 얘기들을 하려고 나왔는데, 저희 센터에서 만나고 많은 분들이 모이는데 요즘 다문화 가족 아까 어떤 교수님도 얘기하셨는데, 이주자 이런 이미지들이 있잖아요. 근데 예를 들면, 저희 센터에 대사님 부인이 오시고요. 그리고 국제결혼 업체를 통해서 온 이주 여성도 오고 또 미국 유학 가서 남편을 만나서 한국으로 따라온 이주 여성도 옵니다. 어쨌든 이제 다문화 가족하면 업체를 통한 다문화 가족만이 아니라 되게 다양한 형태로 다양한 과정을 통해서 온 분들이 되게 많다는 거예요. 그런 분들이 저희 센터에서는 누구씨, 누구씨에요. 대사 부인님 뭐 이렇게 모시는 것도 아니고 조금 더 친해져서 지나가는 누구 언니 이런 식으로 바뀌거든요. 교수님들도 계속 얘기하셨지만, 동등한 상황에서 격식 없이 누구 씨. 이주 여성민들, 이렇게가 아니라. 그런 인식의 변화, 이런 것들이 필요하고 지금 한국의 다문화는 사실 한국식 다문화인 것 같아요. 계속 다문화하면 이미지들이 언론 때문에 만들어진 이미지들이잖아요. 그런 것들을 연구하시는 분들이 벗어나기 위한 어떤 연구들이 필요하지 않을까 생각을 하면서 말을 정리하겠습니다. 감사합니다.

사회자

시간이 너무 촉박해서 아쉬운데요. 저희 이제 1부에서는 다소 경직된 시간을 가졌더라면, 이분들을 역시 생동감 넘치는 생생한 현장 이야기인 것 같아요. 신혜영 센터장님 너무 감사하고요.

2부 안산 러시아교육기관 '노아네'

사회자

그리고 두 번째 저희가 모실 전문가는 임현숙 대표님이십니다. 간단하게 소개를 드리자면 대표님은 한국외국어대학교 외국학 동학 연구센터 사회문화 연구소에서 초빙 연구원으로 계시고요. 현재는 안산 러시아 교육기관 '노아네'에서 교장선생님이십니다.

발표자 **임현숙 교장**

'노아네' 설립계기

여러분 안녕하세요. 연구하시면서 현장에서 뛰는 사람 불러주셔서 너무 감사합니다. 너무 감사하고 제가 조금이라도 도움을 드려야 될 텐데 어떨지 모르겠네요. 저는 결혼을 해서 남편 유학 때문에 러시아 페테르부르크Peterburg에 가서 6년을 살았고, 그 다음에 또 그 이후에 인연이 돼서 볼고그라드대학에 가서 한국어, 한국 문화를 또 2년 가르쳤고, 그때 가르쳤던 제자들을 또 7년 만에 안산에서 만났습니다.

그... 7년 만에 제자들이 한국에 동포비자를 받고 들어와서 일을 하고 있었어요. 그래서 너무 반가워서 뭐가 필요하냐. 그래서 저는 뭐 김치 필요해요 이럴 줄 알았더니 '학교가 있었으면 좋겠어요.' 그러더라고요. 러시아 학교가 있었으면 좋겠다. 아~ 한국 학교가 개방

되긴 했지만 많은 어려움이 있고, 밥도 잘 못 먹고 어려움이 있어서 러시아 학교가 꼭 필요하다고 생각되는데 지금 서울에만 러시아 학교가 있어서 안산에다가 자기들의 주 본거지인 안산에다가 학교를 하나 하면 좋겠다. 그래서 제가 또 체면이 있지 않겠습니까. 제자들에게 학교 하면 되지 뭐 그렇게 말했습니다. 그랬더니 그 만난 날 당장 제자가 '선생님 장소가 있는데요.' 하면서 저를 어디론가 데려갔습니다. 자기들이 이제 이렇게 생각했던 곳인 것 같아요. 근데 재개발 지역이에요. 그래서 값이 좀 저렴하고 보증금만 있으면 어떻게 할 수 있을 것 같더라고요. 그래서 남편과 시부모님께 말씀을 드려서 보증금을 받아서 평생 처음으로 월세라는 걸 내면서 시작을 한 게 벌써 5년이 지났네요.

설립목적

저희 학교는 러시아 학교이지만, 고려인 학생들이 90%입니다. 백인 학생들도 있지만, 고려인 학생들이 90%이고, 보시다시피 안산에 11,000여명의 고려인들이 주거하고 있습니다. 공단 때문에 처음에 들어오게 됐고요. 또 제가 있는 안산 단원구 선부동이 재개발 지역이고 한국 사람들이 떠나고 들어오고 하다보니까 저렴한 집값 때문에 그쪽에 자리를 잡게 된 것 같습니다.

제가 미술사를 전공하고 그러면서 인문학센터를 조그맣게 하면서 대안학교를 하나 했으면 좋겠다. 이런 생각을 했었어요. 근데 이제 그게 러시아 학교가 될 줄은 몰랐던 거죠. 그게 안산으로 오면서 대안학교인 러시아학교가 된 건데요. 늘 이렇게 생각을 했어요. 남편도 교육자고 저도 교육자인데, 결국은 우리가 글로벌 시대의 인재를 길러야 되지 않겠는가.

물론 대학도 그런 목표를 가지고 있는 줄 압니다. 그리고 앞으로 통일 한국시대가 되면 한국 애들만 갖고는 부족하다. 우리 아이들이 너무 줄었기 때문에, 그러면 한국에 와 있는 아이들도 우리 아이들처럼 길러야 하지 않겠는가. 그런 생각에 또 마침 이렇게 고려인 학생들이 동포의 피가 있기에 그런 학생들을 기르게 된 것이고요. 그래서 결국은 그 아이들이 한국과 러시아 양쪽을 다 아는 그런 아이들로 길러서 앞으로 세계의 주역으로 길러보자. 예. 이런 생각을 갖고 동의를 했습니다.

물론 제자들이 졸라서 그런 것도 있었지만 15년 9월에 설립했고요. 9월이 의미가 있는 것이 러시아는 9월 학기입니다. 9월에 시작해서 5월에 방학을 하거든요. 그리고 마침 이렇게 국내 고려인 디아스포라 중도입국 청소년들, 한국학교가 개방이 되어있어 문화적으로 겉은 한국사람 일지 모르지만 속은 여전히 러시아 사람의 정체성이 존재하는 그들에게 교육 기회를 제공하고 학비를 받아서 운영을 합니다. 국가 지원을 받을 수 없는 상황이기 때문에 학비를 받아서 운영을 하고 있습니다.

운영방식과 개설과정

교육 과정은 러시아 학제를 참고해서 11년으로 합니다. 1학년부터 11학년까지 초중고 과정이 다 있고요. 러시아 교사들, 그 자기 나라에서 러시아나 우즈베키스탄이나 카자흐스탄이나 이런 지역에서 교사를 하다가 한국에 들어오신 분들이 저희 학교에서 일을 하십니다. 그리고 학력 인정은 주한 러시아 대사관에서 졸업시험을 보고 또 저희와 자매결연을 맺고 있는 블라디보스토크 소재 국제학교를 통해 하고 있습니다.

저희가 처음 개교했을 때인 2015년의 학생 수는 6명이었습니다. 그래서 제가 깜짝 놀래가지고 문을 잘못 열었구나 그렇게 생각을 했었습니다. 그런데 개교하고 5년 후인 현재 입학생의 수는 처음보다 8배 정도 증가해 지금은 50명이 좀 넘고요. 교사는 12명 정도입니다. 교사들은 대체로 음악, 미술, 체육까지 다 해야 하는 관계로 그렇습니다. 그 다음에 교육 경관은 강의실 12개로 1학년부터 11학년이 각각 하나의 강의실을 이용하고, 나머지 하나는 사무실로 사용하고 있어요. 셔틀버스는 안산 내 학교 인근 지역에서만 운영되고 있습니다.

졸업할 때에는 제가 직접 학생들에게 졸업장을 주고 있습니다. 제가 인문학을 한 사람으로서 다문화 학생들에 인문학적 교육을 시켜주고 싶은 거예요. 서클활동도 시켜주고 싶고 근데 학교만 갖고는 그게 안 되는 거죠.

학교가 지금 어떻게 돼있냐면 등록이 교육청에 러시아 전문 학원으로 돼있습니다. 예. 대안학교 등록이 못 된 상황에서 한국에는 서울에 대사관 학교를 비롯해서 전국에 6개가 있는데, 대사관 학교를 뺀 나머지 학교들은 교육청에다가 러시아 전문 학원으로 신청하고 대안학교를 운영하고 있습니다. 그래서 어떻게 할까 하다가 어떤 분의 조언을 받고 다문화 청소년 문화 클럽을 만들자. 그래서 그 클럽은 무료로 운영을 하고 우리 학생들과 그 주변 지역의 러시아 학생들에게 인문학을 강의하고 한국어, 그리고 한국어 토픽 다양한 서클활동, 비전캠프, 체험학습. 이런 것들을 운영하고 있고요. 한국인을 위한 러시아어 강습도 진행해, 한국인들 중 러시아회화가 필요한 분들 대표적으로 사업가나 선교하시는 분들이 오셔서 배우고 계시고요, 월 1회 의료봉사단이 와서 학생들이 혜택을 받고 있습니다.

향후 비전과 과제

앞으로의 비전은 고려인들이 안산 내에서 주로 활동을 하다가 최근 점점 전국으로 흩어지고 있는데, 남양주, 천안, 경주, 광주와 같은 고려인 디아스포라 집중 지역에 분교를 열자. 교육공간을 마련하자. 지금 이런 이야기들이 있는 상태고요. 졸업생들이 지금 배출되고 있는데, 진학지원문제. 사실상 졸업하자마자 한국 대학을 가기가 쉽지 않습니다. 첫 번째, 교과과정에 한국어를 넣기는 했지만 언어가 부족하구요 그 다음에 경제적으로 고려인들은 외국인 여권을 갖고 있기 때문에 유치금이라는 것을 대학에다가 증명해야만 대학을 입학할 수가 있는데 1000만 원, 2000만 원 이런 게 이 사람들한테는 굉장히 부담되는 액수고요. 그 다음에 교육공간이 학교가 이런 건지 몰랐습니다. 너무너무 필요한 게 많았어요. 사실 교육공간이 강의실만 갖고는 부족하죠. 바로 옆에 태권도장이 있어서 다행히 거기서 체육수업은 하고 있지만, 이런 여러 활동을 위해서는 공간이 많이 필요합니다. 1회 입학식 할 때 이랬었고요. 17년 3회 입학식 할 때, 저희가 본관이 협소하다보니까 주변 지역과의 연계가 필수적이고요. 대강당이 없다보니까 입학식, 졸업식, 그 다음에 새해 성탄 행사는 주변에 교회나 뭐 YWCA 청소년클럽이나 이런 데를 찾아가서 행사를 진행합니다. 그런 러시아 대사관과 졸업식이고요, 저희 교사들, 다 러시아 분들이시고 한국어 교사하고 저만 한국 사람입니다.

그 다음에 서클활동. 지금 서클활동 같은 경우에는 중앙대, 외대의 지원을 받아서 저희가 지금 몇 년째 아주 잘 되고 있어서 감사하고, 지금 드럼이라든가 부채춤. 저도 잘 못 추는 부채춤을 서희 아이들이 배우고 있고, 요리로 배우는 한국어도 역시 인기가 많고요. 그 다음에 역시 러시아답게 연극반이 잘 돼서 원어로 러시아의 연극을 듣고 있습니다.

그 다음에 비전캠프 1년에 한 번씩 후원으로 처음에 시작됐고, 지금 저희가 자체적으로 좋은 전통이라서 해마다 1박 2일로 이어가고 있습니다. 그 다음에 성탄, 새해맞이 연극하면서 이렇게 하고요. 졸업식하고, 그래서 뭐 하루하루가 어떻게 가는지 모르게 이리저리 뛰어다니면서 이들이 교포지만 한국말을 잃어버리고 왔기 때문에 저희가 해야 될 일이 많은데.. 한성대에 부탁드리고 싶은데 제가 오늘 와보니까 너무 머네요. 두 시간 이상 걸려서 오시라고하기도 민망하네요. 안산에 이렇게 외국인들이 많이 있는데 이 거리를 어떻게 좁힐 수 있을지 고민입니다. 네 감사합니다.

3부 청중토론

사회자

감사합니다. 안산 저희랑 2시간 거리지만 기회가 되면 저희가 꼭 찾아뵙도록 하겠습니다. 저희 학교 '이주의 인문학'팀에게도 이런 기회가 필요한데요. 나중에 꼭 학생들 데리고 기관 한 번 방문하도록 하겠습니다. 네 시간이 촉박했어요. 바로 이어서 토론하는 시간을 갖도록 하겠는데요. 두 분 다시 앞으로 나오셔서 청중분들과 궁금하신 점에 대해 10분 동안 토론하는 시간 갖도록 하겠습니다. 그러면 저희가 또 허락을 받았습니다. 10분이 더 주어졌는데요. 20분 동안 저희가 전문가에게 질문하는 시간을 갖도록 하겠습니다.

질문자 1

질문이라기보다도 저희로써는 처음 시도하는 거거든요. 어떻게 보면 항상 이민과 관련된 연구를 하면서도 그냥 학계에서만 관련 논의를 했었지, 정말 이렇게 실질적으로 사회에서 활동하시는 분들하고 깊은 얘기를 나누어 본 적은 거의 없었던 것 같아요. 말하자면 어떻게 흘러가는지 모르고 이런 상황까지 지금 연구를 해왔는데요. 오늘 이렇게 또 신혜영 선생님께서는 아침부터, 처음 시작할 때부터 오셔서 계속 다 들어주셨어요. 지금 저희의 [이론적] 노력에 대해서 어떤 생각을 가지셨는지 가지시게 됐는지, 실질적으로 저희에게 뭐를 앞으로 해달라고 요구하고 싶으신지 그런 게 좀 듣고 싶습니다.

답변 신혜영(하나다문화센터 '다린)

일단 아까 와서 되게 공부했습니다. 공부해서 기분이 좀 나빠져 숨을 몰아쉬는 느낌이고요.

근데 사실은 제가 이제 처음에 이쪽 일 시작해서 많이 느꼈던 건, 교수님들이 막 오세요. 현장으로 오셔서 '내가 전문가니까' 이렇게 하면, 되게 뜬금없이 거리감 있는 얘기를 하시거든요. 예를 들면, 사회복지 교수님이 와서 다문화는 이렇고 이러니까 이런 거 필요하잖아. 우리가 해줄게. 약간 이런 식으로 얘기 하시는데 사실 현장에서는 그런 것이 필요 없고 뭔가 되게 맞지 않습니다. 책으로 공부를 하셨겠지만 현장은 이게 아닌데, 이런 얘기를 조금 해주고 싶지만 또 자존심과 자부심이 있으신 분이어가지고 말을 제대로 못하기도 했었습니다.

일단은 아까도 교수님께 잠깐 말씀 드렸는데, 저는 [일례로] 이주여성 언니들 대표하는 애들 많거든요. 그 언니들이랑 같이 이런 자리를 참여해보면 좋겠다. 근데 그 전에 사실은 언니들이 이 얘기 듣기에는 너무 어려워요. 저도 어려워요. 그래서 조금 더 현장과 어쨌든 이런 공부하신 분들을 연계해서 할 수 있는 무언가가 있으면 시너지 효과가 제대로 나올 것 같거든요. 그런 자리를 다음에 또 만들어주시면 어떨까. 근데 어쨌든 저는 되게 공부했고 기회가 되면 앞으로도 불러주면 와서 조용히 듣고만 가겠습니다.

사회자

자, 또 다른 질문 있을까요?

질문자 2

하나 금융그룹에서 얼마를 지원해주시는지 이거하고요. 그리고 그 이중 언어교육 프로그램을 지금 하시고 계시는 것 같은데, 대상이랑 그리고 그 엄마 나라말, 아빠 나라말. 그것을 이제 교육을 시키는데, 그 목표하는 수준이 어느 정도 인지. 저는 창원대에 있고 창원대에 다문화진흥원이라고 있는데, 제가 요번에 다문화진흥원 원장이 됐어요. 저희 그 산하기관은 뭐냐면 경남 다문화가족지원센터거든요. 그곳은 광역단위의 여성가족부랑 경남부가 지원하는 기관이고, 그렇기 때문에 저희가 관리를 하는데, 아까 전에 민간기업과 국가기관의 그 정직성문제 얘기하실 때 많이 공감이 됐거든요. 그래서 그 저희 이중 언어 교육을 좀 하려고 하는데, 실제로 얘기를 들어보니 다문화가정 아이들의 대학진학률도 상당히 낮고 중학교, 고등학교 이 질풍노도 시기 때부터 시작해가지고 학업을 하는데 있어서 엄청난 어려움이 많다고 그러더라고요. 그래서 그런 사례들이 좀 있는지, 저는 그 사업을 이제 시작해야 되는 입장에서 해주실 얘기가 있는지 [궁금합니다.]

답변 신혜영(하나다문화센터 '다린')

일단 예산은 기업 비밀입니다. 근데 아마 보통 규모에 따라 다른데요, 보통 2억 정도 받습니다. 이게 일 년 예산으로, 어떤 분은 많다고 하시는데, 또 하는 일이나 이런 거에 비하면 많지 않다고도 하시고 뭐 이러시긴 하세요. 그래서 2억 선이라는 것 말씀드리고.

이중 언어는 제가 알기론 다문화가족지원센터는 지금 5세에서 7세 사이의 어린이 대상으로 다문화가족지원센터가 그 사업을 진행하는 걸로 알고 있거든요. 근데 저희는 그거 넘어서 원래 목표는 초등학교 3학년에서 5학년 고학년들이었어요. 근데 이제 많이 보시겠지만 다문화가족지원센터의 자녀 프로그램들은 초등학교 저학년이 엄청 많습니다. 말을 듣거든요. 근데 그 위로 올라오면 말을 안 듣습니다. 사춘기 그 분이 오시거든요. 어쨌든 엄마들이 애들을 끌고 다닐 수 있는 저학년 3학년까지더라고요. 그래서 저희도 처음에 조금 학년 높였다가 왜냐면 1학년~3학년은 그냥 끌려 다니는 거라 매번 똑같은 거 반복이거든요. 그래서 고민했다가 조금 나이를 더 연령을 넓이긴 했는데. 어.. 일단 저희는 매년 다섯 나라 공지를 해요. 러시아 일본 중국 몽골 인도네시아 베트남 여섯 나라네요. 네. 공지를 하고 모이는 숫자. 왜냐면 어느 정도 저희가 아까 말씀 못 드렸는데 강사비는 한국인과 외국인 선생님 똑같이 드려요. 그니까 많이들 센터들을 보면 외국인 선생님들 때문에 뭐 봉사활동 수대로 오천 원 정도 주시고 하는데 저희는 어쨌든 동등하게 드리는데, 어느 정도 예산이 나가기 때문에 인원이 나와야돼서 6명 이상 이런 식으로 제한을 두고 하고 있고, 최근에는 베트남, 인도네시아를 제일 오래 장기적으로 가고 있고요. 저희가 원하시는 사실은 저희도 고민을 했어요. 토요일 날 애들은 놀고 싶은데, 여기 끌려오는 게 애들한테 어떤 마음일까. 네. 어쨌든 공부를 하고 나면 애들이 스트레스를 엄청 받기 때문에 조금 더 노는 마음으로 오게 하면 좋겠다.

그래서 저희는 뭐 엄청난 대학 수준까지 원하는 게 아니라 나중에 그냥 외할머니네 갔을 때, 할머니랑 조금 얘기할 수 있는 정도? 글을 읽거나 아니면 그냥 인사하고 뭔가 혼자 조금 돌아다닐 수 있는 정도의. 근데 그렇게. 외국 생활들 많이 하셨겠지만, 가서 짧게 사는 거는 사실 엄청난 말이 요구되는 게 아니잖아요. 그래서 그 정도를 원하고 있다. 다문화센터는 어쨌든 그 다문화가족지원센터 중앙에서 내려주는 사업을 주로 하고 있고, 지자체에서 원하는 사업들이 또 있기 때문에 시키는 대로 하셔야될걸요. 거기에 조금 보니까 지역별로 지원이 많고 외부지원이 조금 많이 들어오면 다른 것들을 하긴 하는데, [저희는] 서울에 있고, 지하철 바로 앞에 있고, 또 기업이 해주고 있기 때문에 저희는 뭐라고 불평불만이 나오면 감사하게 일하라고 얘기를 해요. 어쨌든 지방을, 저도 이제 이런 대표님들 얘기를 많이 듣는데, 이제 안산도 외국인이 이 정도로 많은데 어쨌든 서울 벗어나면 자원들이 많이 부족하고, 예를 들면 자주 듣는 게 양주나 포천 이런 데서도 이주여성이 그렇게 많은데 선생님을 못 구한다는 거예요. 한국어 선생님을. 그리고 더 넘어가는 지방에서도 어쨌든 엄마들이 센터까지 오려면, 센터가 지역은 큰데 가운데 하나가 있기 때문에. 차를 타고 나오는 게 그게 어려워서. 어느 민간단체에서는 봉고차를 다 돌려가지고 다 모시고 센터에 와서 공부시키고 집에 오는 걸 하셨다고 얘기를 들었었거든요. 어쨌든 사람을 모이게 하시려면 연구를 많이 하셔야 될 거예요.

질문자 2

근데 2억은 생각보다 좀 적네요.

답변 **신혜영(하나다문화센터 '다린)**

그러니까요.

질문자 2

아니 그 저기 뭐야 외국인들이 엄청나게 많이 송금할 거 아니에요. 그래서 저는 그게 기업의 홍보 효과도 엄청나게 클 것 같은데

답변 **신혜영(하나다문화센터 '다린)**

사실은 이분들이 자기네들 그 루트들이 있어서. 그렇게 한국에 있는 금융권들을 많이 이용하지는 않습니다. 그러니까 하나도 외환이랑 합병되면서 외환 있던 그런 것들 다 가져와서 엄청나게 개발을 하지만, 막상 혜화동 저기 센터 가까운 혜화동 가면 필리핀 분들이 보내는 다른 루트의 작은 은행 형식의 뭔가가 있어요. 송금 센터 같은? 그런 것들을 조금 더 많이 이용하시더라고요.

질문자 3

저기, 노아네 학교. 그 아까 학부모님들 그 등록금으로 운영하고 계시잖아요. 그리고 뭐 프로그램이랑 답사 프로그램들이 지원되는데, 혹시 학부모 등록금 외에 어떤 지원금들이 지원되는 루트들이 있는지. 그리고 또 하나는 1학년부터 11학년인데 어느 학년의 학생들이 제일 분포, 분포가 어느 학년이 더 많은지 [궁금합니다.]

답변 **임현숙(안산 러시아교육기관 '노아네')**

네, 지원금 같은 경우에는 이제 교외에서 조금 관심을 가져주시고요. 또 저희 1동 동장님이 저를 데리고 이런 거는 후원을 받아야 된다고 하시면서, 국회의원 사무실에 갔었는데, 고려인들이 선거권이 없다보

니까 별로 관심에서 조금 그런걸 알았고요. 그래서 저를 왜 데리고 가셨나. 바쁜데 지인들이 조금씩 도와주세요. 왜냐면 결국 이 아이들이 같이 우리 아이들이랑 살아야 되는데, 저희도 아이가 둘이지만 그 지역에 있다 보니까 초등학교가 한 반에 3~40%가 외국인이에요. 네. 그리고 축구부는 거의 러시아 애들이 다 지금 차지하고 있어서, 제가 10년 뒤에 국가대표를 러시아애들이 나오겠구나 이렇게 생각하고 있거든요. 그리고 러시아 애들은 학원을 안가기 때문에 학교 운동장에서 항상 뛰어놉니다. 우리 아이들은 다 학원에 갑니다. 미래가 어떻게 되겠습니까. 네. 그래서 지금 그런 상태지만 50년 정도 되고 뭐 절약하니까 유지는 돼서 감사하고요. 또 뜻을 같이 해주시는 분들이 계셔서 감사하고.

그 다음에 분포는 저희가 이상하게도 시작부터 고3이 오더니 중고생이 더 많습니다. 저희는. 그래서 그만큼 부담도 있지만 프로그램하고 이런 재미있는 점도 있고요. 대국의 기질이 있어서 그런지 자존감이 높습니다. 남하고 별로 비교를 하지 않습니다. [예를 들면] 아이들이 피아노를 다 배운다는 거예요. 음악선생님이. 그럴 리가. 이렇게 짧은 시간 안에 어떻게 피아노를 배웠지? 그래서 발표회를 갔더니, 그야말로 뭐 도레미파솔인데 피아노를 배웠다 하는 거예요. 그래서 제가 참 많은걸 느낍니다. 그리고 러시아교육 자체가 초중고 과정이 기초를 튼튼히 하는 과정이에요. 공부할 사람 대학가라. 그리고 기초만 알면 되고, 어떻게 보면 공부하기 싫은 사람은 9학년만 졸업하고도 그냥 학교 안가도 된다. 그래서 한국에 와서 착각을 하는 경우가 있어요.

저희는 중학교만 나오면 군대도 못 간다고 하던데. 네 그래서 그런 좀 차이가 있지만 기본에 튼튼한 거 배울만하고요. 비교하지 않으니까 좀 자존감이 높은 것 같아서 늘 좀 긍정적인 편이고요. 또 고학년이 많아서 어려움이 있지만 또 장점도 있고요.

사회자

질문해주세요.

질문자 4

네. 저 신혜영 센터장님한테 궁금한 게, 대상이 주로 이 지역 부근에 있는 사람들이 대부분입니까?

답변 **신혜영(하나다문화센터 '다린)**

어.. 저희가 다른 센터에서 안하는 것들을 많이 하다 보니, 사실은 이 지역보다 외지에서 더 많이 오시고요. 멀기는 강원도 홍천. 주말에 [오십니다.]

질문자 4

그 임현숙 대표님한테 궁금한 거는, 그 노아네 그 학교 내에 지금 중도입국 그 청소년들이 어느 정도 분포가 있는지(궁금합니다).

답변 **임현숙(안산 러시아교육기관 '노아네')**

네. 오십여 명으로 치면 한 35명? 40명?

질문자 4

아 그렇게 높아요?

답변 **임현숙(안산 러시아교육기관 '노아네')**

예예. 높아요. 저희는.

질문자 5

그러면은 한국어 능력이 거의 그 굉장히 낮겠네요.

답변 **임현숙(안산 러시아교육기관 '노아네')**

예. 그렇죠. 그래서 보니까 열심히 하는 아이들 같은 경우에는 1년 단위면 토픽 1급, 예. 그래서 저희가 토픽 과정도 만들어서 지금 이제 1급 받은 학생들이 있고, 3급을 준비하고 있는 상태인데 많이 부족하죠. 왜냐면 부모님들이 집에서 전혀 쓰지 않고, 그 다음에 청소년기다 보니까 부끄러워서 밖에 나가서 배운 것을 활용하지 않더라고요. 그래서 생각보다 많이 안 느는데, 근데 아이들이 또 빨리 적응을 하다보니까 처음에는 '저 한국어 필요 없어요. 저 엄마가 언제 러시아 데려갈지 몰라요.' 그러다가 3년쯤 지나니까 '저 안 갈래요. 여기가 더 좋아요. 러시아 갔다 왔는데 싫어요. 이상해요.' 아 그래서 3년이 고비구나 [라고 생각합니다.]

사회자

5분 시간이 더 남았습니다. 질문 있으실까요?

질문자 5

저 임현숙 대표님께 궁금한 거 한 가지를 질문하고 싶은데, 지금 사실 학교가 대안학교 형식으로 운영되는데, 지방에는 대안학교가 많고 처음에 이제 교회 같은데서 하다가 다른 지역 아마 아시겠지만, 점차 한국을 가고 싶다고 해서 이제 한국을 편입할 수 있는 과정으로 처음에는 그냥 노는 대안학교라다가 나중에 편입을 해서 일반학교로 갈 수 있는 것을 고민하는 그런 학교를 많이 봐왔거든요. 혹시 '노아네'에서도 처음에 외국국적이고 여기 있지만 아이들이 더 오래 살지도 몰라서 그냥 일반 한국의 교육과정, 지금 완전히 러시아 교육과정으로 시작하신 것 같던데, 한국 교육과정과 비교를 해서 할 수 있는 부분도 고민을 하시는지 [알고 싶습니다].

답변 **임현숙(안산 러시아교육기관 '노아네')**

학생들이 다양하다보니까 다양한 길을 다 생각을 하는데요. 일단 고학년 아까 중도입국 청소년 경우에는 아무래도 러시아 학교와 관계가 좋고요. 1~2학년을 데리고 오시는 분은 제가 말씀을 드려요. 아이가 어리고 오래 있을 계획이 있으시면 옆에 저기 초등학교가 있습니다. 한 번 생각해보세요. 일단 초등학교는 무료니까. 그리고 저희 학교에 잘 적응이 되고, 어머니 아버지가 이제 우리는 한국에 오래 남을 것이다. 그러면은 한국 학교를 권하기도 하고, 오셔서 상담 받으시고 한국 학교로 가시기도 해요. 그래도 저희가 한국어를 조금씩이나마 가르치고 있었고, 그 아이가 편안하게 여기 왔기 때문에, 그렇게 하기도 하고. 또 며칠 전에 중학교에서 저희 학교로 왔어요. 중학교가 아니라 5학년인데, 도저히 안 되겠다. 1년 반을 있었는데 얘는 적응을 못한다. 그런 학생은 또 저희한테로 오고 이렇기 때문에 사실 저희는 노아네가 어렵지만 존재해야한다. 왜냐하면 이런 역할을 아이마다 다양하기 때문에 그래서 한국 학교에 가서 잘 적응하면 그것도 감사한 일이고, 그게 안돼서 또 돌아오는 학생들이 있어요. 결국은 그 제가 처음에 학생이 없길래 저희 아이들을 받아봤어요. 시험 삼아서. 그랬더니 정말 밥을 못 먹어요.

저는 입이 러시아 음식이 익숙하기 때문에 러시아 요리사가 해오는 밥을 잘 먹어서 저희 아이들도 그럴 줄 알았는데, 무슨 냄새가 난다는 거예요. 그래서 밥을 못 먹어요. 그러면 아~러시아 부모들 입장이 이랬었겠구나. 자기 자식이 밥을 못 먹을 때. 아 그런 경험을 한 번 했기 때문에.

또 아이들은 아이들한테 맞게 다양한 졸업장이 필요하다고 저는 생각합니다. 그래서 러시아 학교가 지금 안정이 됐고, 또 앞으로 생각하는 건 영어 졸업장을 주겠다는 미국의 학교가 있어서 어 그러면 그것도 좋겠다. 와서 미국 졸업장이 주로 동남아 학생들이나 아프리카 쪽도 미국 졸업장 선호하니까. 러시아 졸업장은 바로 NO했어요. 우리 러시아 졸업장 갖고도 충분하다. 특히 우즈벡 같은 경우 카자흐스탄 같은 경우 우리가 한국에 정착하지 못할 것 같으면 우리는 러시아를 선택하겠다. 그러고 있거든요. 지금. 그래서 러시아 졸업장 그 다음 미국 졸업장, 한국 졸업장 뭐 다 다양하게. 저희도 이렇게 다양하게 사는데 우리 아이들은 더 대단하게 살 거라고 생각하기 때문에. 다양한 졸업장을 어떻게 하면 줄 수 있을까 그거 생각하고 있습니다.

사회자

또 다른 질문 있을까요?

질문자 6

예, 다문화가정 지원하는걸 보면 국내 행정 시스템이 그렇게 일괄. 그니까 하나의 중심적인 어떤 부처가 담당하고 있는 게 아니고 지금 찢어져서 관리를 하고 있잖아요. 그런 것 때문에 겪고 있는 뭐 불편한 점이라든지 그런 행정시스템에 개선점을 느끼시는 게 혹시 있는지. 어떤 방향으로 이게 예를 들어서 여성가족부에서 좀 하고, 법무부에서 좀 하고, 노동부에서 좀 하고, 교육부에서 좀 하고. 또 교육청에서 또 따로 빼서 하는 게 있고 복잡하잖아요. 그런 부분들이 이제 실질적인 일을 할 때 어떻게 이게 부딪히시는지. 두 분 모두 [의견 부탁드립니다.]

답변 **신혜영(하나다문화센터 '다린)**

잠깐 말씀 드리면 그래도 초창기보다 지금 많이 정리되고 있고 한국어 교실도 내년부터는 다문화센터들이 아무 그냥 한국어교실을 막 열 수 있는 게 아니라 사회통합 프로그램으로 통합된다고 하더라고요. 그니까 어쨌든 행정부분이 다문화센터에 되게 힘들어하는 거는 맞기는 해요. 어쨌든 근데 지금 어쨌든 관리는 여성가족부가 하고 구에서 행정지도 나오고 그래서 다문화가족 지원센터 직원들이 되게 짧게 일하게 되거든요. 근데 그거는 이제 행정에 숨 막혀서 그 얘기를 많이 하시더라고요.

답변 **임현숙(안산 러시아교육기관 '노아네')**

예. 저는 각 부서가 다 그렇게 다르게 돼있어서 적응도 어렵고. 그 가끔 안산지역은 그런 한국어 교사 지원이라든가, 서클활동 지원 이런 프로그램들이 굉장히 많이 있긴 한데. 서류를 너무나 많이 해야 돼서 제가 직원을 하나 더 둬야 될 것 같더라고요. 그래서 이건 아닌 것 같다. 예. 그런 면이 예 좀 있습니다. 그런 면에서 이제 대학 쪽에서는 좀 와서 프로그램 해주시고 이렇게 해서 서류도 지금 그렇게 많이 하지는 않는데 국가에서 하는 모든 그런 것들은 그렇습니다.

답변 **신혜영(하나다문화센터 '다린)**

저희도 성북구청에서 뭐 하자고 제안하라고 했는데 서류 때문에 안 한다고 했어요. 지금 하는 것도 많고 그래서 저희는 안 받아요 지금. 현장에서 지금. 꼭 필요하긴 한데.

사회자

또 다른 질문 있을까요 저희가 딱 시간에 맞춰서 마무리하는 것 같습니다. 오늘 너무 감사합니다.

원문출처 • 주석

| 원문출처 |

황혜성, 「왜 호모미그란스(Homo Migrans)인가?: 이주사의 최근 연구동향과 그 의미」, 『역사학보』 212집 (2011년 12월).

이용일, 「트랜스내셔널 전환과 새로운 역사적 이민연구」, 『서양사론』 103호 (2009).

최강화, 「글로벌 이주의 결정 요인에 대한 시스템 사고」, 『호모미그란스』, 22호 (2020.05).

신영헌·강지현, 「이주서사로서의 『완득이』에 그려진 성장의 의미」, 『호모미그란스』 22호 (2020.05).

오영인, 「에보닉스(Ebonics) 논쟁, 미국의 인종 역사 속에서 다시보기: 존 보(John Baugh)의 『에보닉스를 넘어서(Beyond Ebonics)』를 중심으로」, 『미국사연구』 51집 (2020.05).

홍상현, 「디지털 노마드시대, 디지털-온라인 환경에서의 새로운 커뮤니케이션: 디지털 영상의 존재론적 위치정립을 위한 네 가지 재고」, 『호모미그란스』 22호 (2020.05).

조규태, 「맨티카 한인사회의 형성과 민족정체성」, 『숭실사학』, 제44집 (2020.06).

김혜련, 「중국 해외 유학생의 모국 귀환과 귀국 영향요인 분석」, 『동북아문화연구』, 제62집 (2020.03).

윤용선, 「17-18세기 프랑스 위그노의 브란덴브르크-프로이센 이주: 종교적 박해와 기술의 이전」, 『세계역사와 문화연구』, 제55집 (2020.06).

권은혜, 「다문화주의와 미국적 정체성: 1990년대 미국 역사가들의 다문화주의 논쟁을 중심으로」, 『미국사연구』, 51집 (2020.05).

"녹취록", 한성대학교 인문과학연구원 '이주의 인문학' 제1회 국내 학술대회 (2019.12.14).

| 주석 |

2. 이용일, 이주와 트랜스내셔널리즘

1 Karl Bücher, *Industrial Evolution* (New York, 1901), p. 347.
2 Georg Simmel, "Exkurs über den Fremden," Georg Simmel, Soziologie. *Untersuchung über die Formen der Vergellschaftung* (Berlin 1908), p. 509.
3 Robert E. Park, "Human Migration and the Marginal Man," *The American Journal of Sociology* Vol. 33 No.6 (May 1928), p. 892.
4 Nina Glick Schiller/Linda Basch/Christina Blanc-Szanton ed., *Toward a Transnational Perspective on Migration: Race, Class, Ethnicity, and Nationalism Reconsidered* (New York, 1992).
5 Linda Basch/Nina Glick Schiller/Christina Blanc-Szanton, *Nations unbound: transnational projects, post-colonial predicaments, and derterritorialized nation-states*, Fifth printing (London, 2000), p. 7.
6 Ludiger Pries, *Die Transnationalisierung der sozialen Welt. Sozialräume jenseits von Nationalgesellschaften* (Frankfurt am Main, 2008), pp. 51~56.
7 Vertovec, *Transnationalism* (London/New York, 2009), pp. 136~137.
8 Cohen, *Global Diaspora: An Introduction* (New York, 2008), p. 16.

3. 최강화, 글로벌 이주의 결정요인에 대한 시스템 사고

1 윌리엄 스윙(William Lacy Swing) IOM(International Organization for Migration) 사무총장은 '이주는 21세기 메가트렌드'란 말을 즐겨 쓴다. 국내외 이주를 포함한 전 세계 이주자의 수는 현재 10억 명에 이르고 이는 지구상에 살고 있는 사람의 7명 중 1명이 이주자라는 것을 뜻하기 때문이다. 실제로 이주(migration)는 지난 2015년 9월 채택된 지속가능개발목표(Sustainable Development Goals, SDGs)에 포함되었으며, 이는 경제 성장을 돕고 일자리를 창출하는 이주가 지속 가능한 개발에 미치는 막대한 기여를 인정받은 결과이다{http://iom.or.kr}
2 이주의 전 지구화는 점점 더 많은 국가들이 이주 흐름에 의해 동시에 결정적인 영향을 받고 있다는 것이다. 나아가 이민 유입국들은 경제적·사회적·문화적 배경이 매우 다른 국가에서 온 다양한 이주자를 받아들이는 경향이 있다. 이주의 가속화는 현재 거의 모든 주요 지역에서 국제이동의 규모가 커지고 있다는 것으로, 이러한 이주의 양적 팽창은 정부

정책의 시급성과 어려움을 심화했다. 정부 정책은 국제이주를 막거나 감소시킬 수 있으며 이주자를 송환시킬 수도 있다. 이주의 차별화는 대부분의 국가들은 노동이주, 난민이주, 영주이주 등과 같은 이주 유형 중 어느 하나에 치우치지 않고 여러 유형을 동시에 겪고 있다. 이주의 차별화는 국내 및 국제 정책 수립의 주요 장애물로 작용하고 있다. 이주의 여성화는 과거에는 대부분의 노동이주와 난민이동은 남성이 주도했고, 여성은 단지 가족 재결합의 범주에서 다루어졌을 뿐이었다. 하지만 1960년대 이후 여성은 노동이주에서 중요한 역할을 해왔고 다양한 이주 유형에서 여성이 다수를 차지하고 있다. 인신매매의 일부 연결망에서도 그리고 일부 난민이동에서도 여성이 다수를 차지한다. 이주의 정치화는 국내정치, 양국관계, 지역관계, 전 세계 많은 국가의 안보정책이 국제이주의 영향을 점점 더 많이 받고 있다는 것으로, 이러한 이주 정책 문제를 해결하기 위하여 전 지구적 거버넌스(global governance)는 물론, 유입국과 경유국, 그리고 송출국의 협력이 필요하다는 인식이 더욱 높아지고 있다. 이주변천의 확산은 전통적인 이민 송출국이 경유국이나 이민 유입국으로 전환될 때 나타나는 현상으로, 폴란드, 스페인, 모로코, 멕시코, 도미니카 공화국, 터키, 한국 등 다양한 국가들이 이주변천의 다양한 단계를 겪고 있다. 스티븐 카슬, 마크 J. 밀러, 한국이민학회 역,『이주의 시대』(일조각, 2013), pp. 38-39, 본 저자가 일부 수정함.

3 노동이주는 주로 경제적 목적의 이주로서, 대부분 임금이 낮은 지역에서 임금이 높은 시장경제로 편입되는 특징이 있다. 결혼이주는 결혼을 목적으로 한 이주로서, 다른 국가의 배우자를 맞아 가족관계를 형성하고 다문화적으로 구성된다는 특징을 가지고 있다. 교육이주는 일반적으로 학입을 목적으로 다른 국가에서 교육을 받기 위해 단기적으로 유학가는 것을 의미한다. 이용균,『글로벌 이주: 이동 관계 주변화』(전남대학교 출판부, 2017).

4. 신영헌·강지현, 이주 서사로서의『완득이』에 그려진 성장의 의미

1 ‘다문화가족 실태조사’는 여성가족부에서 전국의 다문화가족을 대상으로 3년마다 실시하는 국가승인통계 조사로, 2009년, 2012년, 2015년에 이어 네 번째로 실시되었다. (https://blog.naver.com/hanadarin/221545637205)

2 자신이 영화에 캐스팅된 것은 연기와 한국어 구사가 가능한 베트남 여성을 찾지 못했기 때문이라는 이자스민의 인터뷰를 보면 이런 설정은 제작 여건상의 이유에서 기인한 것으로 보인다.

5. 오영인, 흑인토착영어 논쟁, 미국의 인종 역사 속에서 다시보기

1 Vernacular는 흔히 방언 혹은 사투리로 번역된다. 그런데 vernacular의 사전적 의미에는 일상어 혹은 토착어의 의미도 포함된다. 흑인의 토착 언어를 단순하게 영어의 변종 사투리 정도로 간주하는 주류 백인의 인식에 문제를 제기하며 등장한 용어가 에보닉스(Ebonics)라는 점을 고려하여 본고는 이후 vernacular를 방언이 아닌 토착어로 번역하고자 한다.

2 본 연구는 에보닉스의 언어적 가치에 대한 '역사적 접근'을 시도한다. 따라서 본고는 언어학적으로나 언어과학적으로 에보닉스를 표준미국영어와 전문적으로 비교분석한다거나 그 교육학적 기능에 대해 구체적으로 논의하는 것은 논외로 함을 밝힌다.

3 Michael Takafor Ndemanu, "Ebonics, to Be or Not to Be? A Legacy of Trans-Atlantic Slave Trade," *Journal of Black Studies*, vol. 46, (2015), pp. 34-37.

4 Robert Williams, *Ebonics: The True Language of Black Folks*, (St. Louis: Robert Williams and Associates, 1975), vi; John Baugh, *Beyond Ebonics: Linguistic Pride and Racial Prejudice*, (Oxford, New York: Oxford University Press, 2000), p. 15, pp. 18-19.

5 John Baugh, *Beyond Ebonics*, pp. 39-40.

6 강조는 필자의 것임. *Ibid.*, p. 49

7 *Ibid.*, 53. 피터 킹은 2005년 영어를 미국의 국어로 지정하자는 국어법안(National Language Act)을 상정했던 인물이다. 그러나 이 법안은 당시 하원의회도 통과하지 못했다. 오영인, 「미국의 언어정책과 정체성 문제: 21세기 전환기 이중언어 교육을 둘러싼 담론적 각축」, 『미국사연구』 41 (2015), p. 167

8 오클랜드 에보닉스 결의안과 개정안에 대한 비교를 포함한 자세한 설명은 다음 참조. John Baugh, *Beyond Ebonics*, pp. 43-47

9 조지 부시(George W. Bush)는 텍사스 주지사 임기 내내 영어능력향상을 교육의 제일 목표로 상정했고 이는 후에 이중언어 교육법의 실질적으로 폐지를 선언했던 아동낙오방지법으로 이어졌다. 오영인, 「미국의 언어정책과 정체성 문제」, pp. 164-165

10 John Baugh, *Beyond Ebonics*, pp. 64, 71

11 Michael T. Ndemanu, "Ebonics, to Be or Not to Be," p. 25

12 Ibid., p. 40, 재인용

13 {http://star.ohmynews.com/NWS_Web/OhmyStar/at_pg.aspx?CNTN_CD=A0002527940} (검색일: 2020년 2월 25일)

14 박진숙, 「『전 세계 살아남은 마지막 흑인의 죽음』에 나타난 언어의 탈영토화와 영원회귀의 반복」, 『현대영어영문학』 57:1, (2013. 5), pp. 100-101, 재인용.

6. **홍상현,** 디지털 노마드 시대, 디지털 영상 이미지의 존재론적 위치 정립을 위한 네 가지 재고再考

1 이 글은 <호모미그란스> 제22호에 게재된 논문 「디지털 노마드 시대, 디지털-온라인 환경에서의 새로운 커뮤니케이션 - 디지털영상의 존재론적 위치 정립을 위한 네 가지 재고(再考)」를 수정/보완함.

2 필자가 이야기하는 '현대적 노마드'는 '디지털 노마드'를 포함한다.

3 도체에 주어지는 전압이 높아졌을 때 도체 표면과 그에 인접한 부분에 발생하는 푸른색을 띤 보라색 방전. 원간전자기술 편집위원회, 같은 책. 225쪽.

4 디지털 기술의 등장은 '회화→판화→사진→디지털'이라는 변화 안에서의 기능보다 더 큰 기능, 즉 '아날로그→디지털'이라는 변화를 가능하게 할 수 있다. 그만큼 사진이 등장했을 때보다 예술의 패러다임에 훨씬 큰 변화를 가져올 수 있다. 이에 대해서는 홍상현, 『사진도 예술입니까?』, 한양대학교출판부(2016), 65쪽 참고.

5 회화주의 사진은 회화의 모습을 최대한 닮고자 하는 사진의 모습으로, 이는 기계장치로 만든 이미지는 예술적 표현이 될 수 없다는 당시의 시대적 분위기에서 기인한다. 이러한 배경에서 사진가들은 '예술적 표현으로서의 사진'을 만들기 위해서 사진의 기록성을 드러내지 않은, '사진이지만 그림처럼 보이는 사진'을 만들고자 했다. 이에 대해서는 홍상현, 2016, 88~90쪽 참고.

6 2015 한국기초조형학회 추계 국제학술대회 발표문 「'쿡방', 조형예술로서의 퍼포먼스」의 내용을 수정/보완함.

7 '먹는 (것을 보여주는) 방송'을 뜻하는 신조어인 '먹방'은 한국사회에서 새로운 미디어 환경이 만든 콘텐츠로서 찾아볼 수 있는 특이한 현상이다.

8 마셜 맥루언, 김성기·이한우 옮김, 『미디어의 이해』 (서울: 민음사, 2012), 57쪽.

9 최근에는 ASMR(Autonomous Sensory Meridian Response)이라고 부르는 새로운 형태의 콘텐츠가 등장하여 인기를 끌기도 했다. 음식을 먹는 '장면'이 아니라 음식을 먹는 '소리'만을 반복적으로 들려준다는 점에서 '먹방'의 변형된 형태의 모습을 보이기도 하지만, 물건을 긁는 등 일상적인 잡음을 이용해서 규칙적이고 반복적인 '소리'에 집중한다.

7. 조규태, 맨티카 한인사회의 형성과 민족정체성(1916~1925)

1 지료집 성격의 책으로 다음의 것이 주목된다. 노재연, 『재미한인사략상권(1902-1924)』, 독립운동사편찬위원회, 『독립운동사자료집』 8 (1974); 김원용 저, 『재미한인 50년사』 (1959): 독립운동사편찬위원회, 『독립운동사자료집』 8 (1974). 그리고 연구저작으로는 아래의 것이 참고된다. 이광규, 「재미한인의 이민사」, 『변태섭박사화갑기념사학논총』(삼영사, 1985); 이자경, 「중가주 초기 한인 이민사 개요」, 『한국사론』 39, 국사편찬위원회 (2003); 기독교대한감리회, 『미주한인감리교회100년사 제Ⅰ권 제Ⅰ부(1903~1965』 (서울, 기독교대한감리회 홍보출판국, 2003); 안형주, 「초기 미주한인 여성과 그 딸들」, 『여성과 역사』 2 (2005); 국사편찬위원회, 『북미주 한인의 역사(상)』 재외동포사총서 4 (2007); 권오훈, 「미주 한인들에 대한 민족정체성 교육의 선교학적 중요성」, 『선교신학』 14 (2007); 장규식, 「도산 안창호와 초기 미주 한인사회의 자취를 찾아서」, 『도산학연구』 13; 김지원, 『캘리포니아 한인사회의 변화와 특성 연구(1903-1945)』, 명지대학교 대학원 박사학위논문 (2010); 김지원, 「1920-30년대 캘리포니아 한인사회 연구-변화와 특성」, 『정신문화연구』 31 (2008); 윤금선, 「미주 지역 한인의 국어교육 전개양상」, 『어문연구』 73 (2012); 박종연, 「재미한인 황사용의 민족운동」, 『한국민족운동사연구』 72 (2012); 조철행, 『전명운-의열투쟁의 선구자-』(역사공간, 2012); 김지원, 「제1차 세계대전 이후 미국에서의 일본인 배척운동, 1919-1924」, 『전북사학』 41 (2012); 최기영, 「강영소의 재미민족운동과 경제활동」, 『한국근현대사연구』 67 (2013); 조규태, 「재미한인 임정구의 종교활동과 민족운동」, 『대구사학』 114 (2014); 조규태, 「오클랜드한인감리교회의 종교활동과 민족운동」, 『한국민족운동사연구』 80 (2014): 조규태, 「동학농민군 문양목의 미주지역에서의 민족운동과 사회·경제적 생활」, 『동학학보』 48 (2018).

2 Wikipedia, Manteca, California.

3 http://themantecamuseum.org/history/.

4 http://www.spreckelssugar.com/history.aspx.

5 『신한민보』 1915.04.22., 3면 2단, <마운틴뷰 농장>.

6 조규태, 「동학농민군 문양목의 미주지역에서의 민족운동과 사회·경제적 생활」, 『동학학보』 48 (2014), 570~586쪽.

7 박종연, 「재미한인 황사용의 민족운동」, 『한국민족운동사연구』 72, 2012, 160~169쪽. 조규태, 「오클랜드한인감리교회의 종교활동과 민족운동」, 『한국민족운동사연구』 80 (2014), 128~129쪽.

8 『신한민보』 1916.02.22., 3면 2단, <맨티카 한인 무이사탕농사 대경영>.

9 『신한민보』 1918.04.18., 3면 5단, <맨티카 한인의 동정>.

10 『신한민보』 1916.04.27., 3면 2단, <맨티카지방회 설립>. 『신한민보』 1917.05.31., 4면 7단, <각지방국민회사무소>.

11 『신한민보』 1916.10.26., 3면 4단, <황사용씨는 목사가 되어>, <남감리회 연환회>.

12 C. K. Yim, "The Korean Mission in California", *Missionary Yearbook*, Methodist Episcopal Church, South, 1930.; William Acton, Recommendation Letter of Chung Koo Yim, Sep. 23d, 1918;『샌프란시스코의 한인과 교회』, pp.725~726. 앞의 두 기록에는 그가 새크라멘토를 담당한 것으로 되어 있으나, 연례보고를 토대로 작성된『샌프란시스코의 한인과 교회』에는 새크라멘토를 관할하지 않은 것으로 되어 있다. 조규태, 「재미한인 임정구의 종교활동과 민족운동」, 『대구사학』 114 (2014), 13~14쪽.

13 『신한민보』 1917.03.08., 1면 2단, <여자전도회발기문>. 1917.03.15., 3면 5단, <여자전도회발기, 맨티카부인의 초창>.

14 김지원, 「1920-30년대 캘리포니아 한인 사회 연구-변화와 특성」, 『정신문화연구』 113 (2008), 32~34쪽.

15 방사겸, 『방사겸 평생일기』 4권, 독립기념관, 한국독립운동정보시스템.

16 『신한민보』 1927.01.13., 1면 2단, <강천명씨와 강앨리스씨는 그들의 피땀의 결정체로>. 그는 1927년 1월 대한인국민회 제18회 대의원회에서 그들이 <맨티카에> 소유하던 가옥을 대한인국민회에 기부하였다. 그는 그의 소유를 기부할 때에 "우리는 단체의 은혜를 많이 입었습니다. 우리가 처음 이국에 왔을 때에 국민회에서, 즉 그시 공립협회에서 여러 가지로 지도하여 준 것도 은혜라고 할 수 있는 동시에 그 보다 더 큰 은혜는 미국 사람이 우리에게 무슨 단체나 출판물이 있냐고 물을 때에 우리는 국민회가 있다고 대답하며 신한민보가 있다고 대답합니다. 이것이 사실상 큰 은혜입니다. 이 단체와 이 기관이 있기 때문에 우리도 문명한 나라 사람 앞에 부끄럼 없이 떳떳하게 대합하고 나섭니다. 그런 고로 우리 두 내외가 피땀 흘려가며 벌어서 매득하였던 우리의 소유토지와 가옥을 바칩니다."고 하였다. 토지 3랏, 가옥 1채, 자동차 그라지 총 가격 1,200달러를 기연하였다.

8. 김혜련, 중국 해외 유학생의 "귀국 붐归国潮"

1 하이구이(海归)는 해외 유학 후 중국으로 돌아온 귀국 유학생을 지칭하는 용어이다.

2 일선도시란 중국 국내에서 정치·경제 등 다양한 영역에서 주도적 역할을 담당하는 대도시를 지칭하는 용어이다. 중국의 일선도시는 베이징, 상하이, 광저우, 선전(深圳)이 포함된다.

3 신일선도시는 『제1재경주간(第一财经周刊)』이 중국의 338개 지급별 도시(地级市)를 종합 평가하여 선정한 중국의 대도시이다. 신일선도시의 선정기준은 도시의 상업자원 집중도, 지리적 위치 및 교통 편리성, 도시 활력, 생활방식의 다양성, 미래지향성 등이다. 2019년에 선정된 15개 신일선도시는 청두, 항저우, 충칭, 우한(武汉), 시안(西安), 수저우, 텐진, 난징(南京), 창사(长沙), 정저우(郑州), 둥관(东莞), 칭다오(青岛), 선양(沈阳), 닝버(宁波), 쿤밍(昆明)이다.

9. 윤용선, 이주와 경제 발전: 17-18세기 위그노의 독일 이주

1 Frederich List, *National System of Political Economy* (Philadelphia, PA: J. B. Lippincott & Co., 1856), p. 153.

2 C. H. Wilson, "The Historical Study of Economic Growth and Decline in Early Modern History", in E. E. Rich and C. H. Wilson (ed.), *The Cambridge Economic History of Europe*, Vol. 5: "The Economic Organization of Early Modern Europe"(Cambridge, UK: Cambridge University Press, 1977), pp. 1~41, p.40. 다음의 연구들 역시 위그노의 기여에 동의한다. Stefi Jersch-Wenzel, *Juden und 'Franzosen' in der Wirtschaft des Raumes Berlin/Brandenburg zur Zeit des Merkantilismus*(Berlin: Colloqiuim Verlag, 1978); Ingrid Mittenzwei, "Die Hugenotten in der gewerblichen Wirtschaft Brandenburg-Preußens", in Ingrid Mittenzwei (ed.), *Hugenotten in Brandenburg-Preußen*(Leipzig: Akademie der Wissenschaften der DDR, 1987), pp.112~168; Jürgen Wilke, "Der Einfluß der Hugenotten auf die gewerbliche Entwicklung", in Gottfried Bregulla(ed.) *Hugenotten in Berlin*(Berlin: Union Verlag, 1988), pp.227~280; Michael North, "Von der Atlantischen Handelsexpansion bis zu den Agrarreformen (1450-1815)", in Michael North(ed.), *Deutsche Wirtschaftsgeschichte: Ein Jahrtausend im Überblick*, München: 2000, pp. 112~196.

3 전국적으로 인구조사를 실시한 1698~1700년경 프랑스 인구는 2천 1백만이었다. 이중 위그노는 1백 5십만~2백만 정도로 추산되며, 따라서 프랑스 전체 인구의 10% 미만이었을 것으로 추정된다.

4 Henri Tollin, *Geschichte der französischen colonie von Magdeburg: jubiläumsschrift*, Bd.II (Niemeyer, 1894), p.472, Martin Thunich, "Sie kamen wie gerufen. Hugenotten in der Wirtschaft Brandenburg-Preussens", in *Praxis Geschichte* (1992) p. 3, pp .23~28, p.26에서 재인용

5 Warren C. Scoville, "The Huguenots and the Diffusion of Technology. II", *Journal of Political Economy*, Vol.60, No.5(Oct., 1952), pp. 392~411, pp. 400~401.

6 같은 글, p. 404.

7 Warren C. Scoville, "The Huguenots and the Diffusion of Technology. I", *Journal of Political Economy*, Vol.60, No.4(Aug., 1952), pp. 294~311, p. 294.

10. 권은혜, 다문화주의와 미국적 정체성 사이의 긴장

1 Samuel Huntington, *Who Are We?: The Challenges to America's National Identity* (New York: Simon & Schuster, 2004); Arthur M. Schlesinger, Jr., *The Disuniting of America: Reflections on a Multicultural Society*, Revised ed. (New York: W.W. Norton & Co., 1991; 1998); David A. Hollinger, *Postethnic America: Beyond Multiculturalism*, 10th Anniversaray ed. (New York: Basic Books, 1995, 2005).

2 Nikhil Pal Singh, "Culture/Wars: Recoding Empire in an Age of Democracy," *American Quarterly* 50: 3 (Sep. , 1998), pp. 471-522; Jack Citrin and David O. Sears, *American Identity and the Politics of Multiculturalism* (New York: Cambridge University Press, 2014).

3 Schlesinger, *The Disuniting of America*, pp. 123—124.

4 Hollinger, *Postethnic America*, pp. 22—23.

5 *Ibid.*, p. 32.

6 Schlesinger, *The Disuniting of America*, p. 125, p. 147.

7 *Ibid.*, p. 115.

8 *Ibid.*, p. 145.

9 Hollinger, *Postethnic America*, p. 132.

10 *Ibid.*, p. 13.

11 *Ibid.*, p. 132.

12 Randolph Bourne, "Trans-national America," *The Atlantic* (July 1916).

13 D'Vera Cohn, "Millions of Americans Changed Their Racial or Ethnic Identity from One Census to The Next," *Pew Research Center*, May 5, 2014, https://www.pewresearch.org/fact-tank/2014/05/05/millions-of-americans-changed-their-racial-or-ethnic-identity-from-one-census-to-the-next/ [2020년 3월 24일 검색].

14 Michelle Elam, *The Soul of Mixed Folk: Race, Politics, and Aesthetics in the New Millennium* (Stanford, California: Stanford University Press, 2011), p. 7; Citrin and Sears, *American Identity and the Politics of Multiculturalism*, p. 280.

15 Matthew Frye Jacobson, "History, Historicity, and The Census Count by Race," in *The New Race Question: How the Census Counts Multiracial Individuals*, ed. Joel Perlmann and Mary C. Waters (New York: Russell Sage Foundation, 2002), p. 260; Melissa Nobles, "Lessons from Brazil: The Ideational and Political Dimensions of Multiraciality," in *The New Race Question: How the Census Counts Multiracial Individuals*, ed. Joel Perlmann and Mary C. Waters (New York: Russell Sage Foundation, 2002)," p. 301.

16 Singh, "Culture/Wars."

17 시트린과 시어스는 요구의 내용과 수준에 따라 다문화주의를 부드러운 형태와 강경한 형태로 구별한다. 다문화주의의 요구는 사회적인 것과 정치적인 것으로도 구분된다. "사회적 다문화주의(social multiculturalism)"와 "정치적 다문화주의(political multiculturalism)"으로 구분된다. 전자는 "민족소수자를 동화의 압력으로부터 보호하고 문화적 다양성을 보전할

책임을 정부가 지는 것을 사회가 인정"해야 한다고 요구하며 후자는 "에스닉 정체성의 보호하고 평등의 원칙에 근거해 특수한 문화를 유지할 가치가 있다는 기본 전제가 정치와 전문직에서 시작해 직업, 교육, 문화에 이르는 영역의 정책에서 작동해야" 한다고 주장한다. Citrin and Sears, *American Identity and the Politics of Multiculturalism*, p. 24, p. 120.

18 *Ibid.*, pp. 264—275.

19 *Ibid.*, p. 283.

20 자유주의적 내셔널리즘의 대표적 이론가로는 영국의 데이빗 밀러(David Miller)가 있다.

21 Will Kymlicka, *Multicultural Citizenship: A Liberal Theory of Minority Rights*, Oxford: Oxford University Press, 1996). 황민호·송경호 역, 『다문화주의 시민권』 서울: 동명사, 2010.

22 Bhikhu Parekh, *Rethinking Multiculturalism: Cultural Diversity and Political Theory* (London: MacMillan, 2000).

23 Sarah Song, "What Does It Mean to Be an American?," *Dædalus* 138:2 (Spring 2009), p. 36. 송이 인용한 찰스 테일러의 깊은 다양성 개념의 출처는 다음과 같다. Charles Taylor, "Shared and Divergent Values," in *Reconciling the Solitudes: Essays on Canadian Federalism and Nationalism*, ed. Guy Laforest (Montreal and Kingston: McGil—Queen's University Press, 1993), p. 183, p. 130; Charles Taylor, *Multiculturalism and "the Politics of Recognition": An Essay by Charles Taylor* (Princeton University, 1992).

이주의 인문학 연구총서 1

이주와 인문학적 상상력

Migration and Humanistic Imagination

초판 1쇄 인쇄 2020년 8월 31일
초판 1쇄 발행 2020년 8월 31일

저 자 한성대학교 인문과학연구원 이주의 인문학 사업단
발 행 인 이 창 원
발행한곳 한성대학교 출판미디어센터

주 소 서울특별시 성북구 삼선교로16길 116
대표전화 02 760 4174
팩시밀리 02 760 5969

편집제작 대자커뮤니케이션
02 2269 6724

ISBN 978-89-6820-047-2 93900 정 가 19,900원